裸の大地　第二部

犬橇事始

角幡唯介

集英社

ウヤミリック

ウンマターファ
（ウンマ）

ウヤガン

キッヒビアッホ
（キッヒ）

チューヤン

ポーロ

プールギ

ナノック

ダンシャク

●初めてのカナック行。最初の六頭。左からポーロ、ウンマ(上)、カヨ(上奥)、チューヤン、キッヒ、ウヤミリック

カルガリ
犬橇二年目に
加わった

カコット
犬橇二年目に
加わった

● 橇づくり。著者とヌカッピアングア

上●荷物を満載にした状態の橇。橇の自重ふくめて推定500kg
中央●定着氷を走行中に横の斜面で雪崩が発生、橇が損壊した
下●イキナ氷河。村から15km先にある最初の関門。犬たちが落ちそうになったのは中央最下部の亀裂が入ったところ

上●フンボルト氷河の
氷山帯
中央●フンボルト氷河
でのキャンプ
下●海豹狩りと通用穴

上●ヌッホアの氷の川
中央●ヌッホア探検でランナーが削られベラベラになる
下●ヌッホア北端の岬。最北到達点

〈村のイヌイット〉

＊シオラパルクの人々

ヌカッピアングア・ヘンドリクセン　著者の友人
イラングア・ヘンドリクセン　小イラングア。ヌカッピアングアの息子で若手の猟師
ウーマ・ヘンドリクセン　ヌカッピアングアの息子。小イラングアの弟
イラングア・クリスチャンセン　大イラングア。初老の猟師
アーピラングア・シミガック　ベテラン猟師。奥さんは牧師
オットー・シミガック　アーピラングアの弟。優秀な猟師
ピーター・トーニャ　電気技師、猟師
プッダ・ウッドガヤ（カガヤ）　植村直己とも親交のあった剽軽な爺さん
カーリー　村一番の巨漢猟師

＊カナックの人々

ママオ　名うての猟師。プールギとナノックを譲ってくれた
ネイマンギッチョ　猟師。キンニク、ダンシャクの元飼い主
ケッダ　かつてウヤミリックを譲ってくれたシオラパルクの元村民。本書ではウヤガンを譲ってくれた

＊ケケッタの人々

カイラングア　ケケッタ村の眼鏡のおじさん
ピピア　カガヤの娘。シオラパルクの父のもとにしばしば里帰りする
トゥーマッハ　ピピアの夫

裸の大地　第二部

犬橇事始

目次

カバー・表紙・著者近影　竹沢うるま
口絵写真　角幡唯介
挿画　阿部海太
ブックデザイン　鈴木成一デザイン室

泥沼のような日々

I

オレンジ色の街灯がともる冷え冷えとした暗がりのなか、私はよたよたと五頭の犬のところへむかった。

犬たちがけたたましく吠える。

風はなく、快晴。といっても一月二十日のシオラパルクは極夜の真っ只中である。午前十一時とはいえ、空には星がにぶく瞬き、太陽は二十四時間姿を見せない。地平線の下からにじむ光は弱々しく、空が黒から群青色にそまる程度だ。

闇の世界でいよいよ犬橇《いぬぞり》開始となった。まずは犬の引綱を橇につなぐ必要があるが、初心者の私にはそれすら大仕事だ。

「アゴイッチ、アゴイッチ……」

〈伏せ〉という意味のイヌイット語を静かにつぶやきながら鞭をふるうと、ウンマとキッヒの二頭は大人しくうずくまった。

おお、言うことをきいてくれた……。自分の鞭の動きに犬がしたがうだけで、胸に静かな感動がひろがる。

つづいてカヨとチューヤン、ウヤミリックとのこりの三頭も無事、橇につないだ。

これで準備は完了だ。本番はここからである。

犬を走らせるためには最低限、犬の誘導ができなければならない。誘導は重要だ。グリーンランド式の犬橇は、犬が橇を引き、人間は橇のうえに座って指示を出すのが基本スタイルだが、乱氷や氷河の登りなどの悪場《わるば》では人間が橇をおりて犬を導くことも多い。犬が私についてこないと話にならないのだ。でも逆にいうと、それは、犬の操縦が下手でも誘導に犬がついてきさえすればなんとかなる、ということでもある。

「アハ、アハ……」

〈ついてこい〉を意味する間の抜けた声を出し、私は鞭をふりながら岸にはりつく定着氷を歩きはじめた。伏せていた犬たちは立ちあがり、若干戸惑いを見せつつついてきた。

本当かよ……、いきなり成功したぞ。

最初は犬があっちこっち駆けまわり、収拾のつかない大混乱におちいると覚悟していただけに、私は内心大きな安堵をおぼえた。まるで魔法使いにでもなったような気持ちだった。ひとまず第一関門は突破である。

だがホッとしたのもつかの間だった。犬たちは突然、近くにいた村人の犬にむかって襲いかかった。

「アウリッチ！　アウリッチ！」

〈動くな〉の号令を叫びつつ、橇後部の梶棒《かじぼう》をつかんで動きを止め、私は先導犬の名前を叫んだ。

「ウンマ！　こら！　アハ、アハ、アハ……」

なぜ先導のかけ声はこんなに間抜けなのだ……との不条理さを噛みしめ、アハアハを連呼すると、ようやくウンマはほかの犬と一緒にもどってきた。賢い犬だからたすかったが、この調子だと村人の犬の前をとおるたびに大混乱になりそうだ。

ひとまず定着氷のうえにアイススクリューを打ちこんで橇を固定し、定着氷から海氷への下り口をさがした。完璧なまでに、美しいといえるほど犬を制御できていないので、これぐらい慎重にやらないと、何かの拍子に犬が突っ走って闇のむこうに消える危険は高い。私が恐れているのは犬の暴走だった。極夜の闇で犬に暴走されたら発見の見こみはない。犬に置いてけぼりをくらい、その姿を村人が家のなかから双眼鏡で見て大爆笑する、というのが犬橇初心者がおかす典型的な失敗である。

うまいこと下り口を見つけたあと、それ以上は考えられないほど慎重に犬を誘導し、海氷のうえにおりたった。そしてそのままアハ、アハ……と言いながら犬の前を進んだ。

前方では、雪をかぶった海氷が白い絨毯《じゅうたん》となって暗黒の空間に消えていた。

いよいよこのときがきた。私は「デイマ（行け）！」と号令を出した。刹那、五頭の犬は、溜めこんでいたエネルギーを四肢に圧縮させて爆発させた。犬たちが疾風のごとく目の前を通過したかと思った瞬間、すぐ後ろから橇がふっ飛んできた。かろうじて飛び乗り、ふりおとされないように必死にしがみつく。

なんとか体勢をなおし、横を向いて正常な位置に座りなおした。

よっしゃ！　いきなり乗れたぞ。

何度も犬に逃げられることを覚悟していただけに、いきなりの成功がわれながら信じられなかった。天才かもしれん、と錯覚した。

久しぶりに自由をあたえられた解放感から、犬たちは喜びを爆発させ、全身を筋肉の塊にして氷原を凄《すさ》まじい勢いで疾駆した。犬たちのエネルギーが、ぴんと張った引綱をつうじて橇につたわってくる。氷点下三十度の凍《い》てつく外気が、風の刃《やいば》となって私の頬を突きさす。

闇夜にうかぶ満月が北の空で雪原を照らしていた。

これが犬橇か――。

このままどこまでも駆けてしまいそうだった。

2

それまで橇を引き、歩いて旅をしていた私が、急に犬橇をはじめることにしたのは、前の年の狩猟漂泊旅行で経験した、ある出来事がきっかけとなった。

フンボルト氷河周辺で海豹《あざらし》狩りに失敗したことだ。

フンボルト氷河はシオラパルクの村から直線距離で三百キロほど北にある巨大な氷河であ

る。氷河の近海は海豹の繁殖地で、春になると多くの海豹がごろごろと気持ちよさげに昼寝しはじめる。この旅では、狩りをして食料を自給しながら可能なかぎり北をめざすというのがテーマだったが、それにもかかわらず私は、その地域最大の猟場で海豹を獲ることができなかった。

その最大の原因が人力橇という移動形態にあったのはまちがいない。

当たり前だが、海豹が、私が行こうとする方向で都合よく昼寝してくれるわけではない。はるか右手前方に出る場合もあれば、左手後方にあらわれるときもある。あっちの海豹に接近をこころみては逃げられ、今度はこっちの海豹に近づいては見えなくなり……とくりかえすうちに、重たい橇を引いている私はすっかり疲弊し、人力橇では海豹を獲ることは困難である……と悟ったのだった。そして私の頭ではピンと閃《ひらめ》いたのである。犬橇なら獲れるのではないか、と。

そうだ、来年から犬橇をはじめよう。犬橇なら機動力があるので、あちこちを動きまわって海豹を狙うこともできる。もしフンボルト氷河で海豹の肉を入手できたら、人力橇では行けなかったもっと北の地へ達することができるはずだ。

そのとき私は目の前に新しい世界が開けたのを感じた。海豹の狩猟欲がきっかけで生じた閃きが、さらにスケールの大きな可能性につながっていることに気づき、異様な興奮をおぼえたのだ。

犬橇でさらなる僻遠《へきえん》の地に行くことができれば、フンボルト氷河とはまた別の、獲物の豊富な〈いい土地〉が見つかるかもしれない。そして新たに発見した〈いい土地〉を足場に、そこからさらに先の土地にも足をのばせるかもしれない。行く先々の様々な場所で〈いい土地〉を見つけて、それをネットワーク化し、自分の土地として拡大してゆく。獲物の棲息地だけではない。グリーンランド北部からカナダ・エルズミア島一帯にかけて知らないところがないぐらいくまなく探検し、氷や大地の状態をふくめた土地のあらゆる知識を異様なほど高める。どこの海や谷が効率のよい移動ルートであるかわかれば、狩りをしながらあらゆる場所を旅できるだろう。もしかしたら百年前のイヌイットのように地図をもたずに、この地球最北の地を自在に動けるようになるかもしれない。

普通の人には現実離れした妄想に思えるかもしれないが、長らくこの地を旅してきた私にとって、それはとても現実的な選択であり、かつとても自然なつぎの一歩に思えたのだった。めざすのは、もはや目的地到達にとらわれた近代的視点による冒険ではない。狩猟者の視点を獲得して、その目で土地をとらえなおし、測量地図には載っていない〈いい土地〉を見つけ、そこから浮かびあがる素のままの〈裸の大地〉、これを旅するのだ。それができたら時代を超えた旅になるだろうし、人間が自然とのあいだにつむいできた始原の地平に触れうるかもしれない。そんな思いが腹の底からめきめきと立ちあがってきて、完全にそれに呑みこまれてしまったのである。

とはいえ、犬橇が開始にハードルの高い活動なのはまちがいない。

ハードルというのは、ひとつには経済的ハードルがある。

当たり前であるが、犬橇をやるには、まず犬を飼わなければならない。それも一頭とか二頭ではなく十頭前後の犬が必要である。しかもグリーンランド犬は体重が三十キロから四十キロにもなる大型犬で、寒い冬はカロリー消費も人間なみ、一日一キロ以上の肉をバクバクとむさぼる。おまけに僻地であるグリーンランドは非情なほどの物価高で、感覚的に日本の三倍から四倍だ。犬橇をやらない夏のあいだも、村の誰かに犬の面倒を見てもらわなくてはならず、その世話代も高くつく。十頭飼ったら、それだけで年間の維持費はかるく百万円を超えるだろう。

経済的な負担ばかりではない。活動が——もっというと人生が——犬に縛られるのも大きなハードルだ。

たとえば私の場合であれば、三月から五月に長期犬橇漂泊行をやろうと目論《もくろ》んでいるわけだが、これをやるには、その前に犬を訓練して、長期旅行に耐えられるだけの肉体をつくらないといけない。この訓練期間もふくめると一月にはシオラパルクに行く必要があり、日本を離れる期間は五カ月以上になる。その間、まともに執筆もできなければ家族とも会えない。二拠点生活といえば聞こえはいいが、どちらかといえば遠洋鮪漁師に近い生活だ。

時間的な面だけでなく、活動も犬に拘束される。面倒を見る必要から毎年かならず現地に行かねばならず、今年はグリーンランドでの犬橇行ではなくカナダの大河川をカヌーで下ろう、みたいな気儘《きまま》な選択もゆるされなくなる。ほかの活動を断念せざるをえないのである。

こんなにカネがかかって不自由な境涯におちいる活動など、よほどのことがないかぎり手を出すはずがない。

実際、私もそれまでは犬橇だけは手を出さないと半分決めていた。北極圏以外にもいろいろと行きたいところや、やりたいことがあるのに、犬橇をはじめたら活動をそれ一本にしぼらないといけない。家庭的にも娘がかわいい盛りで、できるだけ長く一緒にいたいという親の煩悩もあるし、家計が苦しくなるのも目に見えている。これら諸々を理性的に考えた場合、犬橇はあまりに非合理的な選択であり、冷静に判断したら手を出すべきではないことは自明であった。なので、犬橇は、まあちょっとないかな……とずっと思っていた。シオラパルクには山崎哲秀さんという先輩探検家が、犬橇のために毎年、半年ほど滞在しているが、その姿を見て、まあよくやるな、と半ば感心、半ば呆れていた。

それなのに、フンボルト氷河での海豹狩り失敗がきっかけで、私のなかでは、もう犬橇しかないとの決断がくだされ、引き返せなくなったのだ。

人間、生きていると、ふとしたときに、それまで思いもよらなかった新しい道がひらける瞬間がある。その道はなんの根拠もなくあらわれたものではなく、これまで生きてきた私自身の生の履歴が母胎となっている。これまでの経験が海豹との出会いという目の前の偶然に触発され、化学反応を起こし、そのはざまから出現する新しい道。だからその新しい道には私自身の全過去が、もっというと私そのものがのりうつっている。それだけに私はそれから逃れられない。その先でどうなるかはわからないが、見えてしまった以上は、その道を進むしかない。それが自己への責任なのだと私は思っている。犬橇はまさにそのような突如ひらけた新しい道であった。

犬橇をやると決めた私はその年の一月に村に来て、すぐに犬を集めはじめた。だが、それも決して簡単なことではなかった。

たしかにシオラパルクには犬がたくさんいる。

グリーンランド北部は狩猟民の伝統色が濃厚で、日常的に海豹や海象《セイウチ》、鯨、白熊といった海獣類を獲って暮らしている。しかし狩猟よりも伝統をかんじさせるのが犬橇だ。スノーモービルで走るカナダやアラスカのイヌイットとちがい、グリーンランドではいまも犬橇が生活の足として使われている。人家の脇に野性味あふれる犬がたくさんつながれ、狼のような遠吠えが夜空にひびき、海岸には獣の血や脂で黒くなった橇がならぶ。人々が狩りで獲物を仕留めるのも、犬に餌をあたえるため、といった側面がつよく、犬を飼いならす一方で、まるで犬に飼いならされているふうでもある。横で見ていて、犬は労働犬として重要なだけでなく、存在そのものが村人の生き方、実存に大きな影響をあたえているのである。風景や人々の暮らしぶりが、どこか太古の時代から地続き感を感じさせるのは、犬に大きな要因があると私には感じられる。

とはいえ、そこは時代の荒波にさからえないところがあり、村人もさすがに三十年前、四十年前ほど狩りや犬橇を活発にやっているわけではない。となりのカナックの村に行けば、まだそこそこの数の犬がいるが、シオラパルクのような小さな猟師村は高齢化と過疎化が進み、村人も最低限の犬しか飼っていない（といっても成人の男一人につきだいたい十頭以上の犬は飼っているが……)。犬を飼うとそれだけ餌となる肉が必要となり、狩りの負担が増すからだ。最低限の犬しか飼っていない以上、のこされた犬は基本的に優秀で飼い主が手放したくない犬だ。よそ者の私がのこのこと出かけて、「犬橇をはじめるから売ってくれ」とお願いしても、なかなか首を縦にふってくれるものではない。癖が悪かったり、喧嘩っ早かったり、先の短い老犬だったり、飼い主が、もうこの犬はいらないや、とみかぎった犬がせいぜいだ。

イラングア・クリスチャンセンという、とても陽気で、私にも非常によくしてくれる愉快な初老の人がいる。村にはほかにイラングア・ヘンドリクセンという若手の猟師がいてまぎらわしいため、初老のほうを大イラングア、若手のほうを小イラングアと呼ぶことにするが、この大イラングア、犬を躾《しつ》ける名人としても知られ、彼の犬はとにかくよく橇を引くと山崎さんから聞いていた。実際、彼の犬を見ると身体も大きく、毛なみもよくて、じつに魅力的だ。私は、大イラングアの犬、欲しいな……と思い、犬集めの初期の段階でゆずってくれとたのんだことがある。すると彼は「アイヨ〜(なんてこった)、この前、五頭シメちゃったよ」と苦笑した。

残酷に感じるかもしれないが、これは当地の人々の典型的な答えだ。イヌイットにとって犬は愛玩動物ではなく純然たる労働犬である。家畜なので、橇引き犬として役にたたないとみなされた時点で、処分される運命にある。大イラングアの言い分は〈使えない犬が五頭いたのでそれなら売ってやってもよかったが、この前、殺しちゃったのでお前にやる犬はない〉ということなのである。おなじことをほかの人からも何度かいわれた。

地元民は、必要なし、と判断した駄目犬しか売ってくれない。逆に手許にのこした犬は手塩にかけて育てたかけがえのない犬だ。分身みたいなものなので、懇願しても売ってくれない。カネの問題ではないのである。

犬橇をやるぞ、と息巻いて来たのはいいが、誰にお願いしても「いまは数が少ない」と断られるばかりだった。私にはもともとウヤミリック（首輪）という六年来、行動をともにしてきた相棒犬がいたので、それをふくめてまずは五頭ではじめようと目論んでいたが、のこりの四頭がなかなか見つからない。

そんななか、たった一人だけ売却に前向きな村人がいた。アーピラングア・シミガックという、これまた六十前後のベテラン猟師である。

アーピラングアは、人はいいのだが、村でも一、二を争う怠け者でもある。奥さんが牧師で職をもっているせいか、どうもヒモみたいな生活をしている。奥さんがどこかの集落で牧師の仕事を見つけるたびに一緒に移住するので、しょっちゅう村を出たりもどったりしている。そんな生活なので犬を飼育するのが面倒になったのだろう。相談してみると、「イー、ナウマット（いいよ、問題ない）」と即答、そればかりか一頭や二頭ではなく十頭近くいる犬をすべてお前に売ってやると言い出した。犬だけではない、橇もふくめてまるごと犬橇セットを持っていけというのである。

そこまで大盤ぶるまいされると逆にこっちが戸惑ってしまう。

アーピラングアの提案はこうだった。

犬橇をやるといってもそう簡単にできるものではない。お前は冬のあいだに訓練して、あわよくば春にヌッホア（フンボルト氷河の先、村から四百キロほど北の巨大な陸塊）まで行くなどと調子のいいことをほざいているが、一年目でそんなところに行くのは無理というものだ。ひとまず今年は俺のチームと橇で訓練すればいい。で、お前が帰国した暁には俺が面倒を見ておいてやろう。

もっともらしいことを言っているようだが、ずぼらなこのオヤジが犬のレンタルと夏の世話代で楽にカネを手にいれたいと思っているのは明々白々だ。あるいは、暗くて寒い冬に犬橇をやるのは面倒なので、とりあえずカクハタに走らせて、春になったら鍛えられた犬を自分で使おうという魂胆かもしれない。

それでも、ほかに入手のアテがなかっただけに、私は彼の提案にぐらついた。しかし、途中でアーピラングアの気が変わって、やっぱり返してくれと言い出したらトラブルになる。全部の犬を彼に依存するのは危険だ。何よりすでにできあがったチームをそっくりゆずりうけてしまうと、訓練して自分のチームをつくりあげてゆく創造の喜びが欠落する。私が犬橇でやりたいのは〈到達〉ではなく〈漂泊〉、結果ではなくプロセスであり、駄目犬を寄せあつめて集団としてまとめることそれ自体が、ひとつの目的でもあった。ということでアーピラングアには謝意を表しつつ、三頭だけゆずってもらうことにした。

話がまとまり選定のために犬を見に行った。ありがたいことに、完全にやる気を喪失しているアーピラングアは、どれでもいいから好きな犬を持っていけ、と投げやりなことを言ってくれる。私も、やるからには世界最強の犬橇チームをつくる所存であったので、犬の顔、姿、毛なみ、挙措、人懐っこさ等々を仔細に吟味した。吟味したのだが、しかし極夜で真っ暗なので、よくわからなかった。彼の犬はどうも身体の大きくない犬ばかりで、どれがいい犬なのか皆目見当もつかない。最初の五頭は今後、チームの中核になるわけだから、三歳から五歳の力のある犬が欲しいところだが、年齢も不明で、アーピラングアに訊いても、ただ唇をめくって歯を確認し、「たぶん五歳か六歳だ」と言うばかりだ。全部の犬が五歳か六歳なので、いい加減に答えているのはあきらかだった。

「どの犬が先導犬なの？」

彼は身体の黒い赤目の中型犬を指で示した。

イヌイット式の犬橇は人間が橇のうえに座って鞭や号令で指示を出し、前を走る先導犬が指示にしたがい、右に行ったり左に行ったり止まったりする。ほかの犬はその後ろに金魚の糞のごとくついていくだけなので、先導犬が指示を理解してくれさえすれば最低限の操縦はできる。最初に先導犬がいるのといないのとでは雲泥の差だ。ゆくゆくは自分の手で先導犬を育成するつもりだが、最初の一頭ぐらい、経験のある犬を使っても許されるのではないか、と考えた。

名前を訊くとウンマターファ（ハート）というらしい。歯や目の状態を見るとほかの犬より年をくっていそうだが、人懐っこくて、見知らぬ私にも尻尾をふっている。ひとまずこの犬を選び、一緒につながれていた細身の黒灰色犬キッヒビアッホ（隼《はやぶさ》）も売ってもらうことにした。のこりの一頭は、アイドル系のかわいらしい顔立ちをしたカヨ（茶色）を選んだ。カヨはもともとアーピラングアの弟のオットーの犬だという。オットーは兄とちがってとびきり優秀な猟師なので、外れはないはずだ。

こうしてウヤミリックにくわえて三頭の犬がそろい、私は家でホッとくつろいでいた。と、そこに扉をドンドンと叩く音がした。

やって来たのはウーマという若者だ。

犬の名前、村人の名前、舌を噛みそうな名前がつぎつぎと登場し、読者は混乱のきわみにあるだろうが、その混乱にさらに拍車をかけると、ウーマは私が親しくしているヌカッピアングアの息子で、小イラングアの弟である（ちなみにこの物語で大事なのは犬の名前で、村人は重要ではないので忘れてもらってかまわない）。二十代前半のなかなかのイケメンで、本当は猟師として暮らしたいのだが、いまの世の中、それでは現金が手に入らないので普段は店の従業員をしている。

毎日のように私の家に遊びに来る彼が、ぼそぼそ話しはじめた。

「カクハタ、君は僕の犬を二頭買うことができる」

その申し出に私は驚喜した、かというとじつはそんなことはなく、逆にとても困惑した。愕《がく》然《ぜん》としたといっても過言ではない。

というのも、父のヌカッピアングアもふくめて彼の家は伝統的に犬への餌やりが悪く、小さくて弱そうな犬が多いからである。私はヌカッピアングアとは仲がよく、準家族のようなあつかいをうけているが、それでも彼から犬をゆずってもらおうとの考えは起きなかった。それぐらい彼の一家の犬は貧相な犬ばかりだ。大漂泊旅行をするため強い犬をそろえたかった私としては、彼の家の犬だけはちょっと避けたかったのである。

その貧相な犬が多い彼の家のなかでも、普段、店で働くウーマはまともに犬橇をしておらず、いっそう貧相な犬をかかえていることが予想された。そのウーマが犬を買わないかと言ってきたのだ。ある意味、脅威だった。

とはいえ、仲の良い間柄だけに無下に断るわけにもいかない。渋々その二頭を見に行くと、これがまた想像をはるかに上まわるほどみすぼらしい犬で、いずれもがりがりに痩せ、毛なみもぼさぼさで、身体はうす汚れており、眼球は老化で白く濁っていた。おまけに老いのために性格も剣呑《けんのん》なのか、ウーウー唸っている。ぶつくさ文句を垂れながら近所の人にわめきちらす嫌な老人みたいで、近づくことも容易ではない。完全に断りたい、もう勘弁してもらいたい、と泣きそうになったが、兄の小イラングアもその場にやってきて、なんとなく断りにくい雰囲気となった。

年齢を訊くと、九歳ぐらいではないかという。確実に十歳は超えてそうだが、五百クローネ（約九千五百円）という格安の価格と、友達だからという理由で一頭だけ引きとることにした。名前はチューヤン、前に韓国から来た旅行者にちなんだ名前だという。

こうして最初の五頭がそろい、私は最初の訓練にのぞんだわけだ。

このままどこまでも走ってしまいそうだ――。

月光のさす闇夜で風をうけながら、私は心地よい錯覚にひたった。

だが、その錯覚はあながち錯覚ともいえなかった。

ある程度、走らせたところで私は鞭をふり、左へ行けとの指示を出してみた。左へ行かせたいときは、犬の右側に鞭をふり「ハゴ、ハゴ」と、逆に右へ行かせるときは鞭を左側に出して「アッチョ、アッチョ」と言う。だが先導犬のウンマは私の鞭にまったく反応せず、犬たちは右にも左にもむかわず、壊れた機関車みたいに直進するばかりだった。

焦った私は、今度は「アイー、アイー」と止まれの指示を出した。しかしこれにもいっこうに反応はみられなかった。

「おい、ウンマ。止まれ、こら！　アイー。アイー！　アイーっつってんだろ、てめえ、この野郎！」

志村けんのギャグのような絶叫が虚しく夜空に響くばかりで、このままでは冗談抜きで本当にどこまでも走っていきそうだ。

ちょっと怖くなり、太いロープを輪っかにしたブレーキを橇の先端にひっかけて無理矢理止めることにした。ヘッドランプの光をたよりにガタンガタンと揺れる橇のうえで作業するのは慣れないだけに難しい。ふりおとされないように匍匐《ほふく》で進み、橇にしがみつきながら輪っかを振りまわしてようやく引っかかった。その瞬間、輪っかが雪面とのあいだに摩擦を引き起こし、ずずずず……と大きな音をたてて止まった。

犬たちはいっせいにこちらをふりむいた。なんで気持ちよく走っているのに止めるわけ？とでも言いたげな不服そうな表情をしている。その呑気《のんき》な顔を見ながら、これは思ったより恐ろしい乗り物かもしれん……と肝を冷やした。

3

それから毎日のように訓練にあけくれたが、最初は犬が言うことをきかず苦闘の日々だった。しばらくは村の目の前の海氷が練習場となるが、岸から海におりることさえ容易ではない。なぜ海におりるのが難しいのか。それは、最初のうちはこっちも犬がうまくあつかえないし、犬同士も知らない面子《メンツ》の寄せあつめで、出発の準備をするあいだに喧嘩をおっぱじめるからである。

そう、苦闘の最大の原因は端的に犬同士の喧嘩、政治抗争である。

ひとたび喧嘩がはじまると、その場は一気に全頭参加のカオスとなる。そうなると「おら、やめろ！　やめろっつってんだろ！」と犬の叫喚に負けない大声で叫びながら、その只中にわってはいり、嚙みつきあっている犬の頭を引き離さなければならない。引き離すといっても、体重四十キロにもなるグリーンランド犬は、半分狼みたいな野獣に近い動物で、それが全頭興奮の極みに達し、ウガーウガー吠え、涎《よだれ》をまきちらしながら、もみくちゃになって嚙みつきあっているわけだ。人間の力で引っ張ったところでなんの効果もないし、拳で頭を殴っても痛いだけだ。犬は気づきもしない。なので専用の木の棒で頭をぶん殴る以外に方法はない。犬橇をはじめるにあたって私が最初に必要性を感じたのは、橇でも鞭でもなく、犬をぶん殴るための原始的な道具だった。

とにかく放っておくと冗談抜きで殺しあいに発展することもあり、混乱を鎮める必要がある。そのような修羅場においては、犬が可哀そう、みたいな高等な市民感情がはいりこむ余地は一ミクロンたりとも存在しない。

「やめろ、こらあっ！　やめろっつってんだろ！」

犬を圧倒しようと裂帛《れっぱく》の気合をこめて大声で叫び、喧噪のなかに突っこみ噛みつきあう二頭の頭を渾身の力でぶん殴る。すると犬もハッとわれにかえり、牙を離す。すかさず隣の二頭も棒を連打し制圧する。だが、なにぶん氷点下三十度以下の寒さのなかでの作業だ。大声を出すだけでゼーハーゼーハーと息があがり、ぐったりと疲労する。慣れないうちは犬の引綱に足がからまり、ひっくり返されることもしばしば……というか毎日のことで、パワーのある犬どもとわたりあうのは、それだけで疲れることだった。氷のうえで相撲のぶつかり稽古をしているようなものだ。

なんとか喧嘩をおさめて、忌々《いまいま》しい犬どもを橇につなぎ、「アハ、アハ」と誘導して定着氷から海氷のうえにおりたつ。デイマ！　と声をかけ、橇に飛び乗る。そこでようやくぶつかり稽古から犬橇の練習となるが、そこから先も油断できない。場合によってはほかの飼い主の犬のところに駆けだして大混乱を現出させたり、岸近くの橇の轍《わだち》をたどってグイーンとUターン

してそのまま村にもどったりと、はじめのうちはそんなことばかりがつづく。
　これら二重、三重のトラップをのりこえてようやく沖に乗りだしても、犬は全然指示どおりには動いてくれない。
　先導犬のウンマは「アイー（止まれ）」の指示だけは初日のうちにわかってくれたが、「ハゴ（左）」や「アッチョ（右）」という方向への指示はしばらく理解できないままだった。
　たとえば、村を出発して八キロほど離れた対岸にむかって一時間ほど直進するとする。対岸が近づいてきたところで方向を左に変えようと「ハゴ、ハゴ！」と鞭をふ

図1　犬橇

るが、犬はその指示を理解できないため、そのまま直進しつづける。そうすると、やむなく私は橇を止めて、犬たちの前を歩き、左のほうに誘導して行きたい方向に導き、そして「デイマ！」と出発させて橇に乗る。しかし、方向を変えても犬はまたグイーンと右に曲がって元の直進方向にもどってしまうのだ。

「そっちじゃねえだろ、ハゴ、ハゴ！」

私はまた絶叫する。

「左だっつってんだろ、この野郎！　ハゴ、ハゴ、はごぉっ！　はごおおおっ！！！！」

しかし、どんなに叫んでも犬が指示を理解していない以上、再度橇をおりて誘導するほかない。そして橇に乗ったらまた犬たちはグイーンと右に曲がり元の方角にもどり、同じことのくりかえしだ。

何度やっても全然左に曲がってくれないので、つぎは前よりもさらに左に角度を変えて犬たちを誘導する。すると今度は左に曲がりすぎて村の光が犬の視界に入り、それを見た犬たちは、嗚呼《ああ》、今日の訓練はもう終わりか、と勘違いして、猛烈ないきおいで村に帰りはじめてしまう。

こうなると、もうなす術《すべ》はない。ハゴ、ハゴ！　アッチョ、アッチョ！　と何度か方向を変えようとこころみるが、犬は無視して村にむかって驀進《ばくしん》し、疲れ果てた私は橇のうえで自失し、村まで搬送と相なるのである。

こんなふうに最初はまったく指示どおり動いてくれなかった。

なぜ犬に指示がつたわらないのかというと、ひとつには私の鞭ふり技術がまったくなっていなかったからである。

イヌイット式の犬橇は橇の一番前から引綱がのびて、それぞれ犬の胴バンドにつながる仕組みになっている（図Ⅰ）。引綱の長さは先導犬が六メートル強、そのほかの兵隊犬が四・五メートルほどで、引綱が長いぶん先導犬はほかの犬の前に出る。そして橇の中央後ろ寄りに御者である私が座るのだが、御者は橇の真ん中で前を向くのではなく、横向きになって橇の端に腰をおろす体勢となる。私の場合は右利きなので、橇の右端に座り、右手で鞭をふるって犬に指示を出すわけだ。鞭の長さは七メートルから八メートルほど（ただし最初は下手くそなので六メートルほどの鞭を使っていた）なので、鞭をふると先端が犬の横にとどくことになる。

鞭というとどうしても御仕置きのイメージがあり、イヌイット式の犬橇は鞭を使うなんて野蛮だね、前近代的だね、との印象をもたれるかもしれないが、じつは犬橇で使う鞭は折檻のためではなく、指示をつたえるためのものである。もちろん犬が言うことをきかないとつい逆上し、てめえ、この野郎、とビシビシ打ちすえることもないではないが、基本的にはかけ声とともに鞭をふり意図をつたえるためのコミュニケーションツールである。

鞭を上手にふると、しなりが先端までつたわり、ピシ！　と空気を切り裂く心地よい音が鳴る。犬はこの音に反応する。橇のうえから私が鞭をふるって、犬の横で先っぽがピシッと空気を切る。その音が右側で鳴れば、犬は、あ、旦那は左に行けと言っているぞ、と気づいて左に曲がり、左側で音がすれば逆に右に曲がる。だが、最初の頃はまだ鞭ふりが下手くそすぎて、このピシッという音がうまく鳴らない。それどころか、もどった鞭が自分の顔面に直撃して痛い目をみることもしょっちゅうだった。右目を直撃して眼球から出血したこともある。

さらに発音の問題もあった。

先導犬のウンマは経験豊かなベテラン犬で、われこそは先導犬との自覚があり、出発のときなどは自らするすると前に出てほかの犬を引率しようとの意思をしめす。そういう慣れた犬でも、私のハゴやアッチョの指示をなかなか理解できなかった。その理由は、あきらかに私の発音が変だからである。おそらく私が指示を出すたびに、ウンマは「旦那はなにか激しく叫んでいるが、いったい何を言っているのだろう……」と混乱していたにちがいない。私の「ハゴ」

や「アッチョ」は、地元民の「ハゴ」や「アッチョ」の発声とズレており、ウンマはその意味をあらたに解読しなければならなかった。

犬からしたら鞭の音もよく聞こえないし、橇のうえから新しい主人がわけのわからない言葉をわめきちらすばかりで、どうしたらいいのかさっぱりわからなかったはずだ。

しかし私のほうとしても、言うことをきかない犬を毎日相手にすることは、じつにストレスのたまる作業であった。

橇のうえから指示を出してもなかなかつたわらないので、まもなく私は橇をおりて犬のすぐ後ろまで走り、「ハゴ！　ハゴ！　ハゴ！」と横で鞭をふるようになった。それをくりかえすことで先導犬は合図の意味を理解するようになる、と山崎さんに教わったからだが、そう簡単におぼえてくれるものでもない。ヌカッピアングアからは「大声でわめかないほうがいい。犬が混乱して何をしていいのかわからなくなる」と助言されたこともあり、私もなるべく感情を抑えて我慢しようとした。しかし、思ったとおりに動いてくれないと苛立ちがつのってくる。

ただでさえ太陽のない真っ暗な環境で気持ちが沈みがちだ。それに犬橇は、それまでの人力橇とちがい橇に座る時間が長く、寒さが身にこたえる。村を出た直後は私も冷静だが、一時間もしたら怒りが沸騰して、どうしても大声で当たり散らす自分がいるのだった。

上達のスピードはじつに遅々としたものだったが、少しずつ犬橇の操縦にも慣れてきたので私は頭数を増やすことにした。

4

一年目の目標は最低でも犬橇を操縦できるようになること、と控え目なものだったが、できればフンボルト氷河近海で海豹狩りをしたいとの大胆な野望も秘めている。しかしそれをやるには、村の近くの氷河を登り、内陸氷床を越えて、北の無人境に出ないといけない。人力橇時代から毎年うろついてきたエリアであるが、犬橇で行くのは完全に未知である。氷河、氷床を越えるには最低でも犬十頭は必要というのが村人の意見で、そのためにも徐々に犬を増やす必要があった。

最初の五頭を確保してからも私は村で犬を探しつづけたが、なかなか応じてくれる人はいなかった。

そんななか、最初は固辞していた電気技師のピーター・トーニャが一頭ゆずってもいい、と言い出した。腰痛が悪化したピーターは近年はまともに犬橇に乗ることができず、持ち犬を徐々に処分しはじめている。このままではいずれ全部成仏させなければならず、いまのうちにカクハタに売ったほうが得策と考えたのかもしれない。

ピーターは相場より二百クローネも高い千クローネ（約一万九千円）との値段を提示した。

ただし彼の犬は村のなかでも体格のいいのがそろっている。外に出てどの犬かとたずねると、その犬は、私の五頭のなかでは一番大きなウヤミリックをはるかに凌駕《りょうが》する茶毛の巨体の持ち主だった。二歳と若く、顔立ちもよいうえ、すこぶる人懐っこく、要するに悪いところがまったく見当たらない完璧な犬である。多少高くはあったが私は購入を即断した。名前はポーロ、命名の由来は不明。家に連れてかえって縄につないだときは、これは良い犬を手にいれたぞ、と有頂天になり、何度も頭を撫でては将来のエースだとほくそ笑んだ。

ところがこの圧倒的な期待に反して、ポーロはまったく走らない、身体がデカいだけの、どうしようもない犬だった。

冷静になって考えたらこれは当たり前である。なぜなら犬橇に乗ることがなくなったピーターは、ポーロが生まれてからまったく調教していなかったからである。走らせてみると、どうやらポーロは橇を引く意味を理解できないようで、右に行ったり左に行ったり、無駄に長い脚で馬のように優雅に引綱のあいだを跳びまわるばかりだ。かと思ったら、突如、全速力で走りだしたり、と完全に混乱しつづけた。逆に帰りは慣れない行動にすっかり疲弊したようで、雪ばかり食べて引綱はたるみっぱなしだった。

走り方だけでなく、〈アゴイッチ（伏せ）〉や〈アウリッチ（動くな）〉といった基本動作もまったくわからない。これも大きな問題だった。

犬たちは走っているあいだ、ひっきりなしにポジションを入れかえるため、一時間もするとそれぞれの引綱がからまって一本の太い編み綱のようになってゆく。放っておくと尻尾までこの編みこみに巻きこまれてゆき、走りにくくなる。なので途中で橇を止め、アゴイッチの指示を出して犬を大人しくさせたうえで引綱をほどかないといけないのだが、ほかの犬がじっと伏せているあいだも、ポーロだけは落ち着きなくあたりをうろうろしつづけるのである。

こうした気儘なうろうろ歩きを許容すると、危険につながるので気をつけねばならない。というのも一頭が規律をみだすと、ほかの犬も、あ、立ちあがってもいいのかな……と勘違いして、皆がうろうろしはじめる。そして何かの拍子で一頭が何気なく小走りで動きだしたりすると、それにつられて雪崩《なだれ》のように全頭が一気に暴走しはじめ、止められなくなるからだ。

犬橇で一番危ないのは、犬たち自身にも制御できないこの突発的暴走だ。これがはじまると犬は冗談ぬきでどこまでも走りつづけ、基本的に人間のもとにはもどってこない。犬橇の訓練とは──とくに最初の段階では──、要するに、暴走が起きないように犬たちの動きをつねにコントロールすること、そのための努力をいう。

一年目の私はとにかく暴走を恐れていた。暴走が起きないように、犬が変な動きをみせると反射的に鞭をふるって動きを押さえつけようとした。とくに引綱をほどくときなど、何か作業しているあいだは意識が犬から離れるので、危険だ。だが、ポーロだけはじっとしていられずウロウロしつづけるのである。

ポーロがくわわり何日かたったあと、私は隣村であるカナックに出かけることにした。

カナックは地域の中心地で犬の数も多い。シオラパルクではもう犬が手に入りそうもないし、橇を製作するための木材も調達する必要があった。

カナックまでは片道六十キロ、往復は格好の訓練になる。シオラパルクで犬橇をはじめた者にとって、カナック往復は自信をつけるための最初の関門だ。

出発はいつものように大混乱からはじまった。

その日はケケッタ村からやって来たカイラングアという名の、日本の村役場の総務課にでも勤めていそうな眼鏡の暇なおじさんが、準備のあいだ、鞭をふるって犬をあやしてくれていた。ところが、いざ出発の段になり、私がアハ、アハ……と誘導しはじめると、図体ばかりがでかい例のポーロが、私ではなくこのおじさんの後をついていき、関係のない方向に走りだした。まだ私を主人と認識していなかったのだろう。するとほかの犬もポーロにつられて駆けだし、近くにあった木の櫓《やぐら》の柱に全頭の引綱がからまってしまった。内心、このクソ犬どもめが……と罵ったが、ここで怒ると犬が逃げだし混乱に拍車がかかる。ぐっとこらえて綱をほどいていると、今度は例のみすぼらしい老犬チューヤンが、するすると元の飼い主の家に逃げてゆく。くそったれ、と走って追いかけ、ようやく橇のところに連れもどすと、またポーロが逃げまわり引綱が柱にぐるぐる巻きになっている。

「てめえら！　いい加減にしろ！」

ついに怒りが爆発した。するとその大声に刺激された犬たちが、混乱の原因をつくったチューヤンに集団リンチをはじめた。私が怒ると、その原因をつくった犬にほかの犬が嚙みつくことは、じつはよくあることなのである。

もう勘弁してもらいたい、と泣きそうになりながら、引綱でぐるぐる巻きになった犬同士を引き離していると、眼鏡のカイラングアがやってきて、「アイヨ〜、ナ〜ガヨ（ありゃりゃ、なんてこった）」と嘆息している。そもそもてめぇのせいなんだよ、と思わず殴ってやりたくなった。

一時間以上の格闘のすえに混乱をしずめ、ようやく出発できた。それからは順調だった。昼でも薄暗い極夜の闇のなかを、半月が柔らかい光を海氷に投げかけている。すでにシオラパルクとカナックとのあいだには村人たちの犬橇のトレースができており、迷うことはない。一時間少々で村の対岸にあるカギャの岬を越えると、南の地平線の下から太陽の光が洩れてきて空が白くにじんだ。じんわりと明るくなった空を背景に、つぎに越えるインナンミウ岬と、その南側にあるケケッタッハーの島影が明瞭な線をえがいている。

相変わらずポーロは全然橇を引かなかった。しょっちゅう引綱がたるむので、そのたびに鞭をふり「ポーロ、引け！」と活を入れるが、なにぶん技術が未熟で、ふった鞭がポーロまでとどかない。老犬チューヤンも先ほどの集団リンチで牙をうけ、右脚の腿《もも》の付け根に穴があき、力が入らないようだ。事実上の四頭体制である。しかしその四頭は力強く橇を引き、先導犬ウンマも以前より私の指示を理解するようになっていた。

インナンミウ岬をすぎるとふたたび夜空に星が瞬き、はるか遠方できらめくカナックのオレンジ色の街灯が見えてきた。無数の氷山が立ち乱れる地帯を越えてカナックに到着したとき、出発からじつに九時間がたっていた。その日は村の前の海氷上にテントを張った。

カナックでは二頭の犬を引きとることで事前に話がついていた。シオラパルクの村人の一人が、カナックのママオという猟師に「カクハタが犬橇をはじめたので、不要な犬がいたらゆずってやってほしい」と連絡してくれていたのである。

その猟師からゆずりうけたのが一歳のプールギ（豚）と二歳のナノック（白熊）だ。プールギはジャニーズ系の顔立ちに、ひきしまった身体をした抜群に人懐っこい白毛の犬で、幕営地に連れてゆくあいだも、ぐいぐいと私を引っ張り、身体の底から元気を発散させている。ナノックは体格のよい太った犬で、片目がつぶれ、両耳の垂れた特徴的な犬である。警戒心がやや強い一方、喧嘩っ早いようで、気に入らないことがあるとすぐにプールギに嚙みつく。テントの脇につなぐと、新しい仲間の登場に、ほかの犬はそわそわしはじめた。遠巻きに見つめながらも関心をおさえられない様子だ。近くにいたウヤミリックが、やや遠慮がちにプールギに近づき、尻尾をふって後をつけはじめた。かと思ったら、執拗に尻の臭いを嗅ぎはじめ、後背位の体勢となってへこへこと腰をふる。プールギはいたく迷惑そうな顔をしつつも、じっと我慢している。

おどろいたことに、この新しくくわわった二頭はポーロとちがって想像以上に素晴らしい犬だった。翌日、橇用の大きな木材を橇につんでシオラパルクにむけて出発したのだが、二頭とも全身からエネルギーをほとばしらせて、ぐいぐいと真ん中で橇を引く。十分調教が行きとどいており、もう走るのが楽しくて仕方がないといった様子だ。

通常、新参者の犬はどうしても古参の犬に遠慮して、端っこのほうで走りがちだ。何度か一緒に走って、慣れてきたら徐々に距離をつめ、意を決してなかに入ってくる、というパターンが多い。だがこの二頭はほかの犬にもおじけることなく、最初から中心に割って入りチームの発動機となって橇を引いた。

これはほとんど考えられないことだった。先ほども書いたが、イヌイットは普通、癖が悪かったり年をとったりした処分間近の犬しかゆずってくれない。この二頭のような、よく橇を引く、しかも若い犬をゆずってくれることなどほとんど考えられない幸運なのである。実際、プールギとナノックは後々まで〈チーム角幡〉の中心として活躍することになる。どうやらこの二頭は、もともとママオの持ち犬ではなく、べつの猟師からゆずってもらった犬だったらしい。元々自分の犬ではなかったので、ママオは私に売ってくれたのかもしれない。

八頭となり速度が増して一気に村に駆けもどった。インナンミウ岬を越えると月のない美しい星空が広がり、前方の岬の陸影のうえに北斗七星が煌《きら》めき、アークツルスが赤く明滅した。村の手前のカギャの岬が近づくと私は針路を変え、ダイヤモンドのように白く妖しい輝きをはなつ美星ベガにむかって犬を走らせた。

チームは八頭体制となり、泥沼のような犬との格闘の日々がふたたびはじまった。

5

さて、私はいま泥沼と書いた。ネガティブな語感の言葉で犬との関係を表現した。

なぜ泥沼なのか？　かわいい犬たちと走るのだから、犬橇とはもっと楽しい活動ではないのか？　そう思われるだろう。しかしはっきりいえば、それは〈犬＝かわいい〉という一般的イメージがつくりだす誤解、幻影にすぎない。犬橇初年度のこの年、私は、わがチームの犬たちを一瞬たりともかわいいと思ったことはなかった。橇犬をかわいいと思うこと。それは私には不可能な要請と思えた。

たしかに、自分でも、これはこれで信じられないことではあった。

本来、犬というのは人間にとってかわいい存在である。そしてそれは当たり前だ。なぜなら犬というのは元々、人から見てかわいいなぁと思わせるように進化した生き物だからだ。

二〇一四年からウヤミリックと旅するようになり、私も犬の本をそれなりに読んできた。それらによれば、狼が犬に進化したのは後期旧石器時代に両者の接触頻度が高まったのがきっかけである。もともと人間も狼も社会性の高い捕食者で、おなじ獲物をめぐる競合相手で、生活圏はかさなっていた。そこに、自力で狩りをするより、人間のゴミ捨て場をあさったほうが楽だ、と考えるずぼらで賢い狼があらわれた。そういった狼のなかには大人しくて従順な性格なものや、番犬や狩りの相棒として人間にうけいれられたものがいただろう。あるいは人間が狼の子供をひろって、飼育したケースもあっただろう。そうやって狼と人間の距離はじわじわ縮まり、人間に都合のよい性格の個体が選択的にのこされ、家畜化され、犬となっていった。この家畜化の過程で大きな利点となったのが、人から見てかわいいかどうかという点だったのである。

どうしてそのようなことがいえるのかというと、それは犬は狼がネオテニー化した動物だからである。ネオテニーとは日本語でいうと幼形成熟、つまり幼児期の特徴をのこしたまま成熟することをいう生物学の用語で、進化上有利な場合が多いとされる。犬は狼にくらべて頭が小さく、横幅もせまくて鼻もみじかい。大人になっても馬鹿騒ぎに興じるといった子供じみた特徴も濃厚で、狼がネオテニー化した動物なのは明白なのだという。

では、狼がネオテニー化したのはどうしてかといえば、これは完全に私の推測だが、鼻面の長い狼顔の個体より子供っぽい犬顔の個体のほうが、人間にかわいいな、一緒にいたいな、保護したいな、と思わせることができ、生存確率が高まるからだろう。これを人間のほうから見れば、この個体、赤ちゃんみたいでかわいいな、よし手許においておこう、とかわいさ基準で選抜してきたことを意味する。

このように人と犬との関係史の根本には容貌の問題がある。犬は進化の戦略上、人間にかわいいなと思わせることで生き残ってきた動物であり、そもそも人間のＤＮＡにきざまれた〝かわいいスイッチ〟を押すように設計された生き物なのだ。親が子供を見てかわいいなと思うのと同じように、人間は犬を見たら基本的にかわいいと思う。犬はかわいくなることによって、人間に自らを飼育するようにしむけた。人類にとって犬がかわいいことは普遍の真理である。

もちろん私も一応、人類の一員なので、犬を見たら人なみにかわいいなと思うし、飼っていたこともある。小学生のときに家で飼っていたチッチは剣呑でお話にならなかったが、そのあとに自宅の裏でひろった捨て犬のシロはよく懐き、毎日散歩につれていった。近年も家族で保護犬の譲渡会を見学しに行ったこともある。

ところが、人なみに犬好きである私も、橇犬だけはかわいくないのだ。人類普遍の真理が犬橇の犬には通用しないのである。

じつは私はこの原稿を、犬橇を四年経験した時点で書いている。さすがに四年もやると余裕が出てきて事情はかわるが、初年度はとにかくかわいいと思ったことなど一度もなかった。その年の活動を終えて、胴バンドを外し、なんというか、橇引き犬からただの飼い犬に性質を転換させたあとならかわいいと思えるが、胴バンドをつけているあいだはまったくもってかわいくない。これは見た目の問題ではない。私以外の誰かが私の犬を見たら普通にかわいいと思うはずだが、橇引き犬としてあつかっている私が同じ犬を見ると全然かわいくないのである。

かわいいと思ったことはないが、こいつらいつか全員ぶっ殺してやる、と思ったことは何度もある。というか、犬橇をはじめたばかりの時期は連日そんな怒りにふるえていた。

どうしてこんなことになってしまうのか。

犬橇の犬がかわいくないのは、犬どもがつねに混乱を引き起こし、私をその混乱の渦のなかに放りこんでしまうからだ。犬が私の意のままにならぬからである。犬がまつろわぬからである。

無論、犬とは制御不能な他者。言葉も通じない別種の生き物で、そんなことははじめからわかりきった話だ。その犬を相手に、言うことをきかないからかわいくない、などとは言語道断。そもそも意のままにしようという発想自体、傲慢であり、意のままにならぬ犬を、そうした存在として尊重し、理解したうえで関係構築する。これがあるべき犬道ではないか、とそう思われるかもしれない。

ところがやってみてわかったのだが、通常の犬の飼育における〈言うことをきかない〉状態と、犬橇における〈言うことをきかない〉状態とはまったく別物なのだ。

通常の犬の飼育における〈言うことをきかない〉状態はつぎのようなものだ。たとえば犬に〈お座り〉とか〈お手〉とかをおぼえさせるとするが、全然、お座りもしないし、お手もしないとする。そのとき飼い主がどう思うかというと、「こいつ全然、お座りしないなぁ」と不満をいだく程度で、その後、コーヒーを入れてまったりしてテレビを見ることができる。つまり犬は言うことをきかないかもしれないが、そのことによって、コーヒーを飲むという飼い主の行動の自由はなんら制約をうけない。

ところが犬橇の場合はそういうわけにいかない。犬橇と通常の犬の飼育の何がちがうかというと、人間が橇のうえに乗っているところだ。つまり行動の最終権限を犬に握らせていることである。

橇のうえから先導犬のウンマに右に行けと指示を出したのに、言うことをきかず、左に行くとする。これは自分は右に行こうと思ったのに、その意に反して犬は左に行く、ということであり、いまの飼い主の例でいえば、お座りもお手もしないので、もうコーヒーでも飲もう、と立ちあがって台所に行こうと右に曲がろうとしたら、おのれの意に反して身体が勝手に左に曲がって歩きだし、全然コーヒーが飲めない、みたいな状態になるということだ。

しかも犬橇の場合は一頭や二頭ではなく十頭前後が相手だ。ほかのすべての犬が言うことをきいても、癖の悪いのが一頭いるだけで、すべての犬がその行動に引きずられて途端にカオスと化す。たとえば「アゴイッチ（伏せ）」の指示を出して皆が伏せているところに、ポーロが突然立ちあがってふらふらして、ほかの犬もそれにつられて動きだして、そのせいで脚に引綱がからまって私が転倒し、うしろから来た橇に轢《ひ》かれる、などということがある。これなどさしずめ、コーヒーを飲もうと右に曲がろうとしたら身体が勝手に左に歩きだした挙句、床にバナナの皮が落ちていてすっ転び、棚から皿が落下し頭で割れた、といった状態に近い。こんなことが起きたら誰だって猛烈にむかっ腹がたつだろうが、犬橇をはじめるとそんなことが毎日のようにつづくのだ。

犬橇の訓練とはこの不自由な状態を解消して、なるべく意思どおり動けるようにするためにやるのだが、それがうまくいかないうちは、どうしても意思とはちがう事態にまきこまれ、沸々と怒りがこみあげてくる。

犬をうまく制御できず、橇に乗っては癇癪《かんしゃく》を爆発させる、そんな日々がつづいた。

親しいヌカッピアングアに、犬が指示にしたがわない……と愚痴ると、彼はとにかくぶん殴れ、と荒っぽいことを言う。

彼の考えでは、犬というのは殴らないと人間を主人と認めない、主人と認めないと指示にしたがわない。餌も毎日あたえてはダメだ。なぜなら餌をあたえて欲求が満たされると、自分が欲したらこの人は餌をくれるのだ、自分のほうが偉いのだ、と勘違いするからだ。とにかく最初は強く、頻繁に、ことあるごとに殴り、主従関係をはっきりさせる必要がある。主人だと認められれば犬は指示にしたがうものだ、という意見であった。

そして棒を振りおろす動作をして「アッヒョッホア、アッヒョッホア、アッヒョッホア！」と〈強く〉という意味の言葉を連呼した。息子の小イラングア、ウーマも同意見で、ウーマなんかは頼んでもいないのにブレーキ用の太い編みロープで、犬を殴るための〝ロープ棍棒〟を作ってくれた。

だがその一方で、ヌカッピアングアは怒鳴ってはダメだとも言う。怒鳴ると犬が混乱し、人間の意図がわからなくなり、逆に言うことをきかなくなるからだ。

たしかに村人の犬橇の動作を見ると怒鳴ったり、大声を出したりすることはほとんどない。怒鳴るときは、橇のうえの海豹の肉を食べるなど、犬が明らかに悪さをしたときで、こういうときは「うあああああ！」とあえて大声でおめきながら、ぼこぼこにぶん殴っている。だが、橇に乗っているときはあまり大声を出さず、むしろひそひそと囁くように指示を出すことが多い。引綱をほどくときも皆、聞きとれないほどの小声で「アウリッチ、アウリッチ（動くな）……」とつぶやいている。

犬橇はイヌイット文化の産物だ。彼らは彼らのやり方で過酷な極地を生きのびてきたわけだから、私も彼らのやり方を見習おうと思っていた。しかし、だからといって犬をひたすらブン殴って躾けようと思っていたわけではない。でも、それとは無関係に犬を制御できないことに苛立ち、つい頭に血がのぼってしまうことも事実であった。

氷点下三十度の寒さで大声を出すと、それだけで息が切れるし、それに犬の力はすさまじく、一頭押さえつけるだけでとんでもなく消耗する。できれば穏便にすませたいのが本音で、私は毎日のように「今日は絶対怒らない」と心に期して訓練にのぞんだが、どうしてもダメなのだ。怒りが沸点に達すると手も出てしまい、鞭の柄で頭をがつんと殴り、柄がポキッと折れてしまったりする。するとその柄は、前日数時間かけて鉋《かんな》で削った新品だったりして、それがまた怒りに油をそそぐのである。

最初の頃に一番腹がたったのは先導犬のウンマだった。この犬は止まれ、伏せ、動くな、という基本となる三つの指示はすぐにおぼえたが、私の発音や鞭ふりが下手くそなせいか、右や左の指示がなかなかつたわらない。練習するうちによくなるはずだとわかっていても、ハゴ、ハゴと指示を出しつづけていっこうに左に行かないと、抑制がきかなくなり声がだんだん荒くなる。

先導犬に嫌われると犬橇に乗れなくなりそうで、私もウンマのあつかいにはかなり気を使った。ほかの犬よりも丁重に接し、なるべく優しく声をかけたうえ、身体を撫でるなどご機嫌をとる。犬橇に乗るときも「怒るな、怒るな、冷静に……」とおのれを律するが、ものの三十分もしないうちに「ハゴっつってんだろ、ウンマ、こら！」と怒り狂っている自分がいる。

はじめはウンマの性格にも苛立った。この老犬がほかの犬より賢いのはまちがいないが、それだけに、どこか醒めた目で私の様子を吟味している態度も見せる。これが素直な犬なら、怒鳴られても殴られても、へそを曲げずに私の後についてくるのだが、ウンマの場合、指示がつたわらずに私がいらいらしはじめると、すかさず距離をとり、こちらの表情をうかがう。こうなるとアハ、アハと先導しても、警戒してついてこようとしない。ウヤミリックなどほかの従順な犬がついてくることで、ようやくウンマも動きだすのである。まったく先導犬としてあるまじきふるまいではないか。

頭がいいだけで、こいつはいつか俺のことを裏切る。俺はこの犬のことを好きになれない……。ウンマに信用しきれないものを感じた私は、途中で先導犬を交代させようとした。それに先導犬が一頭だと怪我をしたときに対応できないので、どちらにしても複数頭用意したほうがいい。

このとき先導犬として育てようとしたのが、長年の相棒ウヤミリックだった。

なにしろこの犬は私が二〇一四年にはじめてシオラパルクに来たときからずっと一緒に旅をしてきた仲だ。新しく寄せあつめた正体不明の連中とはちがって、この犬だけは完璧に私のことを主《あるじ》と認めている。絶対に私のことを裏切らないし、私も、この犬だけは何があっても自分についてくると圧倒的な信頼をよせている。この犬は私にとって特別な犬なのだ。

私との関係性だけではなく、資質の面でもウヤミリックは適性があるように思えた。

犬の飼い主なら誰でも知っていることだが、犬というのは非常に情動の豊かな個性あふれる動物である。警戒心が高いのもいれば、優しい性格もいるし、がむしゃらなのもいれば、大人しくて目立たない犬もいる。犬橇では犬の個性を見極め、それに応じた動きをとらなければならず、犬が替われば、それに応じて方法も変わり、走り方も変化する。

　ではどのような犬が先導犬に適しているかといえば、それはやはり前に出ようとする性格の犬である。先導犬の引綱はほかの犬のものより長く、走りはじめるとおのずと前に出る仕組みだが、引っ込み思案の性格の犬はどうしてもほかより前に出た時点でキョロキョロと挙動不審に陥り、綱をたるませ、それ以上先に行こうとしない。

　だがウヤミリックはそういう犬ではない、と思われた。この犬はいつも集団の真ん中で率先してぐいぐい橇を引いた。私が「アハ、アハ」と先導するときも最初に勢いよく飛びだし、疲れて立ちあがらない犬がいると、「てめえ、こら、旦那がアハアハ言ってんだからちゃんと動けや」と噛みつくこともある。

　圧倒的な忠犬ウヤミリック。ウンマのような軽薄な都会派ではなく、親分子分関係を何より尊ぶヤンキー気質のこの犬を先導犬にしたい。そしてゆくゆくはわがチームを〝チーム・ウヤミリック〟としてまとめたい。そう強く思った私は、しばらくウヤミリックに先導犬教育をほどこした。

　しかし結果からいうと、このときのこころみは失敗した。ガンガン前に出る性格かと思ったが、意外とそうでもない。雪のうえにトレースがあると前に出るが、真っ白な雪原に出るとキョロキョロと立ちどまり、不安そうに私のほうをふりかえる。この犬はこれまでずっと私の後ろで橇を引くだけだったので、自分の頭で考えることに慣れていないのかもしれない。

　結局それからはずっとウンマ頼みとなった。

犬への怒りがピークに達したのは、訓練をはじめて三週間ほどが経過した頃だ。

6

その日は斜面を登る訓練のため、村を出て七キロほど東にあるヒオガッハーという小さな湾にむかった。ヒオガッハーには傾斜のゆるい岩石の少ない草付き斜面があり、橇の滑走面を傷つけることもない。標高差は四、五十メートルで短い斜面だが、登高訓練をするにはもってこいだ。

橇犬といえども、生まれながらにして氷河のような急登を登れるわけではなく、当然慣れが必要だ。氷河を越えないと内陸氷床や、その先の北部無人境に行くことはできない。なので絶対に登れるようになる必要があるが、いきなり氷河のようなハードな斜面に取りつくのは無茶というもので、最初はヒオガッハーのようなややなだらかな雪の坂で訓練する必要がある。

その日は前日につづき二度目のヒオガッハー訓練だった。海氷から湾のほうに近づくと、遠くから前日のトレースが斜面についているのが見えた。この湾の入口には例年形成される乱氷帯がある。いつものように私は橇からおりてその乱氷の合間を縫うように誘導した。乱氷を越えて定着氷にあがると橇を止め、「アゴイッチ、アゴイッチ……」と犬を座らせて、からまって注連縄《しめなわ》みたいになった引綱をほどきにかかった。それが終わるとふたたび誘導して登高訓練のために草付き斜面に取りつき、傾斜がややおちたところで「デイマ！」と一声かけ、私は橇のうえに乗った。橇には百三十キロほどのドッグフードを載せているので、私の体重とあわせて二百キロ強の重さがあるが、八頭の犬たちは力強く斜面を登った。

このぶんならあと二、三頭くわえたら十分氷河を登れるかもしれない……。手応えを感じた私は、定着氷におりた後、そのままUターンして二回目の登高をおこなった。そして二度目を終えて定着氷におりると、三度目に入るため、またアハアハと誘導しはじめた。

そのときだった。犬たちは最初の急傾斜で突然立ちどまり、回れ右して定着氷におりてしまった。疲れて登高訓練が嫌になったのだろう。明白な拒否の意思表示である。ムカッとしたが、ぐっとこらえて「アウリッチ、アウリッチ」と動くなの指示を出して犬を止め、また方向転換して斜面を登ろうとした。

その瞬間だった。アイドル系の顔立ちをした茶毛のカヨが、突然、定着氷上を全然ちがう方向に走りだし、すたこらさっさと逃げだしたのだ。それにつられてほかの犬もいっせいに海氷にむかって駆けだす。まずい、と思った私は反射的に橇に飛び乗った。定着氷のうえはツルツルの裸氷になっており、「アイー、アイー!」と停止の指示を絶叫しても止まらない。犬たちはそのまま定着氷と海氷の段差を全力ダッシュで駆けおり、前方にある一メートルほどの氷塊にむかって突き進んだ。もはや激突は避けられない。反射的に私は飛びおりた。幸いにして怪我はなかったが、橇はそのまま氷に突っこみ、真っ逆さまに引っくりかえった。

橇を見ると後ろの梶棒がぽっきりと折れている。まだ自前の橇を作っていなかったので、この橇はアーピラングアから借りたものだ。いったい何と釈明していいのか……。

無関心な表情で立ち止まっている犬の顔を見た瞬間、私の怒りは爆発した。

「てめえ、こらあ！　カヨ、この野郎、勝手に走りやがって、てめえは！」

怒りがおさまらず、伏せている犬たちを何度も鞭で打擲《ちょうちゃく》した。

村にもどると気のいいアーピラングアは笑顔で「気にするな、気にするな。俺が後から直すから」と言ってくれたが、犬を全然コントロールできていないことの情けなさと、梶棒を壊した申しわけなさとで私は悄然《しょうぜん》となった。こんなふうに犬の暴走を止められないようでは、とても単独で旅行などできはしない。

その数日後、同様のことがヒオガッハーでくりかえされた。

その日も前回同様、登高訓練で斜面を往復したのだが、上から定着氷まで下りてくると、先ほどまできれいだった定着氷のうえに海水があふれだし大きな水溜まりができていた。この日は大潮、一月や二月は定着氷が成長しきっていないため、潮位が定着氷よりも高くなることがある。

海水は定着氷のうえで小川のような流れをつくり、凍てつく空気に水蒸気が幻想的にたちのぼっていた。犬たちを誘導して様子を見に行くが、水が何よりも苦手な犬たちは水溜まりの手前で立ち止まり、怯《ひる》んで動かなくなった。水深は五センチ程度にすぎない。そこを十メートルぐらいじゃばじゃば歩けば乾いた海水にもどれるが、靴がずぶ濡れになるので私もつい躊躇《ためら》ってしまう。もっと楽にわたれるポイントがないか見わたしていると、アイドル顔のカヨがふたたび混乱の引き金をひいた。またしても、やなこったと突然走りだし、ほかの犬もつられて定着氷を暴走しはじめた。本来カヨはとても橇をよく引く犬なのだが、自由気儘でマイペースな性格なようで、ときどきこのように協調性にかけた行動をとりがちなのである。

急に逃げだした犬にむかって私は鞭をふり、制止しようとしたが、間にあわずあわてて橇に飛び乗った。犬はすごい勢いでカリカリの定着氷を暴走する。しばらく橇にしがみついていると速度を落としたので、私は橇をおりて水溜まりをわたるため犬を誘導しようとした。だが水溜まりを前にすると、犬はどうしても逃げだしてしまう。ふたたび橇に飛び乗ると、犬は今来たところを一気にもどり、先ほど越えようとしたポイントまで来て、ようやく止まった。

とにかくこの水溜まりをわたらないと村にもどれない。三度目の正直だ、今度こそ越えてやると息巻き、ふたたびアハ、アハと声を出し犬の前を歩いた。

犬たちはその場から動かず、無表情で私の動きを注視した。

すでに額の血管は限界近くまで膨張している。ぷるぷる震えながらそれをこらえ、「早くついてこいよ。帰れないぞ」とひきつった顔で、不可能なほどやさしく声をかけ、アハアハと鞭をふって歩きはじめた。

ところが、その動きを見た途端、犬たちはまたいっせいに反対方向に走りだした。

さすがにその行動は、私の堪忍袋の緒と額の血管の強度の限界値を超えていた。私は「アウリッチィィィィッ!」と大地をふるわす怒号を発し、鬼神のごとき顔で鞭をふるい、犬どもを制圧したあと、「てめえら、いい加減にしろや! クソったれがぁ! クソどもがあああっ!」と雷を呼びおこすほどの大声で狂ったようにおめきちらした。

「ウンマ、てめえ、ちゃんとついてこいや！」

「カヨ！　おめえはいつも勝手に走りやがって！」

「ウヤミリック、てめえはいつも、この野郎！　喧嘩ばっかりしてんじゃねえっ！」

それからしばらく体力が許すかぎり、何度も何度も鞭を打ちすえた。息があがると一度ととのえ、またあらためて、この野郎、この野郎と鞭をふりつづける。自分でも完全に制御不能だ。鞭をふる手がとまらず、顔面も歪み、紅潮しながらこれまでの鬱憤を吐き出した。

鞭ふりが下手くそすぎて犬どもに有効打をあびせているように見えなかったが、怒りはつたわったようで、犬たちは平身低頭し、身じろぎもせず、鞭が当たる面積を少なくしようと互いに身体をくっつけあっている。神の逆鱗《げきりん》に触れたことを悔いているようだった。

やがて怒りがおさまり、荒かった呼吸も落ち着き、私は冷静さを取りもどした。ふーっと息をととのえ、「いくぞ」と一声かけて、ゆっくりとまた水溜まりにむかって歩きだした。

はたしてついてくるだろうか、と半信半疑でふりかえると、まずは先導のウンマが躊躇いながら、決意をかため、水のなかに前脚を一歩踏み出した。それにつづき、ほかの犬も、なかば凍りつき、粘り気をおびて泥沼のようになった水溜まりをわたりはじめた。犬たちもさすがに私の怒りの意味を明確に認識したようだった。数秒でわたりきると、すぐに海氷におりて乱氷帯を越え、意気揚々と村へと駆けだした。

なんのことはない。たった十メートルの水溜まりを越えただけの話だ。でも犬たちが私の指示をききはじめたのは、この出来事がきっかけだったように思う。

毳作り

I

犬橇をはじめるには技術の習得や犬との意思疎通も重要だが、それ以前の問題として装備をそろえる必要がある。ゆえに、訓練開始と同時に私の生活は装備の製作におわれる日々となった。

　装備というのは、たとえば犬の胴バンドであり、犬と橇をつなぐ引綱であり、鞭であり、鞭の柄であり、犬を地面につなぐための支点であり、要するに犬と生活し、走らせるためのありとあらゆるモノ類である。これらの装備は、お店に商品が陳列されているわけではないので、基本的にはすべて手作りしなければならない。

　そのことは日本を出る前からわかっていたので、少しでも負担を少なくしようと犬の胴バンドだけは自宅で八頭分作っておいた。人力橇時代も相棒犬ウヤミリックの胴バンドを作っていたので、作り方だけは知っていたからだ。とはいえ胴バンドといってもバカにできない。なにしろ厚いスリングを丈夫な糸で手縫いしなければならないので、一日かかりきりでわずか一・五頭分程度しかできず、正月に箱根駅伝などを見ながら四、五日ぶっ通しでの作業となった。

ただ、そのほかの装備は何が必要なのかわからず現地で用意するしかなかった。

装備製作を指導してくれたのはヌカッピアングアやアーピラングアといった、人当たりはいいけど狩りに出かけることのほとんどない怠惰で暇なオヤジ連中である。あとは父親に似て面倒見のいいヌカッピアングアの息子の小イラングアやウーマだ。

犬橇をするのに最低必要なのは引綱などのロープ類だ。引綱はお店で売っている七ミリの三つ撚《よ》りロープの末端をほどき、交互に編んで両端に輪っかをつくるだけ。慣れると一本につき五分ほどでできる。

ブレーキも必須だ。最初は「アイー、アイー（止まれ）」という合図が犬につたわらない。つたわるようになってからも、新氷や裸氷のうえだと速度が出すぎて、いくら指示を出しても犬も自分で止まれないことがある。速度の出る氷河や雪面の下りでも必要だ。ブレーキにはロープと鎖の二種類があり、いずれも一・五メートル程度の輪っかにして橇のランナーの先端にひっかけ、雪面との摩擦で速度を落とす仕組みである。

あとは鞭もいる。鞭は犬をあやつるのに重要な道具であり、本来ならそのような重要装備は、自作したほうが、自分自身を犬橇行為にふかく関わらせることとなり望ましいわけだが、最初はそんな余裕などないし、作り方もわからない。どうしようか……と考える暇もなくほかの装備の準備にいそしんでいたら、カガヤ（甘えん坊という意味。本名はプッダ・ウッドガヤ）という愛称の、植村直己とも親交のあった陽気で剽軽《ひょうきん》な長老格がふらりとやってきて、玄関の扉をあけて新品の鞭をふりふりさせた。やさしいカガヤは私のために比較的短い初心者用

（子供用？）の鞭を格安で作ってくれたのだ。

　ところが翌日、その買ったばかりの鞭が見当たらなくなった。玄関の前室の床に置いておいたら、放し飼いにされた村の子犬が扉の隙間からこっそり侵入し、持っていってしまったらしい。鞭は海豹《あざらし》の皮でできているため、気をつけないと犬に食われてしまうのだ。まもなくヌカッピアングアが雪の上で発見して持ってきてくれたが、一部が嚙み千切られてぼろぼろになっており、早速補修に追われる羽目となった。

　鞭を盗んだ子犬は小イラングアの飼い犬で、しょっちゅう私の家に入りこんでは何か食い物がないか物色する悪戯《いたずら》小僧だった。私はこの子犬の姿を見るたびに追っ払っていたのだが、しかし悪いのはもちろん、子犬ではなく私のほうである。というのも、鞭や手袋などの革製品は、犬に食われない場所に保管しておくのが村の生活の基本動作であり、そんな基本もおろそかにする私は阿呆だからである。阿呆なカクハタが犬に鞭を食われたらしい、そんな初歩的ミスを犯すやつが犬橇で一人旅などできるわけがない。そんな噂がたったのか、アーピラングアがその晩ふらりとやって来て、「イッディ、ニヤコ、アヨッポ（お前は、頭が、悪い）」と笑いながら何度も頭を指さし、皮ではなくナイロンロープを使った鞭の作り方を教えてくれた。

　このときは知らなかったが、じつはナイロンの鞭も必須装備のひとつである。革の鞭は適度な重さがあってよくしなり、先端まで力がつたわって使いやすいが、できたばかりの新氷や春の湿雪では革が濡れて千切れやすい。そういうときは濡れても切れないナイロン鞭が活躍する。

　アーピラングアはロープの編み方、末端の処理の仕方を見せてくれた後、できあがった鞭をイポと呼ばれる木の柄に取り付ける方法も伝授してくれた。その後、このイポもひっきりなしに作ることになった。なぜなら犬の喧嘩がはじまるとついイポで頭をスコーンと殴ってしまい、そのたびにパコーンと気持ちよい音をたてて折れるからだ。村人たちは「イポで犬を殴ってはいけない。専用の殴り棒を用意しろ」と言うが、普段右手にもつのは殴り棒ではなく鞭なので、どうしてもイポが出てしまう。この年は数えきれないぐらいイポを折り、そして作った。

このように犬橇の装備はほぼすべてが自作だ。自作品は既製品とちがい、こだわりや哲学を反映させることができて、それが魅力であり面白味でもある。そしてこの面白味は生き方の問題に直結している。

装備を自作することは、生き方を問われることにひとしい。これは、旅という行為に対し、どのような態度でのぞむかという問題だ。

既製品を購入して旅をしても、その旅は私の生と直結しない。既製品はメーカーの担当デザイナーが、この素材でこういうかたちにしたら機能的だしカッコいいと考え、それを反映させたものだ。消費者は商品として提示されたその機能に同意し、お店でそれを手にいれる。私と商品のあいだにはメーカーが介在しており、私の考えはその装備に直結していない。反映しているのはメーカーの発想や技術であり、それをカネで買うわけだ。メーカーはその筋のプロなのでハズレは少なく、その意味で効率的ではあるが、そのぶん私と装備のあいだには距離ができる。装備がないと旅ができない（生きていけない）のに、私はその装備の作製に関わっていないのだ。
しかし自作すればこの距離は埋まり、私と装備は直結する。そして装備を自作すれば旅そのものとも直結できる。なぜなら旅は装備があって、はじめておこないうる行為であり、その意味で装備こそ旅の母胎だからである。

旅を生みだす装備を自作することではじめて、私は、旅そのものを自分の手で生みだすことができる。そして旅は私にとって生きることとひとしいわけだから、装備を自作することは生きることそのものを作り出すことにつながる。現代の消費社会が総じて虚しいのは、消費が介在することで自己と行為のあいだに距離がうまれ、自分の生に直接関われなくなっているからである。

道具には作り手の経験や哲学が反映する。それだけにイヌイットたちは装備の製作についてやたらと口うるさく、それぞれが一家言もっていてゆずらない。たとえば犬の引綱は二尋《ひろ》半がいいという人もいれば三尋がいいという人もいる。引綱が短ければ鞭が届きやすく、先導犬に意思をつたえやすい。また短いぶん犬の動きが橇にすぐつたわるので（たとえば犬が右に曲がるとき、引綱が短いほうが橇も右に曲がりやすい）、乱氷帯などの悪場を安全に処理することができる。ただし引綱が短いとすぐにからまりまとまってしまうので、しょっちゅう橇を止めてほどかないといけない。この労力は馬鹿にならず、ひどいときは犬橇をしているのかロープをほどきにきたのかわからないほどだ。引綱が長いと、この無駄が多少軽減される。

どちらを優先するかは各自の考え方と、どこで、どのように犬橇を走らせるかにもよる。また犬の個性に応じて引綱の長さを変えることで、チーム全体の走りを変えることもある。よく走る犬や次期先導犬候補は引綱を長くしてほかの犬の前に出し、サボり癖があって引綱をたるませる傾向の犬は逆に短くして後ろを走らせる。犬の動きや性格を見定めて、あの犬は三センチぐらい長くしようとか、逆に二センチ短くしようとか、ひっきりなしに調整するのである。たかが引綱だが、少し長さを変えただけで、犬からしたら嫌いなやつが後ろにさがれば気分がよくなるし、前に大好きな雌犬がいれば追いかけたくなる。気分がかわって全体の動きが劇的に変化するのである。

胴バンドなどは、地味ではあるが、乗り手の経験や哲学が如実に反映する道具のひとつである。どのようなかたちや長さにすれば効率よく犬の力が橇につたわるか、この問題には誰もが納得する客観的な答えなど存在しない。胴バンドと引綱の連結部を腰より前方にしたほうがいいという人もいれば、胸にできる四角形の部分を小さめにしたほうがいいという人もいる。何が正しいのかは各自で見つけるよりほかなく、納得のいく形状が見つかるまでには何年もかかる。村の若い猟師も答えが見つかっていないのか、しょっちゅう新品に作りかえているし、本書執筆時点で犬橇四シーズンを経験した私もひっきりなしに手直ししている。鞭やイポも技術が上達すると長いものが欲しくなる。

とにかく犬橇をはじめると連日連夜、何かを作り、改良することに追われる。時間にして犬橇活動の六、七割は装備の製作と改良についやされると言って過言ではない。いい装備、安全で機能的な道具を作ることが、じつは犬橇で長期旅行をするための大前提だ。

そしてそうした自作道具のなかでも最大の大物こそ、橇である。犬橇は文字通り〈犬・橇〉であり、犬と橇に大別することができる。それを考えても橇の製作は犬の訓練とならぶ重要案件、大仕事なのだった。

村に到着してしばらくは余裕がなく、私はアーピラングアの古い橇を借りて犬の訓練をしていたが、二月に入るとある程度、小物類もそろったし、訓練も軌道にのってきたので、いよいよこの大仕事にとりかかることにした。

2

最初のカナック行を終えてから数日後の朝、いくぶん青白んだ極夜終盤独特の暗がりのなか、私はノートと定規をたずさえ、人目をさけて家を出た。海岸にならぶ村人の橇のサイズや形状を手早く計測し、ノートに書き記していく。……が、どうにも後ろめたい。

胴バンドと同様、というか圧倒的にそれ以上に、橇の形やサイズには村人各自の経験や哲学が反映される。

たとえば氷や雪の衝撃をもろにうける先端は、形状次第で衝撃の度合いや強度が大きくかわる。反りの角度がないほうが氷にぶつかったときの衝撃は緩和されるが、前に突き出すぶん構造的に弱くなる。逆に角度をつけると構造的に強くはなるが、氷の衝撃が大きくなり、橇が重たくなって犬が疲れる。どれぐらいの角度で反らせるかは経験と考え方次第だが、犬橇をはじめて間もない私には、まだそのような哲学はなかった。なので、ひとまずいままで使っていたアーピラングアの橇と、たまたまその近くにあったヌカッピアングアの橇の数値をはかり、その平均値あたりで作ってみることにしたわけだ。

……と、それはいいのだが、他人の橇を参考にすることは、その人の経験を盗むような感覚があり、なんとも具合が悪い。

万引きをする中学生みたいにこそこそ計測を進めていると、そこにヌカッピアングアがあらわれた。彼にかぎらず村人は四六時中、白熊でも来てないかなぁ、何か面白いことがないかなぁ、と双眼鏡で窓から外を眺めているので、私の挙動不審な動きに気づいたのだろう。

「お前は俺の橇の形が気に入ったのか？　俺と同じ形の橇が欲しいのか？」

とくにそういうわけではなかったが、気分を害するのも本意ではないので適当にうなずいた。すると彼は「よし、わかった。俺がお前の橇作りの面倒を見よう」と思いもよらぬことを宣言した。私の動きを不快に感じたのかと思ったら、逆に喜んでいるらしい。

ヌカッピアングアは、俺がナーラガーだと威張っている。ナーラガーというのは意思や方針を決定する者の意で、「ヒダ（外・天気）、ナーラガー」といえば〈お天気次第〉、「ヌリアック（妻）、ナーラガー」といえば〈かかあ天下〉の意味だ。この場合だと親方や棟梁といった意味で、つまり彼は私の橇作りを仕切る、と宣言しているのである。

ヌカッピアングアの態度に私はすっかり閉口した。橇作りは今回の大仕事のひとつで、私は、日本を出る前から橇だけはすべて自分の手で作ろうと決意していたのだ。これまでも自分で引く橇を自作しており、ノウハウはわかっているつもりだった。わからないところだけ村人の助言を乞おうと思っていたのに、彼は親方として製作の総指揮をとり、自分の経験と哲学を私の橇に注入しようというのである。しかし、それでは私が作った橇ではなくなってしまうではないか。

とはいえ彼の善意を無下に断ることもできない。困惑はおくびにも出さず、私は、ありがとうと素直に受け入れた。彼はすぐに私の家に鋸《のこぎり》、鉋《かんな》やハンマー、電動ドリル等の工具一式、固定用の台座などをはこんできた。鼻歌まで歌っており、やけに上機嫌である。よくわからないが私の橇を作りたくて仕方なかったようだ。

ともかく、こうしてその日のうちに橇作りがはじまり、午後からは、お節介なことにかけては父親以上である息子のウーマもくわわり、連日三人で作業をすすめた。

橇作りについては、前年の旅で海豹狩りに失敗し、犬橇開始を決めてからいろいろ構想を練ってきた。どのような橇を作るかは、どんな犬橇をやるかと関係している。私は村の近辺で狩猟するためではなく、北部無人境での長期漂泊行のために犬橇をやるわけだから、それに適した橇が必要だ。

前提として、まず犬の頭数を決めないといけない。単純な話、犬の頭数が増えれば大きな橇が必要だし、少なければ小さい橇ですむ。そしてそれぞれにメリット、デメリットがある。頭数を増やせば橇の重さが分散されて一頭当たりの負担が減り、馬力は増すが、そのぶん餌が必要となる。反対に頭数が少ないと馬力と機動力は落ちるが、少ない餌ですむ。

考えなければならないのは餌の量だ。犬の頭数が多ければ、よりたくさんの獲物をとらなければならず、狩りの負担は増す。途中で輪紋海豹が一頭獲れたとしても、犬が十五頭いたら、いいところ二日分の餌にしかならないが、これが五頭なら六日はもつことになる。要するに自動車と同じで、犬橇も規模を大きくするとパワーは増すが燃費は悪くなる。

本音をいえば、少ない獲物で効率的に遠くまで行きたい。それを考えると犬が少ないほうがいいように思えたので、最初は五、六頭体制でできないかと思案した。しかし村人の多くは、北部無人境に行くには千メートルの氷河を登らないといけないし、乱氷などの悪場もあるので十頭は必要だと言う。荷物満載の軽自動車で未舗装の山道を走るのはきついでしょ、ジープかランクルが欲しいでしょ、というわけだ。

山崎さんも「長期の旅では怪我する犬も出るので十二、三頭いると安心だよ」という意見だった。

「小さい橇で五、六頭というのも捨てがたいんですが……」

「橇は絶対にでかくて頑丈なほうがいい。それに角ちゃん、犬橇をはじめるとどうせ犬を増やしたくなるよ。そうなると小さい橇じゃ対応できないから」

犬を増やしたくなるという意味がよくわからなかったが（いまはよくわかる）、最終的に私は先達たちの意見を考慮して、ひとまず十頭でやると決めた。

旅のイメージと頭数が決まると、必要な橇もおのずと固まってくる。私がこのとき構想していたのは十頭で二カ月程度、漂泊するような旅だったが、全部の食料を狩猟で確保するのは無理なので、村を出発する時点で一カ月分の食料は準備しておきたい。となると、一頭につき一日平均でドッグフード八百グラムは食べるだろうから、それが十頭で一カ月分となると、出発時点で橇には二百四十キロのドッグフードをつむこととなる。これだけの犬の食料に、プラス私の荷物をのせなければならず、それに対応できる大きさが必要だ。

荷物の積載に有利なように、私は横幅の広い橇を作ることにした。村人が使う橇はだいたい九十センチほどだが、これを百十センチにする。それに横幅を広くすると横転しにくくなるから、それも大きなメリットになるだろう。

というより横転しないことのメリットのほうが大きいかもしれない。将来的に私は、となりのカナダ・エルズミア島に進出することも考えていた。エルズミア島に行くにはグリーンランドとのあいだの海峡の、名にし負うひどい乱氷帯を越えなければならない。幅がせまいと積み荷が高くなり、ひっきりなしに乱氷でかたむき横転するはずだ。積み荷満載の重たい橇が横転したら、単独行の私には起こせない。そのたびに積み荷を解かなければならず、途中でうんざりするに決まっている。

それに横転したら橇が壊れる危険も高まる。実際にこの前、アーピラングアの橇を横転させて梶棒を壊したばかりなのである。同じことが長期旅行の最中に起きたら、それだけで深刻な事態におちいりかねない。梶棒ぐらいならまだしも、ランナー材が壊れたら生還できるかどうかの瀬戸際となるかもしれない。安全性を考えても、横幅が広いほうが私のもとめる旅には適していると思えた。

こうして橇の大きさが決まった。全長四メートル弱、荷台の部分の長さは三・二メートル、幅一・一メートル、重さはだいたい八十キロの計算だ。幅広だが橇の規模としては中程度、犬十頭というのも平均的な数なので、結果としては無難に二千八百ccのSUVを選んだというところだ。

3

橇作りはもっとも重要なランナー材からはじまった。

グリーンランド式の橇は二枚のランナー材に横桁をわたす構造になっている。衝撃を吸収するためにランナー材の先端は滑らかにそらせてゆき、底面にプラスチックの滑走面を張りつける。横桁は二十枚ほどあるので一、二枚壊れたところで問題ないが、長期の単独橇旅行でランナー材が真っ二つに割れたら大変なことになる。なので、このランナー材が壊れないことが、橇作りで一番気をつけなければならない点になる。

壊れない橇を作るには、まずは材の選定が重要だ。横桁用の板は、日本の知人に依頼して軽さとしなやかさを特徴とする檜材《ひのきざい》を用意したが、ランナー材に使う大きな板は現地で入手するしかない。村では米松材《べいまつざい》が売っているが、この年は薄いものしか入荷されていなかったので、最初にカナックに行ったときに厚さ三・五センチの板を購入し村まではこんだ。まだ犬橇が下手なのにカナックまで行ったのは、シオラパルクで橇用の材が手に入らなかったせいでもある。ヒビが入っていたり節の入り方が悪かったりすると強度が落ちるので、そこも選定のポイントだ。

ヌカッピアングアの指示にしたがい木材を切り出し、最初に先端の反りあがる部分を加工してゆく。先端はもっとも衝撃をうける部位だけに一番気を使う箇所だ。とくに木材と木材の接合面にわずかながたつきがあるだけで破損につながるので、鉋で完璧に平らにしなければならない。プラスチックの滑走面を張りつける底面もおなじだ。親方であるヌカッピアングアは私の鉋がけのあとを手でさすり、少し離れたところで眺めては、ここが少し歪んでいる、ここがまだわずかにがたつきがある、と何度も微修正を指示した。彼は、もう犬橇にもあまり乗らないし、狩りにもほとんど出ないが、道具を作るのは好きなのか、職人レベルの完成度をもとめてくる。自分に優しく人には厳しい性格なのだろう。

作りはじめて真っ先にわかったのは、俺は橇の作り方を何も知らなかったのだ……という事実だった。

人力橇と犬橇で使う橇はまったく別物だ。基本的な作り方は同じなのだが、求められる強度がまるでちがう。犬橇用の巨大な橇からみれば、これまで私が作った人力用の橇はほとんどおもちゃにひとしいものだった。

人力橇の場合、荷物の重さはせいぜい百キロである。私は犬を一頭連れていたので、百五十キロほどつんでいたが、それでもその程度だ。歩く速度もいいところ時速二、三キロ。その程度の重量と速度で氷にぶつかったところで、うける衝撃はたかが知れており、多少いい加減に作っても壊れることはない。

しかし犬橇は全然ちがう。積み荷の重量は四、五百キロに達し、氷の状態次第で時速二十キロ近く出ることもある。氷河の下りや定着氷から海氷におりるときなど、犬も後ろの橇が怖くて駆けだすため、すごい勢いで氷に激突する。衝撃は半端ではなく、中途半端な橇を作ると絶対に壊れる。それに耐えられる強度をもたせるには、細部にわたる慎重な作業と工夫が必要となるが、そのことを私はわかっていなかったのだ。

そしてもうひとつわかったのは、自分が村人の橇を甘く見ていたことだ。一見したところ、村にある橇のほとんどは、あまり出来がいいようには見えない。海豹や海象《セイウチ》の血と脂でどす黒く汚れ、日射や乾燥で変色して一部が破損し、がたつき、修理の跡だらけだ。これまでそういう橇を目にしながら、私は、なんというか、汚い橇だなぁ、いい加減に作ってるんだろうなぁ、と失礼な感想をもっていた。しかし実際にヌカッピアングア親方の指示にしたがって作ることで、彼らの橇がきわめて実用的であり、考え抜かれたものであることを痛感したのである。

かぎられた資源で狩りをしながら極北の世界を生きぬいてきたイヌイット民族は、おそろしく合理主義者だ。あらゆる作業、動作のひとつひとつをとっても、彼らは意味のないこと、理にかなっていないことはしない。無駄なことは一切やらず、効率の悪いことをすると頭が悪い（ニヤコ・アヨッポ）と言って馬鹿にする。そのような思考態度は橇にも反映されている。なぜそこに穴をあけるのか、どうして穴の直径はその大きさなのか、そこに釘を打つ理由は何なのか、すべてにその人が、経験にもとづいて考え抜いた意味がある。その意味とは、そのほうが橇が頑丈となり壊れないから、という実用的な意味だ。

先端の加工が終わると、ランナー材の上面と下面に鉋をかけて少し内側にかたむくようにする。横から衝撃をうけて内側に折れるのをふせぐためだ。それが終わると要所に長釘を打ちこみ、ランナー材の三カ所を鉄板で補強した。このやり方も独特だ。両側から穴をあけた鉄板ではさみ、その穴に釘を打つ。釘の先端は鉄板から五ミリほど頭が出るぐらいで切断し、そこを根気よくハンマーでたたき、釘の頭をつぶして鉄板をかしめてゆくのである。随所に工夫がほどこされており、私は何度も感心させられた。

作業を監督するという珍しい仕事に飽きたらしく、数日もするとヌカッピアングアは、今日は孫娘の面倒を見なくてはならないから、と言って来ないことが増えた。親方が来ない日は犬橇に乗り、親方が来ると橇作りを再開する日々がつづいた。

ランナー材の製作がひととおり終わると村の共同作業場にはこび、横桁を取りつけた。横桁は、釘や木ねじなどを使わず、幅三ミリ少々のナイロン製の撚り紐で縛るだけである。紐で縛ることで橇は柔軟になり衝撃を吸収するため、逆に強度が増す。ただし縛り方は独特で、ランナー材に穴を二つあけて、そのうえに横桁を置いて、穴に紐をとおしてぐいぐい巻きつけてゆく。この結び方は横桁の取りつけだけでなく、二つの物体を結合させるときによくもちいられるのだが、結び方の名前がわからないので、とりあえず〝横桁ノット〟とでもしておこう。

〝横桁ノット〟は非常に強力な結び方で、これで縛ると、最初、横桁はがちがちに固定されて微動だにしない。しかし使っているうちに徐々に緩んできて可動域が大きくなる。ここが重要なところで、しばらく使いこんで柔らかくなった段階で乱氷帯に突入すると、まるで百足《むかで》のように氷の凹凸にあわせてぐねぐねと体を曲げながら走るようになる。こんなにぐにゃぐにゃで大丈夫なの？　と驚くぐらい柔らかいのだが、柔らかいからこそ壊れない。金属類でがっちり固定するのではなくあえて柔軟にすることで、免震構造のような衝撃吸収力をもたせている。

横桁をすべて取りつけるし、その下に背骨となる板を取り付け、細部を仕上げ、最後に後部の梶棒を取りつけて完成となった。

結局、橇作りにはまるまる一カ月もかかり、終わったころには極夜が明け、弱々しくも若々しい黄金色の陽が氷原に降りそそぐ季節となっていた。通常タイプよりやや横幅の広い、檜の香りもかぐわしい、白くて美しい橇が極北の太陽の光をあびて紅くそまった。私はこの橇を〝ムカデ号〟と名づけた。乱氷帯を百足のように突破するから、ではなく、当時、引っ越したばかりの鎌倉の自宅にしょっちゅう百足があらわれ、そのたびに妻が絶叫をあげていたからだ。それに見た目もどことなく百足っぽい。

〝ムカデ号〟は、その気色の悪い名前からは想像もできないほど、すぐれた乗り心地の橇だった。取りつけたばかりの新品のランナーは傷がなく、すべるように雪面を駆け抜けた。それに横幅が広いせいか、それまで借りていたアーピラングアの橇よりも安定しており、横に寝っ転がることもできる。まさにフグジュアリーのひと言、橇界のメルセデスだ。犬に橇を引かせながら、私は肘をついて横になり優雅な初走行を堪能した。

4

こうして初年度の大仕事のひとつ、橇作りは無事完了したわけだが、しかし橇の話はここで終わりではない。

そもそも私が人力橇時代に橇を自作しはじめたのには確固とした理由があった。何かというと、木の橇なら途中で壊れても修理できることだ。

現代の極地冒険における主流はプラスチックでできたボート型の橇だ。地元イヌイットはともかく、自作の木橇を引いて旅するやつなど、私は自分以外に聞いたことがない。

では何故、皆、ボート型の橇を使うのか。

ボート型橇の利点はもちろん効率的に移動できることである。軽量なだけでなく、頑丈であり、深雪でも木橇ほど沈むことがないうえ、乱氷帯もスムーズに突破できる。それにくらべるとグリーンランド式の木橇は重たく、雪が多いときは深く沈み、ブルドーザーのように雪をかき分ける（『裸の大地 第一部 狩りと漂泊』を読んでもらいたい）。尖った先端が氷に引っかかるため、氷を砕く鉄の棒も必携だ。そう考えるとボート型橇のほうが断然使い勝手がいい。

私もグリーンランドに来る前の極北カナダの長旅ではシンプルなボート型橇を使い、とくに不満はなかった。ただしボート型橇にはたったひとつだけ致命的な欠点がある。それはプラスチックなので壊れたら修理できないことである。

二〇一四年にはじめてシオラパルクに来るとき、私にとってそれは、ほかのあらゆる利点を帳消しにするほど致命的な欠点に思えた。当時の私の目標は極夜の世界を探検することにあり、冬の太陽が昇らない漆黒の闇の時期に三カ月から四カ月ほど放浪するという超長期探検を構想していた。それだけ長期間橇を引けば、壊れることがあるかもしれない。極地旅行における橇は、それがなくなったらもうなす術がないという意味で命にもひとしい装備であるが、そのような本質的な装備を現場で修理できないというのは何かがまちがっているように思えたのだ。

私は日本で木橇を試作してシオラパルクにもちこんだ。そして極夜探検の偵察のために自作の木橇でグリーンランドの人地を四十日ほど旅してみて、その考えはさらに強まった。平坦な楯状地がひろがる極北カナダとちがい、グリーンランドの地形はタフで、大きな変化にとんでいる。裸氷がむき出しとなった氷河、両岸が垂直に切り立った峡谷、大岩がびっしりの河原、空爆でもうけたかのような乱氷帯、こうした悪場が連日つづく。そんな荒れた地で百キロ以上の荷物をつんだプラスチックの橇を引けば、壊れないと考えるほうがむしろおかしい。

つまりプラスチックの橇で旅するということは、修理不能なものに命を託して旅するということなのである。

プラスチックのボート橇が象徴するのは何だろう？　それは外部性である。プラスチックの橇は自分で修理できないだけではなく、私自身が作り出したものでもない。それは専門のビルダーが設計し、製作したものだ。私の経験は反映されておらず、私が存在しなくても、その橇はなんの問題もなくこの世界に生みだされていた。命にもひとしい、私にとって他人事ではない本質的な橇という装備の製造に自分は参与していない。関わっていない。冒険の世界では自力という観点に価値がおかれているのに、行為の成否をわける装備に他人まかせのモノを使うのは、はたして自力といえるのだろうか。

現代の冒険や探検の世界は、どこもかしこもテクノロジーに依存した疑似的自力行為に堕してしまった。典型的なのがGPSを使ったナビゲーションである。

自分はいまどこにいるのか。それを知ることは、人類がアフリカ大陸を出発して地球に拡散した太古から、旅をふくめた移動行為を成立させるための根幹だった。移動するためには、まずはどこにいるのか知らなければ話にならない。大昔なら正確な現在地把握ができなければ森で迷って死んでいただろう。人類は何万年、何十万年も昔から、いや人類に進化する前から、移動するときはかならず外の環境のなかから目印を探しだし、それを空間的に配置することで世界というものを構造化してきた。そして、そうすることでその土地のなかで生きる自分というものを身体的につかみとってきた。ナビゲーションは冒険どころか、人類にとって命をこの世につなぐ始原的行為なのである。それがGPSを使った瞬間、自分と環境とのあいだで成立していたこのかけがえのない関係性が断ち切られてしまう。

判断や行為の中心に、自分と無関係な外部が横たわっているのなら、自分の行為に本質的に関わることなどできやしない。行為と自己が乖離《かいり》し、生きることそれ自体にも触れることができなくなる。ボート型橇やＧＰＳを使って旅をしていた時代、私は、自分という存在と、自分の旅がどうにも一致しない、本来接続されていなければならない大事な何かから切り離されてしまっている、とそんな遊離感を払拭できなかったのだが、その原因は橇や現在地の確認という旅の根幹に、外部により作り出されていたモノがあったからである。

冒険とは生きることをつかみとる行為である。生きることをつかみとるには、行為を成立させる根本を自分の手で作り出さないといけない。そのために私はＧＰＳを使いたくないし、橇は自分で作りたい。犬を訓練していちから関係を作りあげてゆくのも、そのためだ。橇を自分で作り、その橇に乗って犬と成長することで、私と旅の根幹とのあいだに横たわる外部由来のものがなくなり、私という存在と旅という行為は直結するだろう。そして生きている瞬間に触れることができる。

旅という行為の根幹をきちんと自分に由来させることにより、その旅は私自身のものとなる。そしてその橇自作の理念がもっとも高度なかたちであらわれるのが、旅の途中で壊れた橇を修理する瞬間なのだ。

もし人間界から何百キロも離れた僻遠の地で橇が壊れたらどうなるか。修理不能のボート型橇なら衛星電話で救助を呼ぶしかないだろうが、それこそ外部依存の象徴だ。橇という行為の根幹が外部由来だから、いざという場面でも外部にたよらなければならなくなるのだ。しかし自作の木橇なら内部由来なので自分で修理できる。

壊れた橇を修理する――。それは行為が、一から十まで自分の手に負えるものによりまかなわれていること、自分の生そのものが自分の手により作り出され、維持されていること、その証《あかし》だ。修理こそ、旅を自分の手にとりもどすという理念が結晶する瞬間なのだ。

……と、このような非常に気宇高らかな実存的認識にのっとり、私は人力橇時代から橇の自作にこだわり、犬橇用の橇も頑張って製作した。そして無事、メルセデス・ベンツのような豪奢な乗り心地の〝ムカデ号〟を作り終え、めでたく一件落着とあいなった。

ところが、本当をいうとまだ一件落着ではなかった。

どういうことか？

ここだけの話、私には心配事があったのだ。

心配事というのはいま述べた修理云々《うんぬん》に関することである。こんなふうに偉そうに大言壮語しておいて何だが、本当に橇が壊れたら修理できる自信がなかったのである。

本音をいえば、たぶん直せないだろうと思っていた。結局のところ私は犬橇をナメていたということだ。

人力橇時代はそんな心配はなかった。壊れても釘や針金やロープでどうにでもなると思っていたし（現実には釘や針金ではどうにもならない。それでどうにかなると思っていたこと自体、未熟だった証だ）、実際に村を出発して氷河を登り切ったところで橇を壊したこともあった。そのときの橇は、軽量化を意識しすぎて内部を肉抜きした骸骨のような代物——〝スーパースケルトン号〟と呼んでいた——で、荷物を満載した状態で大きなサスツルギ（風紋）で横転しただけでランナー材が真っ二つに割れた。このときはまだ村から近かったため、その場に荷物を残置し、橇を応急修理して村に引きかえすことができた。それに橇が小型だっただけに、村から数百キロ離れた地で同じことが起きてもなんとかなるように思えた。

しかし犬橇でうける衝撃は人力橇の比ではなく、常識的にそんなに簡単に直せるとは思えない。そのことは犬橇を作りはじめてすぐに気がついた。

もしランナー材が真っ二つに割れたらどうやって修理するか。方法は大島育雄さんやヌカッピアングアから聞いていた。まず切断面の両側に穴をあけてロープをとおして輪っかにし、そこに棒を突っこんで万力のようにぐるぐる回し、切断面をきれいに閉じたあと、さらに三カ所ほど穴をあけて、例の〝横桁ノット〟で強く固定する。そうすれば十分使用に耐えうる状態にもどるという。もちろん理屈はわかる。しかし橇は長さ四メートル、重さ八十キロもあるのだ。氷点下三十度前後の寒さのなか、ひとりで元通りにできるとは思えない。

本当に帰還困難な遠隔地でランナー材が真っ二つになったらどうなるのだろう？　いまいったやり方で修理したとしよう。しかし寒さや足場の悪さなどいくつもの悪条件がかさなり、完璧に直せるとは思えない。細部にがたつきや歪みが生じるのは避けられないはずだ。不完全な修理でふたたび数百キロの荷物を載せて、そこから帰還することは可能なのだろうか。

犬橇の場合、実際に橇を引くのは犬であり、私ではない。問題はここだ。人力橇なら自分さえ慎重に歩けば、それ以上壊れた箇所にダメージをあたえず帰還できるかもしれない。しかし、あの制御不能な犬どもがそんな気遣いをできるわけがない。例によって頭のなかまで筋肉の塊のようになって全力で走るわけで、乱氷や岩石帯、あるいは定着氷から海氷への下りなどで大きな打撃をうけ、また壊れるに決まっている。となると、橇がうける衝撃をやわらげるには荷物を減らし、鋸で橇を小型にするしかない。荷物を減らすため犬も何頭か成仏させなければならないだろう。装備を最小限にして自分も犬と一緒に橇を引き、歩いて生還をめざす……と、そんなぎりぎりの状況しか思いつかない。

つまりこういうことだ。木の橇を自作すれば壊れてもその場で修理できる。外部に由来するものにたよると自分と旅のあいだに距離が生じるが、自分の内部から生みだされるものにより行為を作り出すことで、その距離は埋めることができる。それが自分で木の橇を作る理念だった。ところが現実に犬橇を経験し、専用の橇を作って感じたのは、これは修理できる代物ではないのでは？　という、口に出すのもはばかられる疑念なのであった。

直せると思っていた橇が直せない。外部とか、テクノロジーとか、そういったものとは全然ちがう、単純に技術の面で、私と橇とのあいだには別の距離がある。手に負えるもので旅をつくりあげようと思っていたのに、その橇はじつのところ私の手に負えないものなのだ。

そして思わぬ場面でそれが試されるときがやってきた。

5

それはまったく想定外の出来事だった。

それが起きたのは犬橇をはじめて二年目、〝ムカデ号〟を作った翌年二月の話だ。

二年目にはいり犬橇の中級者となっていた私は、その日、カナックから約六十キロ東にあるケケッタという集落の近くに行き、大鮃《おひょう》の延縄《はえなわ》漁《りょう》をすることにしていた。すでに延縄の仕掛け一式も橇につみこみ、あとは出発するだけという状態だ。

ところがその日の朝、例の、お節介なことにかけては親父をうわまわるヌカッピアングアの息子のウーマがやってきて、窓の外を見たか？　と聞く。見てないよ、と私が答えると、あんたは本当にニヤコ・アヨッポ（頭が悪い）だな、どうして出発の日に氷の状態を確認しないんだ、カギャの氷が割れて流されているぞ、ほら見てみろ、あそこの海が黒くなっているだろ、海水が露出しているんだよ、と私に双眼鏡を手渡した。

双眼鏡をのぞいてみると、たしかにカギャのまわりの海の表面は黒ずみ、氷ではなく水面が開いている状態にある。カギャというのは村の対岸、方角でいえば真南にある岬で、カナック方面に行くにはこの岬を通過しなければならない。

面倒なことになったなぁ、と私はため息をついた。

海氷が割れても定着氷を走れば岬を越えられないことはない（定着氷は岸にべったりはりつく氷なので海氷とちがって流失しない）。だが生憎《あいにく》、この年は海氷も定着氷も最悪で、どこもかしこもスケートリンクみたいにツルツルになっていた。

氷がむき出しとなった定着氷は、犬橇に慣れたいまでも緊張を強いられる危険なコンディションだ。定着氷は海氷とちがって幅がせまいし、漂着した氷塊が表面から突き出し、でこぼこになっていることも多い。犬橇は車とちがってただでさえ速度調節がむずかしいが、これが雪のない裸氷だと犬自身にも速度を制御できず、すぐ傍に黒い海がひろがる狭くてでこぼこした氷のうえを、暴走列車のごとくすさまじい速度で突っ走ることになる。細心の安全措置をほどこさないと自殺行為になりかねない。

ウーマは「イッディ、ニヤコ、アヨッポ（お前は、頭が、悪い）」を連発し、カナック行きはやめたほうがいい、この状態で定着氷を行けば死ぬぞ、と私を散々罵倒したが、私は彼の言動にむかっ腹がたったこともあり、予定通り村を出発することにした。

十二頭に増えた犬は十分に訓練をつみ、気力、体力ともにみなぎっている。あっという間に八キロほど離れた対岸のカギャ岬に到着し、私と犬は定着氷のうえに乗りあがった。

危惧したとおり氷の状態は最悪で、カリカリ、ツルツル、かつでこぼこである。私は、橇に鎖のブレーキをかけ、さらに十二頭のうち四頭の犬の引綱を首にまわした。こうすると引綱で首が絞まるので犬は橇を引けなくなり、十二頭が事実上、八頭となって速度が落ちる。一見残酷なやり方に思えるが、定着氷通過のための伝統的テクニックのひとつである。

十分に速度を落として慎重に進んだ。最初の障碍《しょうがい》である定着氷のど真ん中にころがる大岩を無事突破し、そのまま岬の先端にむかった。前年は定着氷の広さは十分でなんの問題もなかったが、この年は幅が非常にせまく、岬の先端では定着氷がほとんど切れ落ち、雪の急斜面が海にむかって落ちこんでいる。ここは狭すぎて斜面を登って迂回《うかい》しないと越えられない。アハアハ……と誘導の声をかけて斜面を登ると、犬は後ろをついてきたが、重荷をのせた橇は重力にしたがって海のほうにひっぱられていく。海には割れた氷が浮かぶだけ、そのままいけば落水は必至だ。私はさらに上のほうに犬を誘導し、犬も落ちたらヤバいとわかるのか必死に橇を引く。

一番の難所を越えて少しホッとしたが、その後も嫌な状態はつづいた。とにかく雪がまったくついていないので気が抜けない。いたるところで氷塊がぼこぼこと突き出しており、それを避けるためにハゴハゴ！　アッチョアッチョ！　と必死に指示を出す。だが、つるつる氷だと脚に力が入らないため、犬はどうしても斜面側の雪のついているところを走りたがる。例によって言うことをきかない犬どもに苛立ちをおさえられなくなり、私の指示出しは大きくなった。最後のほうはほとんど絶叫、怒声であった。

鞭をバシバシふり、大声を出しながら方向を指示し、ようやくあと数百メートルで安定した海氷におりられる、というあたりまで来たときだった。

犬は例によって斜面側の雪の付着しているところを走っていた。ところがすこし先に巨大な氷塊が猛々《たけだけ》しく上半身を突き出している。氷は真正面にあり、そのままでは激突は避けられない。左は斜面になっていて通行不能なので、私は犬に右へ行くよう指示を出した。だが、つるつる氷を嫌がり犬は行きたがらない。ガタン、ガタンと橇が氷の不整地面を走る大きな衝撃音がひびく。私は鞭をはげしくふりながら、それに負けないぐらいの大声でアッチョ、アッチョ！　と叫んだ。

右へ曲がらない犬に私の怒りは頂点に達した。

「アッチョ！　アッチョ！　アッチョっつってんだろこらあぁ！　右行けやこらあ！」

もう駄目だ、ぶつかる……と思い、あらんかぎりの声でおめいた、その瞬間だった。よくわからないが、私は、大量の雪の塊が地面から澎湃《ほうはい》と湧き出し、私自身の身体を取りかこんでいるのに気づいた。顔をあげると、左側の雪の斜面にメロンの皮のような亀裂が入り、そして崩壊し、すべてが私にむかって押しよせようとしている。映像がスローモーションになる。ヤバい、死ぬ、と思った瞬間、反射的に身体が動き、私は橇から飛び降りて海にむかって駆けだした。と同時に雪のブロックが一気に押し寄せ、どどどど──……という轟《とどろ》きとともに橇を押し流した。

一瞬の出来事だった。定着氷の端っこで私は呆然とその光景を見つめた。なぜ、こんなところで雪崩が……。まったく信じられない出来事だった。犬も雪崩がおしよせた瞬間に離れて全頭無事だったが、橇はほぼ完全にデブリにのみこまれ、片側のランナー材が見事に上下真っ二つに割れていた。

言葉をうしない、私は三十分ほどその場にたたずんだ。どうしてこんなことが起きるのだろう……。

それまで雪山登山で三度雪崩に埋まったことがあったが、もう雪山は登ってないので雪崩にまきこまれることもないと高をくくっていた。それなのに、こんなところでまさかの四回目？北極旅行には様々なリスクがあるが、正直雪崩は想定外だ。犬橇で雪崩に遭ったヤツなんて聞いたことがない。それがどうして自分に起きるのか。しかも橇は去年作ったばかりの、まだ新品同然の橇なのに……。

考えれば考えるほど不条理であった。なにより落胆したのは、約一カ月後に予定していたカナダ・エルズミア島への大漂泊行がこれでなくなった、と思われたことだった。橇が壊れてしまった以上、作りなおさなければいけない。でも村ではランナー材に使えるような厚い木材は手に入らない。またカナックで入手するにしても時間的に厳しい……。

泣きたくなったが、三十分後には気を取りなおしていた。

考えようによっては、これは橇を修理する絶好の機会ではないか？　橇を修理するには壊れた橇が必要だが、練習のためにわざわざ壊すわけにいかない。実際に壊れる状況に直面しなければ、修理を経験することはできない。そして橇が壊れる場所としては、そこは位置的に悪くはなかった。村からたった一キロ少々、何百キロと離れた場所で修理に失敗したらアウトだけれども、ここなら歩いて帰ることができる。修理を訓練をするにはこれ以上の状況はないではないか。

これは、橇を〈自分の手に負えないモノ〉から〈自分の手に負えるモノ〉に変えるために、神があたえたもうた最大のチャンスだ。そう思うとアドレナリンがどくどく分泌し、がぜんやる気が出てきた。

ひとまず犬を安全な場所につなぎ、テントを張って、腰をすえて作業にとりかかることにした。橇に堆積したデブリを取りのぞき破損状態をたしかめると、右側のランナー材は完全に上下真っ二つに割れていた。しかし反対側のランナー材は無事である。でこぼこの不整地氷を走った衝撃か、あるいは私自身が発した、あの狂ったようなおめき声か、とにかく騒音に刺激されて斜面は雪崩れたのだろう。雪崩に押し流された橇は地面の氷に引っかかり、それが支点となりランナー材に巨大な横向きの力がかかった。雪の圧力が何十トン、何百トンあるのかわからないが、これではどんなに補強したところで壊れないわけがない。

平らなところに橇をうごかし、横倒しにして早速修理にとりかかった。こんなことがあるかもしれない……とは正直まったく考えていなかったのだが、手回しドリルをふくむ工具一式はぬかりなく橇につんでいる。修理に必要なナイロンの紐も、大鮃釣りのために大量に用意していた。

まずは橇を横に倒して壊れたほうのランナー材を上にし、破断線の上下に手回しドリルで穴をあける。穴にロープをとおして輪っかにして、そこに木の棒を入れてぐるぐると万力のように何回もまわす。同じ要領でもう一カ所ロープ万力をこしらえて、二カ所で交互に締めあげてゆくと、ばきばきになった破断面がじわじわ閉じてゆき、やがてピタリと完璧に接合した。途中で補強材に入れていた長釘一本を金鋸《かなのこ》で切断するひと手間はあったものの、外見はほぼ元通りの一枚板にもどっている。ここまで見事にぴったり合わさるのか、と驚くほどの出来栄えだ。

破断面をうまく接合できれば、あとの作業はむずかしくない。同じように破断線の上下に穴をあけて、〝横桁ノット〟を駆使してナイロン紐でがっちりと固定してゆくだけだ。作業の途中で暗くなり雪がぼたぼたとふりはじめたが、今日中に終えようと作業をつづけた。あまりたくさん穴をあけると板の強度が落ちるので、万力で締めたところのほかに三カ所を〝横桁ノット〟で固定して修理完了とした。

肝心の強度はどうか。外見上は問題なさそうに見える。横から力を加えてみたが、頑強に固定されており、びくともしない。これなら予定通りケケッタで大鮃釣りをしても大丈夫では？　とも思ったが、一応慎重を期して村にもどることにした。

翌日、ダメージをあたえないように注意しながら誘導をまじえて岬まわりの悪場を越えた。ガタン、ガタンと裸氷のうえで衝撃音がひびくが、壊れそうな感じはしなかった。海氷におりてからは一気に村にむかって走った。

村に着くと、ヌカッピアングアの家族や大イラングアがぞろぞろ集まってきた。

「大鮃釣りはやめたのか」

「雪崩に遭って橇が壊れたんだ」

破損箇所を指し示すと、彼らはまず雪崩に遭ったという不運に仰天したあと、壊れた箇所を「アイヨ〜」と独特の感嘆の声をあげながらしげしげと見つめた。

「フリ、ナウマット」

うまく仕上げたじゃないか、という意味だ。

「昨日、テントを張って修理したけど、これじゃあ長期の旅は無理だから、また新しいのを作るよ」

そう言うと、ヌカッピアングアは「そんな必要はない」と断言した。

「これで大丈夫だ。カナダまで行ける。昔の人は橇が壊れても、こんなふうに直してカナダに行って白熊狩りをしたもんだ。だからお前もそうしろ。新しいのを作らなくたって、これで乱氷帯だって走れるさ」

　さすがにこの状態で長期漂泊する気は起こらず、その後、私は新しいランナー材用の木材を購入しに、もう一度カナックに行くことにした。その際、犬の訓練もかね、やや遠まわりして小さな氷河を越えるルートをえらんだのだが、かなりの荷物をつみ、悪いサスツルギや衝撃のかかる乱氷を何度か突破したにもかかわらず、破断面は固定されたままで、なんら不安をおぼえなかった。たしかにこれならカナダへ長期漂泊しても問題ないかもしれない、と思えるほど、それは完璧な補修だったのである。

　この経験は言葉にならないほど大きなものだった。

　雪崩に遭うのはやはり滅多にあることではないようで、四十年以上この村に住んでいる大島さんから、そんな話ははじめて聞いた、と驚かれたほどだ。

「いやー、角幡君、ついてないねぇ」

　と言われたが、いま思えば、結果的に私はむしろ幸運だったのだと思う。なぜなら修理を経験したことで、それまで壊れたらたぶん直せない、生きて帰ってこられないかもしれない、という不安要因そのものだった橇が、逆に壊れても絶対に直せる、人間界から五百キロ離れたところでランナー材が真っ二つになっても百パーセント生還できる、という自信の源に変わったからだ。

　私と橇とのあいだに厳然と存在していた距離は消滅し、橇は正真正銘、私のものとなった。橇を作るという行為が実質的に完了したのは、二年目のこの出来事のあとだった。

犬たちの

三国志

I

話を二〇一九年二月末、犬橇をはじめて一カ月の段階にもどそう。

ヌカッピアングア親方の指導のもと、橇を無事作り終えてメルセデスのような乗り心地を堪能した私は、ふたたびカナックに行く必要性に迫られていた。犬橇にも慣れてきて、そろそろ頭数を増やしたいところだが、シオラパルクではもう手に入らない。カナックで探すよりほかなかった。

その時点で私のもとには八頭の犬がいた。しかし橇を引けるのは事実上、七頭だった。なぜかというと、ウーマから買ったチューヤンという例の老犬がいつまでたっても橇を引くようにならなかったからである。ピーターから買った図体ばかりがでかいポーロも苛立ちの原因だったが、チューヤンはさらに輪をかけて私を悩ませた。それぞれ引けない原因は明白だ。ポーロは生まれてこの方、犬橇をしたことがないので引き方がわからない、というか引く意味を理解できない。そしてチューヤンは年をとりすぎている。

チューヤンはいつも引綱をたるませたまま、ほかの犬の一段後方を走った。こういう犬はたいてい、引綱を短くして、サボったら尻にパシーンと鞭をあてると引くようになるものだが、チューヤンの引綱はいくらやってもピンと張ることはなかった。

そんなある日、ウーマから衝撃の事実を聞いた。

一日の訓練が終わり家でのんびりしていたときだ。ウーマがふらっと家に来たので、私は、チューヤンが走るようにならないわ……と愚痴をこぼした。半分嫌味のつもりだった。すると彼はまったく何気ない感じで恐るべき事実を吐露した。

「あの犬はどうせ夏には死ぬから、もうシメちゃったほうがいいよ」

「え、何で？」

「もう年寄りだから。うーん、そうだな、俺が五歳のときに子犬だったから十五歳ぐらいかな」

これには目玉が飛びでるほどおったまげた。ぼさぼさのひどい老犬だとは思っていたが、十五歳とは想像を絶する。グリーンランド犬は体重三十キロから四十キロの大型犬で寿命は十歳前後なので、単純にこれを人間に換算し、犬の十歳を人間の八十歳とすると、チューヤンは百二十歳になる計算だ。地元テレビ局が取材にきそうなご長寿である。橇など引けるわけがない。

「チューヤンの歯を見たか？　もうジジイだからすり減って全部なくなっちゃってるよ」

いったいこいつは、何をすっとぼけてそんなことをほざいているのか？　怒りをとおり越して私は呆れかえり、むしろ感心した。その役に立たない犬を私に売りつけたのは、ほかならぬお前ではないか。そもそも交渉の際に年齢を訊いたときは、九歳ぐらいかな、と答えていたのに、それは完全に嘘だったわけだ。

のちに山崎さんから聞いた話だが、私がチューヤンを買う直前に、ウーマの兄の小イラングアが、走らない老犬が二頭いるからもう始末する、などと話していたという。おそらく私が本当に犬橇をはじめると聞いて気が変わり、成仏させる予定の犬を私に売ったのだろう。五百クローネと格安だった理由もそれで納得できる。

普段あれだけ家に遊びに来て、ウーマなんか連日橇作りを手伝ってくれたというのに、どういう精神構造をしているのか。まったく理解に苦しむが、かぎりなく肯定的に解釈してあげると、犬橇の習得は外国人には困難であり、カクハタもどうせすぐに音を上げるに決まっているから、走らない老犬をあたえておけばいいと軽く考えたのかもしれない。ところがふたをあけると案外頑張ってつづけているので、さすがに気が咎め、真実を告白する気になった……。

とにかく彼の話を聞き、私は愕然かつ消沈した。十五歳の走らない老犬など飼うことはできない。それにそんな犬をほかの村人が引きとるわけがない。つまりどこかの時点で処分しなければならないわけだ。

イヌイット式の犬橇は、はっきり言ってしまえば、使えない犬を殺処分することを前提に成立している。犬は三歳から五歳にかけて肉体的な最盛期をむかえ、橇引き犬として力を発揮できるが、中年のオヤジになると、人間同様若いときのようにがむしゃらにならず、だらだら適当に力を抜くのが多い。なので五、六歳を超えると殺処分される犬が多い。

処分される犬がいる一方、雌は半年毎に発情期をむかえ、交尾から約二カ月で五頭から十頭程度の子供を産む。そのなかから身体の大きな数頭が選抜され、生後四、五カ月頃から訓練をうけて、六、七カ月目になるとチームの一員にくわわる。このように古い犬を処分して新しい犬を補充することで、新陳代謝をうながし、つねに強くて元気なチームを維持するのが彼らのやり方だ。

処分されるのは年寄りばかりではない。喧嘩っ早い犬、すぐ噛みつく犬、落ち着きのない犬、ほかの犬からやたらと苛《いじ》められてチームにとけこめない犬、こうした集団の規律を乱す犬も処分の対象だ。また、飼い主たる人間の力を凌駕するほど強力なボス犬や、喧嘩で殺しの味をおぼえてしまった犬も、危険なので始末されることがある。犬を集めるとき、私はいろんな人から、いやーこの前五頭殺しちゃったからとか、昨日六頭シメちゃったよ、などと何度か聞かされたが、それはこのような事情による。

犬橇シーズン中の犬は餌も人間なみに食べる。犬を飼うためにはそのぶん狩りをして獲物の肉を手にいれなければならず、極地の過酷な環境で走らない犬を飼う余裕などない。日本の保健所のような役所もないので、犬を処分するのは当然ながら飼い主の役目だ。彼らはずっとそうした環境のなかで犬とともに生きてきた。

犬橇と犬の処分は、このようになかばセットのような状態だから、犬が死ぬこと、犬を殺すことに対して、彼らはおそろしく恬淡《てんたん》としている。日本人であるわれわれの感覚であれば、飼い犬が死んだら悲嘆するのが普通だし、ましてや自分の手で殺すとなると大きな抵抗を感じて、通常はできないわけだが、イヌイットにそうした感覚は皆無だ。きわめて事務的に犬を成仏させる。

非情に思えるかもしれないが、しかし本来、人類と犬とのつきあい方とはこうしたものだったのではないか、という気もする。犬は多産型の動物で、雌は一年に二度も三度も発情してそのたびに十頭前後の子を産む。それほどたくさんの犬をすべて養うのは無理なので、犬の飼育はそもそも子犬の間引きが前提になる。一万五千年前に犬が家畜となり人類と共存しはじめたときも事情は同じだったはずだし、そんなに前の話ではなく、私が子供のときも、飼っていた雌犬が子犬を産み、そのなかで引きとり手が見つからなかったのはすべて保健所に送られた。いつも一緒に遊んでいた生後数カ月の子犬たちが、母親の自転車のカゴに乗せられてはこばれていく様子を、小学生の頃の私は毎年見送っていた。もともと犬の飼育は子犬の殺処分が前提というところがあり、イヌイットのような狩猟民社会ではそれが生きているだけとも言える。

彼らの生活は犬とむすびついており、犬橇をやめても犬なしで生活できず、無駄に犬を飼っている人も少なくない。海象《セイウチ》なんか人間だけでは食いきれないほど巨大なのに、それを何頭も獲るわけだから、狩猟も半分は犬のためにやっているようなものだ。はっきりいって犬を飼っているのか、犬に飼われているのかよくわからないぐらい、彼らの生活や人生は犬にからめとられている。そしてその共生関係は、犬に人間とおなじ生活をさせることが善だと考える近代的な動物愛護観とは、まったくちがった価値観が根底にある。

彼らは日常的に海豹《あざらし》や海象を狩り、日常的に死が、いやもっと具体的にいえば血腥《ちなまぐさ》い死体がすぐ傍らにある環境で暮らしている。そもそも死生観がわれわれとは全然ちがい、それが犬との関係にもあらわれているのかもしれない。彼らにとって犬を生かすことと殺すことは、ほとんどおなじだ。人間は犬の生に責任をもたなければならないが、その責任のなかには犬を自分の手で成仏させる責任もふくまれているのである。

そんな社会なので役に立たない犬を飼っていることは罪悪だ、と考えているフシさえある。チューヤンについて、ウーマは「殺したほうがいい」とあっさり言ってのけたが、そんな変な犬は殺してしまえ、というのはイヌイット社会ではほとんど挨拶みたいなものだ。犬橇という と、どうしてもかわいい犬と一緒に旅をする、みたいな癒し系の印象をもたれがちだし、犬の本を開くと、人と犬との愛情物語ばかりが巷《ちまた》にあふれているが、伝統文化として犬橇を走らせる現実の狩猟民の生活には、こうした、いかにも文明人がよろこびそうな美しい感動物語は皆無と言ってよい。

もちろんよく走る犬や優秀な先導犬は例外で、ときに十歳以上の老境でもしばしば現役として使われることがある。とりわけ先導犬は、ほかの犬とちがい御者の指示を聞くことが役割なので、体力より賢さや経験、乗り手との相性などがもとめられる。老いても大事にされる犬は少なくない。

チューヤンもそういう例外的な一頭だったのかもしれない。ウーマによると、この犬はヌカッピアングアのチームの先導犬を長らくつとめていたらしい。十五歳まで飼われたということは、優秀な先導犬で、それなりに愛着をもたれてもいたのだろう。

もしかしたらウーマは私に先導犬として使ってもらいたくて売ってくれたのだろうか……。

ふとそう思ったが、たぶんそうではあるまい。うがった見方をすれば、彼らは私が犬を殺すことのできる人間なのか試しているのかもしれない。飼い犬を殺すこともできないような人間に犬橇をやる資格はない。村人と会話をしていると、そんな思考すらうかがえる。

シオラパルクで犬橇をやる以上、私は基本的には村人と同じやり方でやろうと考えていた。生活文化というものは、その土地の環境や風土にねざしたやり方でできあがる。私は彼らの文化を学ばせてもらう外の人間にすぎず、その手法や思考を尊重しなければならない立場にある。それに極北の世界で生きぬいてきた彼らの生活文化に、私は敬意をいだいてもいる。彼らのように旅できるようになることが私の目標でもあるのだ。

とはいえ当然のことながら、彼らのように犬の死に対して恬淡とした人間になろう、などという気構えをもっていたわけでもなかった。妙な悪癖があっても、一度飼った以上はこれも何かの縁とあきらめ、我慢して使いつづけるつもりだった。

だが老いた犬は話が別だ。十頭もの犬を飼うことは経済的な負担が大きく、橇引きのできない犬を飼いつづける余裕は正直ない。走れなくなった犬を飼いつづければ、私のチームは四年、五年のうちに現役を引退したよぼよぼ犬の集まる老犬チームと化すだろう。なので、犬橇をやる以上、いつかは老犬を自分の手で成仏させなければならないときがくることはわかっていた。

ただ、それは数年先の話だとも思っていた。しかし、どうもそういうわけにはいかないらしい。

2

氷点下三十三度の寒さのなか、八頭の犬とふたたびカナックへ出発した。極夜があけたばかりなのに、たった二週間で朝から晩まで明るくなった。七時間で到着。町の中心からはずれたゴミ捨て場近くの氷上にテントを張り、翌日、犬探しを開始した。

一回目とちがって今回は犬を手にいれるあてがなかった。ひとまず元シオラパルク村民の知人宅をおとずれたが、生後十カ月の、まだ調教の終わっていない犬しかゆずれるのはいないと言われ、あきらめた。経験のない犬を一から育てる自信も余裕も、まだ私にはなかった。あてが外れて困っていると、知人はネイマンギッチョという猟師の家に案内してくれた。

ポーロを飼って痛感したのは、犬橇をあまりやらない人から犬を買っても全然使い物にならないということだ。犬は、きちんと走らせている人から購入しなければならない。犬の外見にだまされるのではなく、飼い主本位で選んだほうが正解だということだ。そしてしっかり犬を走らせている人というのは、この地方では、すぐれた猟師とほぼ同義と考えてよい。イヌイットにとって犬橇は狩猟や漁撈《ぎょろう》のための移動手段だ。優秀な猟師ほどまじめに獲物を探すので犬も鍛えられる。それに善し悪しは別として、犬橇に乗る人ほど駄目な犬をすぐに間引くので、基本的に走らない犬はのこっていない。前回カナックでナノックとプールギの二頭を売ってくれたママオも名うての猟師だ。

ネイマンギッチョもまた、ＮＨＫのドキュメンタリー番組で〝カナック一の鯨獲りの名手〟として登場したこともある、たしかな腕の猟師らしい。家をたずねて事情を説明すると、例によって、ちょうど昨日五頭処分したばかりなんだ……と困惑した表情を見せた。ただ律儀な性格なのか、八歳の白い犬と三歳の白黒の犬を見せて、この二頭ならゆずってもいいと言ってくれた。八歳の白犬は高齢、三歳のほうは警戒心が強そうで迷ったが、最終的にはこの二頭を購入することにした。

……が、そのあとひと騒動あり、結局、別の犬をゆずってもらうことになった。

何があったのかというと、八歳の白犬だ。この犬はとんでもなく巨大で、まるで馬のようだった。引く力も尋常ではなく、私のチームで一、二位の引き手であるウヤミリックの倍ぐらいの力がある。八歳という老犬なのに買うことにしたのは、これだけ強力なら、もし年のせいで来年以降引けなくなっても十分に元がとれる、一年かぎりの助っ人でもかまわない、と考えたからだ。

テントに連れていきアイススクリューを埋めこみウヤミリックと一緒につなぐと、白犬はネイマンギッチョが恋しいのか、凄まじい勢いで突進をくりかえし家に帰ろうとした。だが、いくら馬力があってもさすがにスクリューが抜けることはない。夜になり私が寝袋に入ってからも、白犬は飽くことなく突進をつづけ、外からバーン、バーンと引綱の張る音が聞こえた。もう七時間ぐらいつづけている……とその体力に呆れつつ、私はいつしか眠りにおちた。

驚いたのは、翌朝、朝食を食べ終え外に出たときだ。白犬とウヤミリックの二頭、ついでに新しい三歳の白黒犬の姿が見えない。三歳のほうは引綱がほどけたのが原因のようだが、驚いたのは八歳の白犬である。なんと本当にアイススクリューを引っこ抜き、ウヤミリックごと引きずって飼い主の元にもどってしまったらしい。

スクリューは全長十八センチのロングタイプで、たしかに氷が堅すぎて根本まで入らなかったが、それでも十五センチは埋めたはずだ。それを引っこ抜くとは、化け物か……とあいた口がふさがらなかった。

ネイマンギッチョの家に行くと三頭がつながれて無言で私を待っていた（白犬に家まで引きずられたウヤミリックはじつに気まずそうな顔をしていた）。だが、スクリューをひっこ抜いてまでもどってきたその忠義心に心打たれたのか、ネイマンギッチョの気が変わり、この犬はアヨッポ（悪い）だと言って、売らないと言い出した。私としてはそのパワーを見せつけられたことで、逆になんとしても欲しい、是非とも連れて帰りたいと粘ったが、彼は頑なに拒否する。そのかわり、この犬も同じようなもんだからと言ってゆずってくれたのが、白犬ほどではないが、たしかに身体が大きく筋肉が隆々と盛りあがった顔だけ黒い白犬だった。

こうした経緯があり、私のもとにはネイマンギッチョの二頭がやってきた。二歳の白黒犬はダンシャク、筋肉ムキムキのガングロ犬は、そのまんまキンニクと名づけた。

ダンシャクは予想どおり警戒心が強く、私に全然懐かなかった。私だけでなく、ほかの犬ともいっこうに仲良くならず、いつも唸っては威嚇しつづける。気が小さく性格が狷介《けんかい》なのだろう。その一方で、とても個性的で、最初にテントに連れてきたときは、ジャニーズ系で美少年っぽい雰囲気のプールギの肛門を執拗に嗅ぎまわり、何度も上にまたがって腰をふった。それを見て私は、嗚呼あの犬は男色の気があるのかなぁと感じいるところがあり、ダンショクならぬダンシャクと命名した。性格の悪さには手を焼いたが、橇犬としては優秀で、ひたすら軽やかなステップで力強く走りつづける〝橇引き職人〟だ。

一方のキンニクは力はあるのだがやや期待外れで、この年は怪我ばかりでほとんどまともに走れなかった。後述するが、怪我の原因はウヤミリックとの闘争だ。どういうわけかキンニクはウヤミリックに目の敵《かたき》にされ、事あるごとに喧嘩を吹っかけられて脚を嚙まれるのである。

とにかく二頭が手に入り、これで十頭となった。目標の数に達したがチューヤンは完全に戦力外なので、まだ実質は九頭体制だ。あと一頭欲しかった私は、ウヤミリックの元の飼い主であるケッダという人物の家を訪れた。

ケッダから一歳前のウヤミリックを売ってもらったのは二〇一四年冬のことだ。当時、彼はまだシオラパルクに住んでおり、翌年カナックに引っ越してからも時々町中で顔をあわせることがあった。

彼の犬にはかなり大きな期待をよせていた。

犬橇をはじめるまで、私は犬といえばウヤミリックしか知らなかったので、エスキモー犬というのは皆こんなもんだろう、という程度の認識しかなかった。だが、今回いろいろ犬をかき集めてわかったことに、じつはウヤミリックは橇犬としてきわめて優秀なのだ。一番つきあいが長いゆえ、多分に贔屓目《ひいきめ》がまじっているとは思うが、とにかく私のチームで一番橇を引くのはこの犬である。人力橇時代からそうだが、この犬は橇引きに全力を傾注しすぎて、かならず肩や首に怪我を負う。胴バンドが食いこんで皮がえぐれてしまうのである。それぐらい橇を引く犬なので、飼い主だったケッダの株も私のなかでグイーンと急上昇し、彼の犬ならまちがいなし、と思われた。

三歳以下という条件をつけたせいか、ケッダはかなり渋った。しかし、ウヤミリックはとてもいい犬だ、だから君の犬があと一頭ほしい、と調子のいい言葉をならべたてると、彼は犬の場所に私を連れていき、とある一頭を指し示した。

その犬を見て私は戸惑った。

その犬は……一目で変な犬とわかる犬だった。変というか、どこか底知れぬ無気味さがただよっている。ほかの犬たちが、飼い主がやってきたことで感情が昂《たかぶ》り、鳴いたり走りまわったりするなか、その犬だけは大きな岩の前で茶色い身体をどかりと横たえ、身じろぎもしない。ふと童話「みにくいアヒルの子」が思い出された。緑色の目ヤニのべったりついた眠そうな眼を向けるだけで、私にはなんの関心もしめさない。生きているのかどうかも怪しいぐらいで、活力という概念から世界で一番遠い場所で生きている存在者、みたいな印象をうけた。

この犬は……いったい大丈夫なのか……？　との疑問が当然わいた。

ケッダに訊くと調教は終わり犬橇には問題ないという。顔立ちそのものは熊のぬいぐるみのようで愛くるしい。橇犬といえどもやはり顔立ちは重要で、多少橇を引かなかったり懐かなかったりしても、顔がかわいいだけでモチベーションは高まる。それに身体も大きく、年齢も一歳ということで将来性も十分だ。これ以上カナックでも犬が手に入る見込みはなかったので、この犬で手をうった。

私が近づくと茶犬はのそのそと歩き、雄ライオンのように悠然と距離をとった。人懐っこさなど微塵も感じさせない。ただダンシャクのように過度に警戒するというのとも、ちょっとちがう。ダンシャクは触ると緊張で身体を強張《こわば》らせるが、この犬は、ぐでーっと無反応、ナマコのように身体を弛緩させたまま私に好きなように触らせる。

断トツに個性的な犬だ。私はこの犬をウヤガンと呼ぶようになった。現地の言葉で〈岩〉という意味である。普段まったく身体を動かさず、顔面から尻尾の先まで茶色い毛でおおわれたこの犬は、少し離れただけで周囲の岩や土と同化してしまい、どこにいるのかさっぱりわからないからだ。

こうして十一頭がそろい、私は犬に長い距離を走らせるため、そのまま東に六十キロ先にあるケケッタの集落にむかった。

その途上、私はいよいよチューヤン問題に決着をつけることにした。

チューヤンはあいかわらず引綱をたるませたまま列の一段後方を走るばかりだった。落ち着きなくポジションを変えるのでほかの犬と引綱がからまり、何度も橇を止めてほどかなくてはならない。動きの変な犬が一頭いるとほかの犬も苛立ち、喧嘩の原因にもなる。もはやここが潮時か、いつかはやらなければならないことなのだ。観念した私は、適当なところでキャンプにし、犬に餌をあたえたあと、チューヤンの胴バンドをはずし、ほかの犬から見えないよう、少しはなれた大きな氷山の陰に連れて行った。

餌でももらえると思ったのか、チューヤンはとくに疑念もなく大人しくついてきた。老いに特有の狷介さか、偏屈な性格で、ほかの犬ともいっこうになじまなかったが、このところは私への警戒心はいささかほぐれてきていたようではあった。

犬を成仏させるとき、地元の人がどのような方法をとるのか寡聞にして知らないが、「そんな犬殺しちまえ」と彼らが言うとき、かならずライフルで撃つ真似をする。だから、たぶんそうするのだと思う。

だが私は、自分で犬を殺さなければならないときがきたら、ライフルではなく、紐で犬を吊るして絞殺すると決めていた。首吊りが一番苦痛がないとも聞くし、そうすることで死への苦しみが腕をとおしてつたわり、私の肉体に犬殺しの原罪が刻みつけられるからだ。死から逃れようとする本能的なもがきを感じることで、その犬がまぎれもなく生きていたことが、つまり死んだことが、一頭一頭の死の瞬間が記憶にやどり、私の身体に痕跡をのこすだろう。犬の死を身体に刻みつけることで、私はその犬と生きることになる。それが殺す犬にたいするせめてもの義理ではないか、と考えていた。

氷山の側壁の私の上背よりやや高いところにアイススクリューを埋め、チューヤンの首にロープを巻いてひっぱりあげた。犬は咽《むせ》び、呻《うめ》き、手足を激しくばたつかせてロープを噛みきろうとした。小便が洩れて、口から血が滴り、気持ちよさそうに尻尾をふった。

氷点下三十度と寒い日だった。暴れる犬が落ちないように必死でロープを引くうち、五本指の手袋で作業していた私の指はじきに痺れて痛くなってきた。酷薄なようだが、申しわけないとか、可哀そうといった気持ちより、指が痛くて、たのむから早く死んでくれとしか思わない。その状態で二、三分耐えると動かなくなったので、絶命したかと思い、雪のうえに犬をおろした。しかしチューヤンはまたガハガハと肺から空気が洩れたような音を出して息を吹きかえした。慌ててまた吊るし、ふたたび数分耐えると、今度は完全に全身が虚脱し、楽しそうにふっていた尻尾がだらんと垂れた。

下におろして眼をのぞきこむと、先ほどまで生命の活力をおびていたその眼は、人工的な陶器の作り物のようになっていた。物質にすぎない肉体に生命の力をあたえていた何かが、魂としか言いようのない何かが、そこから抜けていた。

3

八頭から十頭に増えたことで、犬との混乱の日々にいっそうの拍車がかかった。

グリーンランドのエスキモー犬は、狼時代の原始性が濃厚な野性味あふれる犬種である。犬というより、なかば野獣に近い。人間に従順なので噛みつくようなことは基本的にないが、それでもエスキモー犬の集団と接していると、こいつらは犬のチームというより人間に従順な狼かブチハイエナの群れみたいなもんだ、との印象をつよくもつ。

犬の集団ではもっとも力の強いものがボス犬として君臨するが、犬橇の御者はそのボス犬のさらに上に君臨する超越的存在、つまり神や天帝みたいなものだ。神がやってくると下々の犬たちは歓喜し、興奮の坩堝《るつぼ》と化し、神の恩沢を得ようと争いをはじめる。一方、神はしばしば怒りの雷を落とし、下々に神の意向を知らしめなければならない。しかしやりすぎると下々は神を恐れ、過剰に畏怖してしまう。地元の人がよく言うのは、犬の気持ちによりそいすぎると、犬は自分が主人だと思うのでダメだ、ということだ。

典型的なのが餌やりだ。犬が腹が減ったなぁ、何か食いたいなぁ、と思ったタイミングで餌をあたえると、犬は、この人は自分の意のままになる存在にすぎないと感じ、自分のほうが偉い、ナーラガーだと勘違いする。だから餌を毎日やるのはよくない、犬橇をして腹が減った直後にやるのではなく、翌日まで空腹を引きのばし、もうもらえないのだろうか……と諦めたところであたえたほうが恩沢的に効果が大きいと彼らはいう。だからイヌイットは犬橇シーズン中も数日に一度しか餌をあたえない。私は最初、犬が動けなくなるのが心配で毎日餌をやっていたが、よく村人からそのことを注意された。毎日犬に餌をやることは彼らに言わせれば「アヨッポ（悪い）」なことである。

犬から、こいつは俺の友達だ、家族だ、ファミリーだ、などと思われると言うことをきかなくなり犬橇にならないので、適度に畏怖されなければならない、というわけだが、怖がられすぎても逆に近寄ってこなくなる。いかに神として適切にふるまい、適度な距離感をたもちながら、下々から恐れられつつも慕われる、みたいな存在になれるかが犬をうまく操れるかどうかの境目になる。だが、一年目はそんな余裕などなくて、犬同士でトラブルが発生すると、私はどうしても神ではなく、自分も一頭の犬として、下々の一員としてその渦中に飛びこみ、一緒にもみくちゃになりながら解決することしかできなかった。毎日ぐったりと疲労し、犬橇と餌やりのとき以外は犬の顔など見たくもなかった。

あらたに加わった犬で真っ先に問題を引き起こしたのは、ケッダからゆずってもらったウヤガンだった。この犬は普段はナマコのようにぐったりと無気力だが、ケッダが言うように調教は済んでいたようで、ぐねぐねと身体をうねらせる独特かつ奇妙な走法ですぐに遮二無二橇を引くようになった。問題は橇引きではなく平素の生活態度にあった。この犬には逃亡癖があり、一度逃げると容易につかまらないのである。

はじめて逃亡されたのは、ケケッタからカナックにもどり氷上でキャンプをしていたときだ。朝起きて外に出てみるとウヤガンの姿が見えず、氷のうえに嚙みちぎられた引綱がのこっていた。

引綱や胴バンドを嚙みちぎる犬は少なくなく、人力橇時代にはじめてウヤミリックと旅をしたときもこの悪癖には苦しめられた。犬によっては毎日のように嚙みちぎるので、そのたびに新しい引綱を用意し、胴バンドを縫いなおさなければならない。だが、村にいるならまだしも、旅の途中で毎日そんなことはやってられない。

一度、この癖をおぼえると教育でどうにかなるものではない。そのため地元の人は伝統的に嚙みきるための歯、つまり奥歯を処理して対処する。ただ、奥歯の処理は首を絞めて気絶させたうえでハンマーで破砕するという非情な荒療治で、当時の私はやり方もわからなかった。そのため犬をゆずってもらうときに、かならず噛み癖がないか確認したが、新しい生活環境に来るとどうしてもストレスで噛むことをおぼえるらしい。

逃げた犬がどこにむかうかというと、当然元の飼い主のところだ。ケッダの犬の係留場所に行くと、案の定、ウヤガンが岩の近くの定位置で眠たそうに寝そべっていた。ほかの犬は吠え、動きまわり、私を警戒する。ウヤガンだけは微動だにせず簡単に捕まえられそうだが、この犬は、かなり知能が高いのか、私が半径二メートル以内に近づくと、すっくと立ちあがりするする逃げてゆく。ドッグフードを撒き、優しく名前を呼ぶと近づくが、捕まえようとする素振りを見せると、私の目を思慮深そうにのぞき、意図を察してササッと距離をとる。餌が駄目なら……と橇に鞭を取りに行ったが、ウヤガンは鞭を見た瞬間に走り去ってしまった。

ケッダのほかの犬もウヤガンを守ろうと、私とのあいだに入りこみ、さかんに吠えて邪魔をする。打つ手なし……と途方に暮れていると、犬探しを手伝ってくれた知人が気づき、加勢してくれた。彼は、海豹を海から引き上げるための鉤棒《かぎぼう》を手にして、アゴイッチ！　と鞭を一閃《いっせん》させた。ウヤガンは反射的に伏せの体勢をとり、その瞬間に鉤棒のフックで胴バンドをひっかけ、あっさり捕獲した。

カナックでの捕り物は三時間ほどで終わったが、シオラパルクにもどってからもウヤガンは隙を見ては逃げだした。

村に帰ると、私はすぐに引綱を噛みきられないように鎖にとりかえたのだが、ある朝、その鎖を連結する金具のねじがはずれていて、ウヤガンが放し飼いの状態になっていた。まずいと思い、すぐに捕まえようとしたが、ウヤガンはまたしてもサッと距離をとり逃げてゆく。それからは村中を逃げまわり、五十メートル圏内に私が近づくと、海氷に逃れ、山のほうに姿を消した。やむなく放っておくと、やがて元の居場所にもどって気持ちよさそうに昼寝をしていた。不用意に近づくとまた逃げられるので、海豹の引っかけ棒をもってきて、そろそろ近づきかろうじて捕獲した。

だがこのころ本当に手を焼いたのは、ウヤガンの逃亡よりも犬たちのあいだで繰りひろげられる闘争だった。政治の季節がやってきたのだ。犬のボス争いがついに佳境をむかえたのである。

一家代々、おなじ犬の群れを飼養する村人とちがい、私の犬は寄せあつめの集団だ。序列が定まっていないため、ボスが決まるまで、顔をつきあわせれば喧嘩という状態がつづく。普段は二、三頭ずつつないでいるので、全員が顔をあわせるのは犬橇のときだけだ。つまり犬橇は、犬にとっては走る機会であるだけでなく、ボス争いの格好の場でもある。とくに出発前に橇につなぐときは、その日最初の顔合わせだし、犬たちも興奮しているので十中八九喧嘩が起こり、ときに集団リンチに発展する。

これまで何度も犬橇チームをつくってきた山崎さんによると、犬を寄せあつめてからボスが決まるまでは二カ月程度はかかるらしい。それを聞いたときは、こんな喧嘩ばかりの日々が二カ月もつづくのか、と暗然とした。実際その言葉どおり、チーム結成から二カ月目となる、ちょうど二月下旬から三月中旬に闘争はピークをむかえたのである。

4

初期の段階で一番大きな顔をしていたのは先導犬ウンマだった。ウンマは大型ではなく、身体の大きさはむしろ小型から中型程度しかない。年齢もチューヤンにつぐ九歳という高齢で、一対一の喧嘩が強いわけでもない。事実、最初の頃はウヤミリックとしばしば闘争となったが、いつも簡単にのされていた。それなのになぜ大きな顔で威張っていたかというと、年齢と派閥に理由がある。

犬も人間と同じで、年をとるとそれ相応の威厳が出てくるようである。たとえば自民党の二階元幹事長が若い記者の質問に傲然とした態度をとると、たいていの記者はその迫力に思わず怯む。単純に肉体の強さでは元幹事長より若い記者のほうが強いはずだから、それだけ考えるとこれはおかしい。にもかかわらず若い記者が怯むのは、元幹事長には肉体的な強さとはべつの年齢や経験にともなうオーラがあるからだ。ウンマにも元幹事長と同じような威厳があるらしく、犬橇の途中で休憩すると、この犬は、かならずご丁寧に、一頭一頭ほかの犬をまわってウーウー唸って威嚇する。

さらにウンマはキッヒ、カヨと一緒にアーピラングアから購入した犬で、最人派閥の領袖《りょうしゅう》でもあった。犬を寄せあつめた場合、どうしても旧知の仲ということで、同じ飼い主の犬同士が仲良しグループを形成する傾向がある。これが犬の派閥である。

一年目のチーム角幡における派閥はつぎのとおりだった。
○アーピラングア派（ウンマ、キッヒ、カヨ）
○ママオ派（ナノック、プールギ）
○ネイマンギッチョ派（キンニク、ダンシャク）
○無派閥（ウヤミリック、チューヤン、ポーロ、ウヤガン　※ウヤミリックとウヤガンは共にケッダの犬だが、時期が重なっていないので顔見知りではない）

このようにウンマは三頭が属するアーピラングア派という最大派閥の領袖だった。のこりの二頭のうち、気ままな性格のカヨは派閥の準構成員的な存在で、仲はいいものの、どこかつかず離れずの的な距離感をたもっていたが、キッヒのほうはウンマに絶対的忠誠をちかう完全な舎弟である。ウンマとキッヒはいつも一緒、一心同体で、休憩のときもかならずペアになって威嚇まわりをした。

しかもアーピラングア派の三頭は最初の五頭のメンバーで、チームの最古参でもある。五頭時代から、ウンマはほかの犬をウーウー唸って威嚇し、自分の政治的優位を確実にしようと余念がなく、ポーロ、ナノック、プールギ……とメンバーが増えても同じ行動をとりつづけた。だから新しくくわわった犬は古参の三頭が偉そうな顔で威張っているのを見て、嗚呼この集団はこいつらが牛耳っているのだな、まあそんなもんか、と様子見を決めこみ、畢竟《ひっきょう》、しばらくウンマの優位は動かなかった。

初期メンバーのうちウンマに対抗する存在だったのはウヤミリックである。

この犬は人力橇時代からの私の相棒ではあったが、集団のなかでは無派閥の一匹狼にすぎず、ウンマのように政治的な動きをするような性格でもない。そもそも一歳になる前に私が引きとったので、特定の集団のなかで社会生活をおくったことさえなかった。冬から春は私と旅をし、そして夏からつぎの冬までは村の誰かに世話をしてもらう。預け先は年によって変わるため、集団生活を経験したのは、私が犬橇のために犬を集めたときがはじめてだった。

一匹狼的環境に慣れきったウヤミリックには友達がいないし、友達をつくろうという気持ちもあまりないらしい。犬づきあいが悪いのか、ほかの犬が近づいてくると威嚇して追っ払ってしまう。私が犬橇を開始したとき、この犬はすでに五歳で中年の域に達していた。人間も三十ぐらいまでは友人と遊ぶのが楽しくて仕方がないが、中年になると自分の世界ができて、友人もどんどん減ってゆくのが普通だが（私だけ？）、たぶんそれと同じだろう。それに犬たちを統《す》べる私と特別な仲なので、俺はほかの犬より旦那に近い存在だ、神と直接コンタクトをとれる神官なのだ、との特権階級的意識があったのかもしれない。ボス争いなどという世俗的な政治抗争にはさほど関心がないように見えた。

ただし喧嘩っ早いことにかけてはチーム一でもあった。ウヤミリックはボス争いがらみの政治的理由で喧嘩するのではなく、単に気に食わないやつを徹底的に打《ぶ》ちのめす狂犬タイプだ。

じつは人力橇時代、大島さんから「お宅の犬は評判が悪いねぇ」と言われたことがある。何があったのかというと、その年の日本への帰国中、私はウヤミリックを山崎さんの犬と一緒に、ある村人に世話してもらっていたのだが、どうやら夏のあいだに山崎さんの犬と喧嘩になり、嚙み殺してしまったらしいのだ。

その話を聞いて一番驚いたのは、ほかならぬ私だった。私はこの犬のことを従順素朴で人懐っこい、喧嘩とは無縁なリベラル系平和主義者だと思っていた。一歳前後のイメージをずっとひきずっていたのだと思う。当時のウヤミリックは、強面《こわもて》ぞろいの大島さんの犬の前を通ると、いつも自分から腹を見せては服従の姿勢をとる弱々しい犬で、子犬とじゃれあうのを何よりの楽しみにするやさしい性格だった。

しかしいまならわかるが、成熟前の若い犬が強い成犬にひれ伏したり子犬とじゃれ合ったりするのは、べつにウヤミリックにかぎったことではなく、どの犬も同じだ。それに旅のあいだは私と一対一で喧嘩する相手などいなかったし、私には従順だった。そんなわけで私はこの犬に対してやさしい犬との心象をずっともっていたのだが、じつはそれは完全に思いちがいで、知らぬ間にほかの犬を平気で嚙み殺す半グレみたいな犬になっていたのである。ずっと一匹狼だったので喧嘩の作法を知らないらしいのだ。

山崎さんの犬を殺したと聞き、当然私はすぐに陳謝した。人の好《い》い山崎さんは「いいよ、いいよ、気にしなくていいから。ほかの理由で死んだのかもしれないし」と言ってくれたが、その後の行状を見ると、大島さんが言ったとおり、あのときウヤミリックは山崎さんの犬を殺したにちがいない、といまはほぼ確信している。

それぐらいウヤミリックの喧嘩は質《たち》が悪かった。この犬は真っ先に相手の脚を狙うが、これは橇犬の喧嘩のマナーとしては最低だ。通常の犬は鼻っ柱に嚙みついたり、喉元に嚙みつき相手をねじ伏せたりするが、こうしたやり方は正当である。なぜなら、顔や喉に傷を負ったところで犬はいっこうに気にせず橇を引くことができるからだ。しかし脚の場合はそうはいかない。脛《すね》や腿の筋肉に傷を負っても問題ないが、膝や足首の関節や肉球に牙が入ると足を引きずり走れなくなる。化膿すると回復までが長引き、ひと冬棒にふることもあるという。

それだけにウンマ対ウヤミリックの抗争がはじまると気が気ではなかった。先導犬であるウンマは替えのきかない存在であり、ウヤミリックに脚を壊されると犬橇自体不可能となる。ウンマが唸って威嚇しても、ウヤミリックはしばらく無視を決めこむが、そのうちウンマの息が荒くなり完全に因縁をつけている状態となると、我慢の限界を超え、ウヤミリックは突然切れて襲いかかる。そして最初の一撃がいいところに入るとウンマは走れなくなる。

ウヤミリックがほかの犬を走行不能に陥れてしまうことが、この時期の私の最大の悩みの種だった。血祭りにあげられたのはウンマだけではない。老犬チューヤンもよくやられたし、アイドル顔のカヨもカナックに行く途中で脚に深手を負い、橇に乗せてシオラパルクの村にもどったことがある。どの犬よりも目の敵にされたのが最後にメンバーにくわわったキンニクだ。筋骨隆々で身体の大きなこの犬は、年齢的にも壮年で、チームにくわわった直後からウンマ、ウヤミリックと闘争をくりかえした。

ウヤミリックとキンニクはいつ喧嘩が勃発してもおかしくないチームの火薬庫だった。三月中旬、氷河の登高訓練の最中にそれは大きく燃えあがった。

私がアハ、アハと犬を誘導して氷河を登っていると、なんの予兆もなしに二頭のあいだで大喧嘩が勃発した。興奮の極みに達した両者はガウガウと激しく嚙みつきあい、ほかの犬がそれにくわわりすぐに集団抗争となった。「やめろ！　やめろ！」と棒を振りまわして引き離したときには、すでにキンニクの前脚に深い穴があいていた。膝関節がやられたようで足をつくことさえできなくなり、帰りは橇に乗せて村まで搬送となった。事実上の病院送りである。

それから二年にわたり、この二頭はことあるごとに喧嘩をくりかえした。ウヤミリックはつねにキンニクを再起不能にしてやろうと機会をうかがっており、ほかの犬が喧嘩をはじめたドサクサや、私が海豹狩りのために橇をはなれた隙をみては襲いかかった。逆にキンニクとダンシャクが二頭でウヤミリックの身体を牙で穴だらけにしたこともある。その憎悪と暴力の凄絶さは完全にジャック・ロンドンの小説そのままだ。結局、キンニクは怪我が治ったらすぐにウヤミリックにやられることがつづき、この年は満足に橇を引くことができなかった。

このようにウヤミリックはあまりに質が悪かったので、正直この犬を集団で飼うのは無理かもしれないと悩んだこともある。しかし何度も大きな旅をした間柄だけに手放せるわけがない。それに一番橇を引くのはこの犬だったし、これまでの関係から絶対に裏切らないという信頼もあった。これがほかの犬だったら飼いつづけることはできなかったと思う。

とにかく毎日のように顔をあわせては喧嘩がはじまる。喧嘩になると木の棒か極太ロープをもってそのなかに飛びこまないとおさまらない。ガウガウともみくちゃになった渦に、おらあっ！　やめろやっ！　負けないぐらい大声で喚いて飛びこみ、頭に何発かお見舞いする。実際問題として犬同士がそれ以上の暴力をふるいあっているわけだから、殴ることへの抵抗感などすぐに消え失せる。頭に数発衝撃をくらわせると、犬も少し冷静になり牙を離す。それぐらいやってすぐに仲裁しないと犬が怪我をするし、油断すると死んでしまうので、こっちも必死だ。

犬の抗争に巻きこまれて疲れきっていたタイミングで別の問題が発生した。ウヤガンがまた隙を見て逃亡をくわだてたのだ。しかも今度は大逃亡だ。

きっかけはやはり喧嘩だった。

氷河の荷上げに出るためウヤガン、ウヤミリック、カヨ、プールギの四頭を橇につなごうとしたときのことだ。突然近くにいたウンマがウヤガンに嚙みついた。理由などない。気に食わなかっただけだ。それをきっかけに大乱闘がはじまった。いつものようにガウガウという喧噪と、ぐちゃぐちゃにからまる引綱。怒りがふつふつと煮えたぎったが、ともかくまずは喧嘩を止めなければならず、私は反射的に四頭の引綱を手放した。その瞬間、ウヤガンは待ってましたとばかりに、するすると喧嘩の輪から離れていった。

しまった、と思ったが後の祭りだ。一度逃げだすとこの犬はなかなかつかまらない。仕方ないので放っておき、ほかの犬を連れて荷上げに出発し、夕方、帰ってから本格的に捕獲を開始した。ところが、これまで二度つかまった経験からウヤガンは相当ずる賢くなっており、私の姿を見ただけで山のほうに逃げてもどってこない。ウーマが海豹の鉤棒を持ち手伝ってくれたが、過去二度の捕獲はこの棒によるものだっただけに、ウヤガンは見た瞬間に走り去った。それからは私の姿を見ただけで海に逃げ、山に消え、捕獲不可能となった。

腹が減っているのか、私がほかの犬と氷河に出かけているあいだにゴミ袋を漁《あさ》ったようで、家のまわりにゴミが散乱している。あのクソ犬がぁ……と怒りが頂点に達した。

その夜、妻に電話して延々と犬にたいする愚痴、というか一方的な罵詈雑言《ばりぞうごん》をのべたてた。

「くそ、またあの犬に逃げられた。俺はね、犬橇をはじめてから犬のことを一瞬たりともかわいいと思ったことがない。一瞬たりともだ。犬がかわいくないんだよ、信じられる？　言うことをきかない、喧嘩しか能のないクソ犬ばかりだ。よく橇を引く犬は良い犬だなと思うけど、かわいいとは思わない。それどころか、こいつらいつか全員ぶっ殺してやるとしか思えないね。こっちの人はね、そんな犬はもう始末しちまえ、ってよく言うけど、その気持ちがよくわかるわ。ウヤガンの野郎…… 腸《はらわた》が煮えくりかえるとはこういうことをいうんだな。生まれてはじめてわかったよ、クソったれが、本当に……」

「ちょっと怖いんだけど……」

犬好きの妻は私の剣幕に完全にドン引きしていたが、私のほうは溜まりに溜まった鬱憤をぶちまけ、多少気が晴れた。

ウヤガンを捕獲したのは翌日午後だった。この日もやはり全然捕まらず、ヌカッピアングアからは、ライフルをかまえる真似をして「俺があの犬を始末してやる、な、そうしよう」と冗談とも本気ともつかないことを何度も言われた。

しかし私はこの問題児がどうにも嫌いになれなかった。というか好きだった。お気に入りだったのだ。ぬいぐるみみたいで顔と仕種がかわいらしい、ということもあったが、普段はまったく動かず生きているのか死んでいるのかわからないのに、橇を引くとグネグネと妙な動きで溌剌《はつらつ》と引く、その猛烈な個性が、なにか底の知れない可能性を感じさせ、いつか大化けするような気がしたのである。

ウヤガンは逃亡中にカーリーという猟師の雌犬と懇《ねんご》ろになったようで、最後はそれが捕獲の突破口となった。何度か雌犬の近くで待ち伏せしたすえ、呑気にいちゃつき油断しているところを、後ろのボートの死角から忍び足で近づき、例の鉤棒でつかまえた。犬も人間とおなじだ。性欲はつねに男から自由をうばう。

御用となったウヤガンを引き立ててゆくと、村中の犬が興奮していっせいに歓声をあげた。甲高い鳴き声がやんややんやと村中にこだまする。逃げまわっていたあの野郎がついに捕まったぞ、と犬たちもわかっているのである。

5

当初、ボスの座はウンマ、ウヤミリック、キンニクの三頭を軸に争われたが、その後、徐々に存在感をしめしはじめた一頭がいた。

片目のナノックだ。

カナックの猟師ママオからゆずりうけたナノックは二歳という触れこみで（その後の私の実

感からいうと、どうやらそれは大嘘で、すでに四、五歳だったと思われる）、両耳が垂れ、肉付きがよく丸々と太っていた。一緒にママオのところから来たプールギが〈豚〉という意味の名前なのだが、どちらかといえば豚に似ているのはナノックのほうである。

ただし、太っているといっても肥満というより骨太の寸胴《ずんどう》型、身体についているのは贅肉ではなく筋肉である。また、生来のものか喧嘩のせいかはわからないが、右目を失明した独眼竜で、テストステロンの分泌量が多いのか、つねに高いテンションをキープしており、うおんうおんと重低音の雄叫《おたけ》びをあげながら歩く姿はライオンのようでもある。橇を引かせると、とにかく前に出ることしか頭になく、脳髄まで筋肉でできているような犬だ。

ナノックは最初から喧嘩っ早く、気性の荒さを見せていたが、威圧や暴力の対象はもっぱら舎弟のプールギにかぎられ、遠慮のせいか、ウンマら年長の犬には積極的に喧嘩をしかけることはなかった。休憩のたびにはじまるウンマとキッヒの恫喝まわりも、基本的に無視し、無関心をよそおった。

しかし一緒にすごす時間が長くなると、年長犬にたいする遠慮も徐々にうしなわれる。これまでは、すいません、ちょっと前、失礼します、と言っていたのが、邪魔だからそこどけやオッサン、との態度になる。もともと肉体の強さはほかの犬を凌駕するだけに、おのずと存在感が増し、ボス争いの中心となった。

三月下旬は北部無人境に旅立つために、村から十五キロ離れたイキナ氷河で荷上げする時期にあたっていた。後述するように氷河登りは犬橇初心者の私にとっては巨大な障壁で、荷上げには多大な苦労をしいられたのだが、とても迷惑なことに四頭の直接対決はその作業とかさなったのだった。

三月二十三日深夜、氷河上のキャンプでウンマ・キッヒ連合軍とウヤミリックのあいだで死闘が演じられた、らしい。私はテントで寝ていたため喧嘩の現場は見ていないのだが、朝起きてみるとウヤミリックが耳から血を垂れ流し、顔面も傷だらけになり、ぐったりしていた。ウヤミリックはめずらしく私の顔を見た瞬間、クーンと弱々しい声をあげた。この狂犬風情も二頭相手では多勢に無勢で、私の熟睡中に半殺しの目にあったようだ。

勝利をおさめた二頭はさかんにウヤミリックを威嚇し、吠えたてている。普段のウヤミリックであればガルル……と唸り、飛びかかっていくところだが、この日は消沈し、黙ったままだ。ただしウンマも無傷ではすまず、例によって後ろ脚が嚙まれたようで指に深い傷を負っていた。

この喧嘩で四頭間におけるウヤミリックの政治的地位は低下し、ウンマがウヤミリックにたいして有利にたった。

三月二十八日、荷上げをおえて氷河から村へもどる途中でまた大きな喧嘩が起きた。きっかけは私だ。

この時期はウンマが脚の怪我で戦線離脱し、かわりに片目のナノックを先導犬として試していた。慣れない犬をいきなり先頭に出すと、たいていはおろおろして走るのを止めてしまい、犬橇がまったく前に進まないのだが、なかにはナノックのように全然気にせず前進できる性格の犬もいる。先導犬を育てるときはそういう犬を見つけ出し、時間をかけて指示をおぼえさせてゆく。ただしナノックの場合は脳ミソまで筋肉でできている〝前進衝迫症〟の犬で、ハゴ（左）やアッチョ（右）の意味をなかなかおぼえてくれない。何度ハゴ、ハゴと鞭をふっても全然左に曲がらないものだから、そのうち私も苛立ち、「ハゴっつってんだろ、この野郎！」と怒鳴ってしまった。

犬は私の感情に機敏に反応する。イライラして言葉に棘が出てくると犬もそわそわするし、機嫌がよくなると尻尾をふって近寄ってくる。このときもナノックが私の怒気と連動して殺気立ち、近くにいたキンニクにいきなり嚙みついた。そこにキンニクを目の敵にするウヤミリックが参戦し、一気にキンニクへの集団リンチに発展した。私はすぐさま喧嘩の渦に飛びこみ、イポ（鞭の柄）でぶっ叩いて混乱を収束させたが、キンニクは前脚の肉球に深い傷を負ってしまった。

この前ウヤミリックにやられた脚の怪我がようやく癒えたというのに、これでキンニクはまたしても戦線離脱だ。

「ウヤミリック、てめえ、またやりやがったな……」

ふたたび怒気がこみあげてくる。すると私の感情の昂りを察知したナノックがまたしても興奮し、今度はウヤミリックに襲いかかろうとする。この頃からナノックは急速に力をつけ、ほかの犬を圧倒しはじめた。

四月一日、ドッグフード八袋をつみ、この日も氷河にむかった。幸いキンニクの怪我はたいしたことがなかったが、心の傷は深いようで、隙を見ては襲ってくるウヤミリックが怖くて仕方がないらしい。ウヤミリックが位置をかえて少し近づいただけで、キンニクは右のほうに離れてゆく。どうやらキンニクは完全にボス争いから脱落したようだ。

そのウヤミリックもこの日、集団リンチに遭い、ボスになる権利をほぼうしなった。氷河に行く途中で橇を止めて引綱をほどいていると、突然、ウンマがウヤミリックに噛みつき乱闘開始。もはやいつ喧嘩がはじまるかまったく読めない完全渾沌状態である。ウヤミリックはこれまでの悪行がたたってほかの犬の恨みをかっていたようで、ナノックが噛み、キンニクが噛み、ついでにポーロまで襲いかかり、ここぞとばかりに皆に噛みつかれた。最後はボロ雑巾のようになり、それから数日間は戦意を喪失し、ほかの犬が近づくだけで怖くて逃げだす始末だった。

こうして最終的にボスの座はウンマとナノックの二頭にしぼられた。この時点でもっともボスっぽいふるまいを見せていたのはウンマである。あいかわらずキッヒと肩を組み、二頭でウーウー唸りながら睨みをきかせている。この世の春を謳歌し、藤原摂関家のごときふるまいを見せている。

しかしウンマはまだナノックをやっていない。というか、よく考えたら、じつはウンマは誰もやっていない。

この犬が威張っているのはつねにキッヒとペアで行動し、かつ同じ派閥にもう一頭、カヨという仲間がいるからだ。その証拠にキッヒ、カヨとはなして別の犬とつなぐと、ウンマからいつもの威勢は消え失せ、好々爺然《こうこうや》となり大人しく黙っている。自民党有力者と同じで、〈数は力〉という旧田中派的な政治力学を奪いとると、なんのことはない、ただの無力なよぼよぼの爺さんなのだ。

ウンマは私に権力の虚しさ、実体の無さを教えてくれた。すなわち喧嘩の実力は皆無。それを考えると、ウヤミリックが戦線離脱した時点で、もはやボスの座は決まったも同然だった。氷河の荷上げを終えた四月上旬、私はアウンナットの小屋へ、ドッグフードのデポ(備蓄物)設置と訓練をかねた小旅行をおこなった。その道中で最終決戦がおこなわれた。

ナノックはまず途中のツンドラのキャンプで、かろうじてボスの可能性をのこしていたウヤミリックをねじ伏せた。この二頭は以前、氷河上で喧嘩になりかけたことがあったが、そのときはほかの犬が喧嘩にくわわり決着はうやむやになっていた。二度目となるツンドラの決戦でウヤミリックはナノックにまったく歯が立たなかった。ナノックはウヤミリックの喉元に食らいつくと圧倒的な首の力でふんっと持ちあげ、背負い投げのようにひっくり返してしまった。のこるはもうウンマ一頭であり、ナノックがボスになるのは時間の問題だった。何もわかっていないウンマはあいかわらずキッヒと一緒に威張っているが、もはやその姿は裸の王同然、その威光は夕暮れにしずむ憐《あわ》れな落日のそれであった。

そして四月十二日の氷床上のキャンプで、それは起きた。その日の氷床は軟雪におおわれ、犬をつなぐ支点がとれず(本来なら木の板や棒を雪に埋めて支点にして数頭ずつつなぐのだが、このときはもっていなかった)、やむなく全頭橇につないだまま私は餌やりをはじめた。

犬は普段から餌やりになると興奮するが、とりわけ旅の途上は飢えのためその度合いは何倍にもなる。十頭もの犬が一塊になっているところに餌などあたえたら、火にガソリンを注ぐようなものだ。危惧したとおりの大乱闘となり、その際にナノックがウンマの上からのしかかり簡単におさえこんだのだ。

まったく勝負にならない。決着はじつにあっさりしたものだった。ナノックがおさえこむと、そこへ日頃の恨みとばかり、普段から威張り散らすウンマにほかの犬も殺到した。偉そうにしている犬が喧嘩に負けると、このように全員の餌食になるのが通例だ。つい先ほどまで権力の中枢で威張り散らしていたウンマはこれですっかり政治的威光をうしない、キッヒになぐさめられながら落ち武者然として隅のほうに消えていった。

こうしてナノックはボスとなり天下を掌握した。結果的にみればきわめて順当な結果だった。喧嘩の強さ、闘争心、気性の荒さ、この三点においてナノックは抜きん出ている。こんな当たり前な結果に落ち着くならさっさと決めてほしかった、そうしたら私もずいぶん楽だったのに、と思うぐらい順当なのだった。

ボスが決まり私も心の底から安堵した。一月のチーム結成から二カ月半、これでようやく政治の季節は終わり、喧嘩ばかりの日々から解放されると思ったのである。

だが、そうすんなりとチームが落ち着いたわけではなかった。翌日から今度はボスの座についたナノックと、同じママオ派の舎弟であるプールギによる暴政がはじまったのである。

急に序列の高いポジションに就いた二頭は、若いだけに歯止めもきかないようで、やりたい放題となった。気に入らない犬がいるとすぐに噛みつき、威嚇する。村やキャンプ地ではなく、犬橇の最中にこれをやるのだからたまったものではない。橇引きの最中も急に噛みついてくるので、ほかの犬はナノックが隣にいるだけでおちおち橇も引けず、引綱をたるませてしまう。

一番的にかけられたのがウンマだ。この犬が先導しようと前に出ると、ナノックとプールギが後ろからあおり、隙あらば噛みつこうとする。おかげでウンマは背後からの攻撃が怖くて前に出たがらない。「ウンマ何やってんだ、前に出ろ!」と怒鳴って前に行かせても、先導に集中できずひっきりなしに背後をふりかえる。こうなると指示を全然きいてくれず、まったく犬橇にならない。毛沢東やロベスピエールと同じで、犬の世界も内戦や革命の直後の政権はかならず粛清をやらかすらしいのである。

6

もちろん橇犬は喧嘩だけしているわけではない。

犬橇をはじめてから私は、犬たちがみせる複雑な心理と豊かな情動にいくたびも驚かされた。とくに一年目は犬同士の密なコミュニケーションをみるたびに、その表現の多彩さに感心した。当たり前だが犬も人と同じでつねに心がゆれうごき、その感情がつぎの行動を決定している。

たとえば優しさである。

犬は、相性の悪い相手とは喧嘩ばかりになるが、逆に仲のいい同士だと互いをいたわりあい、親愛の情を態度と声色で伝達する。これまで何度か触れたように、ひとたび喧嘩がはじまると、劣勢な犬はほかの犬からも攻撃され集団リンチに発展することがある。そのとき、もしリンチをくらった犬に仲のいい仲間がいると、その仲間はかならず傷ついた友の顔に頬をよせて、舌でぺろぺろと舐めて大丈夫かと声をかける。ウンマがやられたらキッヒがやさしくいたわるし、キンニクがウヤミリックにやられるとダンシャクが慰める。

犬たちが仲間をいたわるのは喧嘩のときだけでなく、私の怒りが爆発したあともそうだ。ある犬が橇のうえに乗っかって私の怒りをかい、御仕置きをうけると、そのあとに仲のいい犬がかならずやってきて、大丈夫か、痛かったろう……と慰める。いわゆる〝癒される〟というやつか、そういう姿を見ると、荒れ狂っていた私の怒りもやわらいでゆく。

犬の優しさが最大に発揮されるのは子犬に対してだ。犬は総じて子犬を非常にかわいがる。私の犬の話ではないが、村でこんな光景を見たことがある。

ある日、生後二カ月ぐらいの子犬が、とある家の軒下で遊んでいて、雪の斜面を滑り落ちそうになった。斜面といっても落差一メートルぐらいのちょっとした段差なのだが、子犬は怖がり必死によじ登ろうとする。すると三十メートルほど離れたところにいたほかの飼い主の犬が、それに気づき、あわてて駆けより滑り落ちるのを防いだのである。

興味深いのは、犬同士のコミュニケーションに私の動向がからんでくることである。どういうことかというと、犬は飼い主の様子をとても注意深く観察しており、私の感情が変化すると機敏に反応する。私がイライラすると犬はそれに反応して落ち着きがなくなるし、私の機嫌がいいと尻尾をふってよってくる。だから、ある犬が何かミスをしでかし私の怒りを誘発すると、それがほかの犬の攻撃の原因になったりするのである。

一番よくあるのは走っている途中に引綱がからまるケースだ。

橇を引くあいだ、犬はしばしば位置をかえるために後ろに下がる。そのときほかの犬の引綱が脚や腰にからまることがある。引綱がからまると、そのままどんどんからまって最後は引きずられるため、一度橇を止めてほかの犬にアゴイッチと指示して座らせ、ほどかなくてはならない。からまった引綱は犬の馬鹿力でぎんぎんに締まっているため、犬も痛いのか、ほどこうとすると大声で悲鳴をあげる。たとえばウンマの相棒のキッヒは痛みにことのほか弱く、すぐに悲鳴をあげるタイプで、こちらも必死でほどこうとしているのに横でビエービエーと騒がれると頭に血がのぼり、つい「うるせえ、てめえ、黙ってろ！」と怒鳴ってしまう。

私はボス犬のうえに君臨する神のような超越的存在だ。したがって神たる私の怒りを誘発するような行動は、犬にとって道徳的に悪である。私を怒鳴らせるという罪業をおかしたキッヒに対し、ほかの犬たちは、どんくさいことして旦那を怒らせやがって、このバカ野郎が……と腹がたつらしく、ほどき作業が終わると何頭かがキッヒに嚙みつく。

あるいは、私が「アウリッチ、アウリッチ……」と動かないように指示しているにもかかわらず、我慢できずに立ちあがって歩きだす輩《やから》がいる。そうすると私のアウリッチの声も荒くなり、鞭でピシッと尻を叩くことになる。ほかの犬からすると、このように規律を守らず私を苛立たせるヤツは迷惑だと感じるようで、ウウウッ……と喉をふるわせ、「お前なあ、いちいち動いて旦那を怒らせせんなよ……」とぶつぶつ不平を言う。まわりもとばっちりを食らうので旦那を怒らせるような行動は控えよう、というのが犬のあいだで規範として成立しており、これをやぶると攻撃の対象となるわけだ。

こういう、お上の意向に忠実にやれや、みたいな、級長というか自粛警察みたいな犬もいて、その筆頭がプールギだ。プールギは元来チンピラ気質の犬で、気に入らない犬がいるとすぐに恫喝して路地裏に連れこんで金品を巻きあげるタイプなのだが、最初は逃亡犯ウヤガンとともにチームの最年少ということもあり、そうした本性を表に出さなかった。橇引きの好きな、美しい顔をした、ただのジャニーズ系の犬だった。

ところが同じママオ派の相棒である片目のナノックが天下を掌握し、ボス犬として君臨すると、舎弟のプールギも自動的に権力を手中にし、威嚇、恫喝、いじめ、粛清等やり放題となった。

と、その一方でプールギには妙に生真面目な一面もあり、全力で橇を引かない犬を見ていると無性に腹がたつらしい。たとえば氷河の登りや、あるいは乱氷やサスツルギに橇が引っかかったときなど、全員でいっせいに引かないと橇はまったくうごかなくなる。そういう状況になると、もうこりゃダメだ、と勝手に諦め、座りこんでしまう犬がいる。性格的にマイペースなアイドル顔のカヨなどそのタイプだが、プールギはそういうやる気のない態度の犬を見ると、すたすたと近づき、てめえ、ちゃんと引けや！　といきなり噛みつき、私になりかわって叱り飛ばすのだ。

プールギにかぎらずウヤミリックやナノックなど気性の激しい攻撃的な犬は、総じて男性ホルモンの分泌が活発なようで、つねにテンションが高く、ゆえに橇引きでも興奮して猛烈に前に出る。そして、そうした犬は、テンションが低くて冷静な犬を見ると苛立ちをおぼえるようで、出発のときにボケーッと呆《ほう》けて動かない犬のところに行っては噛みつく傾向がある。

ボス犬ナノックもプールギに負けず劣らず個性豊かだ。気性の荒いこの犬は、橇引きのときは牛のように突進することしか頭にない。氷河の下りや乱氷などの危険箇所でスピードが出ないように鞭をふりながら誘導していると、ナノックはこれが我慢ならないらしく、いつもウオン、ウオンと雄叫びをあげながら、はやく走らせろと文句を言いつづける。

もともと同じ飼い主（ママオ）の犬ということもあり、ナノックとプールギは仲が良く、村でも旅の途中の幕営地でも、私はこの二頭を一緒につないだ。感情表現の豊かな二頭だけに、やり取りは面白い。普段は仲睦まじくやっているのに、すこし気に入らないことがあるだけでナノックはプールギを上から押さえつけ、吠え、唸り、てめえ、いい加減にしろよと威圧する。するとプールギは普段は出さないような甲高い声でキャンキャン悲鳴をあげ、なんでそんなに僕ばっかり苛めるんですか、悪いこと何もしてないじゃないですか、もう勘弁してくださいよ、とひたすら抗議をつづける。旅の途中でこのかけあいがはじまると、最初は喧嘩かと思いテントから飛びだしたが、そのうち私も慣れて、嗚呼またあいつらの夫婦《めおと》漫才がはじまったわ、と放っておくようになった。

こうした様子を見ると、犬には言語能力はなくとも会話能力はあるのだと思わずにいられない。犬同士の意思疎通能力は相当高く、あきらかに態度や仕種、声色や音声を変化させることで、意思を伝達しあっている。強い犬が弱い犬を脅すときはガルルと唸ってマウントポジションをとり、逆に弱い犬はキャンキャン、キャイーンと甲高い声で鳴いてそれ以上自分をいじめないように説得する。喉をふるわせて不快感をつたえることもあるし、子犬をあやすときはクンクンと鼻を鳴らし、白熊や不審人物が近づいたときはオン、オンと喉の奥からつまったような声を出す。

感情表現という意味で突出していたのがウヤミリックである。この犬はまず、喧嘩をするとき完全に目がすわる。カヨ同様、キンニクも出発のときに立ちあがろうとしないタイプで、そのたびにウヤミリックはガルルル……と喉をふるわせ、狂気をおびた目つきで近づき、突然嚙みつく。その雰囲気のヤバさ、迫力はほかの犬の比ではない。

またウヤミリックの反応で独特なのは、私に殴られたあとの雄叫びだ。

この犬はすぐ嚙みつくし、ほかの犬の餌を横取りする悪癖だらけの犬で、かつ私からすると、ほかの犬とちがって絶対に自分のことを裏切らないという信頼感があったため、まあ、なんというか、私にとっては気兼ねなく殴れる一頭だった。なので悪いことをするたびに注連縄みたいな極太ロープで頭をボコンと一発見舞ってやるのだが、そのたびにウヤミリックは私の目を正面から見すえ、ウオオオオオオオーンと太く、高い声で咆哮をあげる。その様子は、痛えっすよぉぉ、旦那あぁ、何するんすかあぁっ！　と言っているようにしか思えない。こんな鳴き声をあげる犬はほかにはいないところを見ると、やはりウヤミリックは私との関係が深いだけに、自分は特別で旦那と対等なのだ、と思っていたか、あるいは自分を犬ではなく人間だと見なしていたのかもしれない。

7

こんなふうに犬は仕種や鳴き声で内面をつたえあっているわけだが、この点で印象深いのがボス犬ナノックと、身体ばかりでかいポーロとの関係だった。

もともと接点のなかったこの二頭は、最初の頃はとくに交流する様子もなく、お互い関心をいだくこともなかった。しかしあるときを境に妙に親密になった。ナノックはボスの座についただけあり、最初から只者ではない迫力というか、ほかの犬から一目置かれるような存在感があって、威張りくさっているウンマやウヤミリックも軽々にこの犬には手を出さなかった。橇も力任せにガンガン引くので、私の怒りの対象となることも（最初は）あまりなかった。

それにくらべてポーロは、これまで何度か言及したように、二歳になるまで橇引きの経験がなく、いつまでたっても要領が悪くて、ここぞというときにかぎって橇を引かずにキョロキョロする。引綱もピンと張らず、ほかの犬と同じ位置で走るだけで、橇を引くというか、引く真似をするだけだ。そのためひっきりなしに私の怒りを買った。というか私の怒りの八割はポーロの野郎が原因だった。そして頻繁に私から怒られると、犬のあいだでも、こいつはダメなやつだな、との心証がつよまるようで、ポーロは犬たちのあいだでも軽んじられ、孤立し、橇を止めてアゴイッチ（伏せろ）で休ませるときも一頭だけ離れ、端っこのほうで寂しく横座りした。当然ながら集団内の序列も低く、まずまちがいなく最下位、身体は一番大きいのに立場は一番弱いという非常にめずらしいタイプの犬だった。

集団内で孤立すると、当然、犬は寂しい思いをして、橇引きもつまらないものになりモチベーションも高まらず、犬にとっても私にとってもいいことは何もない。なので、神として犬たちのうえに超然とかまえる立場の私としては、犬が孤立したらなんとか友達を作ってあげて、集団内での生活をすこしでも居心地のよいものにしてあげる必要がある。そのために普段から犬同士の性格や相性をみきわめ、この犬とこの犬は仲良くなりそうだな、と思ったら、村やキャンプ地で一緒につないで関係を深めさせる等の処置をとらないといけない。

当初、ポーロは老犬チューヤンと仲が良かったが、チューヤンは途中でこの世を去った。ポーロは孤立感を深めたが、その後、ナノックがボスになったあたりから、この二頭は急速に親密になりはじめた。いつもふざけあって遊び、休憩のときは二頭ならんで横になり鼻面をぺろぺろ舐めあったりしている。最高位のナノックと最下位のポーロ。どこか不釣りあいな気もしたが、せっかくポーロに友達ができそうなので、私はこの機会を逃さず、ナノックをプールギから離し、普段からポーロとつないで関係を進展させることにした。

するとと目論見どおり二頭はさらに仲睦まじくなり、あたかも恋人同士のようになった。

あれはたしか、四月にアウンナット方面に長旅に出て定着氷を走っているときのことだった。いつまでたってもまともに橇引きのできないポーロは、この時点でもまだほかの犬より半尋ばかり短い引綱をつけていた。皆と同じ長さの引綱をつけると、どうしても引綱をたるませて力が橇につたわらないので、少し短い引綱をつけて後ろから尻を鞭でピシーンと叩き、前に出るように教育するわけである。

一月に犬橇をはじめてからポーロはずっと短い引綱をつけて、後ろから「ポーロ、引け！」と尻に鞭を浴びつづけてきた。しかし四月ともなるとさすがに通常走行時は引綱もさほどたるまなくなり、私も、そろそろいいかなと判断し、通常の長さの引綱につけかえた。引綱を長くするとそれまで後ろを走っていたポーロは当然、皆と同じ列にくわわる。すると何が起きたのかというと、恋人状態にあったナノックがわざわざポジションをかえてポーロに駆け寄り、鼻をぺろぺろ舐めて祝福したのである。

ナノックはあきらかにポーロの一軍昇格を一緒によろこんでいた。その姿を見て私は、犬ってすごいな、こんなことするんだ……と感動をおぼえた。

感動したのは、ひとつには犬の認識能力の高さにだ。

ナノックはこのときポーロが同じ列を走りだしたことの意味を理解していた。つまり、それまで自分たちより後ろの位置でいつも怒鳴られていたあのポーロが、ついに二軍生活を脱し、自分たちと同じ地位に引き上げられたことの意味を、である。

そして何より、犬の感情の深さに私は感動した。ナノックの態度からは、仲のいいポーロがついに同じ列で走れるようになったことへの喜びが充ちあふれていた。その情動のありかたは、人間とさほどかわらない、いや人間だったらそこまであからさまに態度で示せないのではないかと思えるほどの純粋な感情表現だった。

ポーロも、ボス犬であるナノックと親密になることで自信がついたのか、それまでの卑屈な感じがうすれ、橇引きの態度も堂々としてきた。ナノックとポーロの関係は典型的な成功例だ。これで全体的なチーム力があがった、いやーよかった、よかった、と私は内心ほくそえんだ。

それなのに……わからないものである。この出来事からそう時間がたたないうちに二頭の関係は急速に冷えきり、完全に険悪なものになったのだから。

関係が悪化したのはアウンナット方面の旅の途上であり、私も二頭のことはずっと観察していた。でも何があったのかは、よくわからない。とにかくナノックが急に心変わりし、あれほど大好きだったポーロのことを邪険にしはじめたのである。

どうやらナノックはどこかの時点で、ポーロより、もともとの舎弟であるプールギに心変わりしたようである。旅のあいだ、私はキャンプ地でこの三頭を一緒につないでいたのだが、ナノックは徐々にポーロと距離をとりはじめ、しばらくつかずはなれずだったプールギとふたたび仲を深めていった。そのうちポーロにたいして唸り声を発するようになり、果ては嚙みつき、プールギと一緒に苛めるまでになった。

三頭のやり取りは、どこかメロドラマ仕立てだった。ナノックにはポーロという女がいたが、プールギという新しい女に心惹かれるようになる。プールギはポーロより美形だし、はきはきしていて元気もいい。ナノックの心はすっかりプールギにうつってしまい、ポーロなども う鬱陶しいだけだ。ある日、ナノックが、あいつが別れてくれねぇんだとこぼすと、プールギは、わかった、私も協力するから、と犯行をそそのかす。二頭は共謀のすえポーロの首を絞め、これを殺害、乗用車の後部シートの下に遺体を隠し……。

テントの外からガウガウというナノックの唸り声と、キャンキャン叫ぶポーロの悲鳴が聞こえるたびに、私の頭にはこのような安っぽい昭和サスペンスの一シーンが思い浮かんだ。

しかしこの二頭の関係で本当に私を驚かせたのは、じつはそんなことではなかった。あるときを境にポーロはナノックに抵抗するようになったのだ。抵抗というのは鳴き声による抗議ではなく、肉体的な意味での反抗だ。つまり襲いかかってくるナノックにたいしてポーロも負けじと反撃するようになったのだが、最強犬ナノックにたいしてポーロはいい勝負を演じるのである。

というか、ナノックより優勢なんじゃないか、と思うこともあった。

ポーロはチーム一の体格を誇るが、その特徴はなんといっても長い脚だ。犬の喧嘩は脚が長いほうが有利なようで、攻撃をしかけてくるナノックにたいしてポーロは長い前脚でよりかかり、上から押さえつける。そうなるとナノックの馬力をもってしても体格差は如何《いかん》ともしがたく、いくら嚙みつこうとしてもポーロの馬のような脚に邪魔されてとどかない。

ある日のキャンプ地で二頭の喧嘩を眺めていると、このままだとポーロが上から押さえつけて勝ってしまうかもしれない、という展開になった。危機感をおぼえた私はあわててその争いをとめた。仮に喧嘩が強くても、卑屈で橇もまともに引けないポーロにボス犬の威厳はなく、私はそれを望まなかった。だから介入した。そしてその日からポーロをナノックとプールギから離し、別の犬と一緒につなぐことにした。これ以上その三頭を一緒にすると痴話喧嘩の原因になるし、冗談抜きでポーロがボスになりかねない。

驚いたことにその心配は杞憂《きゆう》におわらなかった。のちにポーロはナノックにたいしてクーデターを敢行し、天下を奪いとったのだ。

8

〝ポーロの乱〟が起きたのは犬橇活動二年目にはいった翌冬のことだった。

一月にシオラパルクの村に着いた私は、夏のあいだに世話してもらっていた村人から順次犬を引きとり活動を再開した。

二年目をむかえるにあたり最初に悩んだのは、普段どの犬とどの犬を一緒につなぐか、という問題だった。ナノックとポーロのように険悪な関係の犬をつなぐと喧嘩になるし、逆にナノックとプールギのようにすでに仲のいい犬同士をつないでも、ほかの犬と善隣友好をむすぶ機会がなくなる。なので当時の私は、まだあまり親密ではないが、でも喧嘩するほど仲が悪いわけでもない、という微妙な犬同士を組みあわせて徐々に友達の輪をひろげてゆく、という作戦をとっていた。

　ナノックとの関係が破綻したポーロはふたたび友達のいない孤立状態におちいっていた。橇引きのやる気を高めるためにも、まずは新しい友達をつくってやる必要がある。そこで友達候補にあがったのが逃亡犯ウヤガンだった。ウヤガンはあいかわらず普段は生きているのか死んでいるのかわからないほど覇気がないが、橇引きになると息を吹きかえしグネグネ身体をくねらせてがむしゃらに走る。ポーロのように犬橇の意気が低いわけではないが、友達がいないのは同じで、この二頭が仲良くなるのが話がはやい。

　ポーロとウヤガンを一緒につないでから、さほど日にちがたっていないときのことだった。一月のシオラパルクは極夜の真っ最中で日中といえども暗く、視界はあまりない。ある朝、ヘッドランプをつけて犬の様子を見に行った私は、そこで目撃した惨劇に仰天した。照明の先でナノックが血まみれになって横たわっていたのだ。そして暗闇のなかでポーロとウヤガンの二頭が胸をそりかえらせ、唸り声をあげながら、ほかの犬を威嚇して歩きまわっている。よく注意すると、ポーロとウヤガンの支点がはずれてしまっている。夜中に支点がはずれて自由になったポーロは、前年の途中から散々自分をいじめたナノックへの恨みを晴らすべく襲いかかった。そこに、一緒につながれて仲間意識が醸成されていたウヤガンがくわわり、二頭によるリンチとなった。ウヤガンもまた、普段は生死の判然としないほど大人しい犬だが、体格はポーロに次いで大きな犬だ。この若くて力の強い二頭が束になれば、さすがの暴君ナノックもひとたまりもなかっただろう。

ナノックは全身牙で穴だらけになり、頭部にも十五センチほどの深い裂傷を負い、完全に皮が裂けてしまっていた。半殺しの状態だ。精神的にも深手を負ったようで、常時興奮状態にあるこの犬が、このときばかりは気力もなく、眼光も失い、一人で立ちあがることさえできない。これではしばらく犬橇どころではない。連日氷点下四十度近い寒さがつづき、このままでは冗談ぬきで死ぬかもしれない。私は即座にナノックを犬たちから離し、家の近くにつないで傷口を消毒し、しばらく抗生物質をあたえて治療に専念させた。

それにしてもポーロの野郎、やってくれたな……私はひそかに怒りに震えた。

たしかに暴力的なところはあるものの、ナノックはウヤミリックとならんで一番牽引力のある犬だ。それにつぎの先導犬候補でもある。前年先導犬として活躍したウンマはすでに十歳。いつ走れなくなってもおかしくない老犬で、新しい先導犬育成が喫緊の課題だった。その最有力候補がナノックであり、実際すでに先導犬として使いはじめていた。つまりボス犬であり、かつ次期エースの呼び声も高いナノックは、まぎれもなくチームの中心であり、おいそれと替えのきく存在ではない。それをあやうく殺されかけたのだ。

このときのポーロはまさにノリノリだった。序列最下位だったポーロとウヤガン、この二頭が一夜にしてボス犬を引きずりおろし、序列一位、二位に躍り出たわけだ。胸のすくような下克上を実現させた二頭は、自信のみなぎる足どりで堂々と闊歩し、ほかの犬を威圧している。橇引きのときもポーロの定位置は左端の目立たない場所だったのが、急に中心に割りこみ、腰を深く沈めてぐいぐい引くようになった。

ポーロは王妃まで手にいれた。そのシーズンのはじめに、私は親しい地元民の一人である大イラングアから、カコットという名の、白くて女狐のように妖艶な二歳の雌犬を買った。それがちょうどこの時期に発情しはじめ、ポーロはその兆候を見逃さずちゃっかり交接におよんだのだ。私はすぐにカコットを離してウヤミリックとつないだのだが……。

ともかく、それからしばらくポーロはナノックを寄せつけなかった。傷が癒えてナノックがチームに合流したときも、ポーロは唸りながら接近し、攻撃をくわえた。トラウマの癒えていないナノックはポーロが怖くて仕方がなく、まったく先導に集中できない。ポーロの威勢はまさに絶頂をむかえていた。

しかし結果的にポーロの天下は短期間でおわった。絵にかいたような三日天下だ。なぜそうなったか。ひと言でいってポーロはやはりボス犬として君臨する器ではなかったということだ。やられたらやりかえすという闘争精神にかけていたのである。

たとえばいま私は、ナノックが再合流してポーロから攻撃をうけたことに触れたが、そのとき私がどうしたかといえば、「やめろ、この野郎!」と怒鳴り、ポーロの頭部をボコンとつよくぶっ叩いた。もともと大人しい性格のポーロはこの御仕置きですっかり反省し、二度とナノックを攻撃しようとしなかった。もし、これがナノックやウヤミリックだったらどうか。この程度の御仕置きでは全然懲りず、気に入らない相手を執拗に、徹底的にたたきのめそうとするだろう。実際、ウヤミリックは何度私から怒りの鉄槌《てっつい》をくらっても、怨敵であるキンニクへの攻撃をやめようとしなかった。もちろんこういう行動は閉口ものなのだが、でもボス犬になるにはそれぐらいの攻撃性と執拗さが必要なのだ。

ナノックにはそれがあった。ナノックはやられた恨みを忘れることが決してなかった。やがてトラウマが癒えるとポーロへの反撃を開始する。ある日、橇に全頭をつないだ頃合いを見計らってナノックがポーロに噛みつくと、それが合図となり、一気にポーロにたいする集団リンチがはじまった。急に態度のデカくなったポーロにほかの犬も反感を抱いていたのだろう。あろうことか舎弟だったウヤガンまでくわわっているではないか。

この闘争で立場はふたたび逆転し、ナノックはボスの座に返り咲き、ポーロは下位の序列に転落した。いつの間にか橇引きの定位置も真ん中から左端にもどっていた。

それ以降もナノックの攻撃はことあるごとにおこなわれた。出発前の興奮状態にあるときや、私が海豹狩りのために橇をはなれたときなど、隙をみてはポーロに襲いかかり、ほかの犬は力の強いナノックに加勢した。下手に権力闘争にくわわったせいで、ポーロの孤立は以前よりも深まってしまったのだった。

暴走を
くりかえす犬、
それを
止められない私

I

世間には犬橇にたいする誤った固定観念がつきまとっている。それは、かわいい犬が尻尾をふりながら、力をあわせて元気に雪原を駆け抜けるというひたすら前向きなイメージだ。ネットで検索すると、晴れた雪原を犬が潑剌とした表情で駆ける清々しい画像が見つかるが、あれこそ犬橇という言葉が喚起するイメージにぴったりだ。

楽しいか、つらいかといえば、断然楽しい。もっといえばただのスポーツかレジャー。しんどいのは犬だけで、人間は橇に乗って犬にはこんでもらうだけ――。一般的に犬橇と聞いて思い浮かぶのは、そんなところだろう。

このイメージの根底には〈犬＝かわいい〉という前提がある。かわいい犬と一緒に旅する犬橇は楽しいに決まっているのである。

なるほど、私にもそういうイメージがないではなかった。

橇を引き、歩いて旅をしていた頃、私には、犬橇とは極地を楽に移動できる乗り物であるとの先入観がつよくあった。自分で苦労して重たい橇を十日ほどかけて歩いた場所を、犬橇に乗ったイヌイット猟師は三日で駆け抜ける。そう聞いたときも、すごいなと思うのと同時に、だって犬橇だろ、車に乗っているようなもんだろ、との思いがあった。体力主義者であった若い頃の私は犬橇を人力橇より格下の行為だと見下し、〝ぬるい〟に決まっていると思いちがいをしていたわけだ。

もちろんこうした誤った固定観念は犬橇をはじめてすぐに払拭された。犬橇は車の運転のように簡単なものでもないし、思いどおりに動いてくれるものでもない。犬橇を車の運転と同列に見なすのは、条件さえととのえば、つねに同じように自動的に動くはずだというデカルト以来の機械論的動物観がもたらす典型的な誤解である。当たり前だが犬は機械ではなく、それぞれが感情でうごく個性豊かな生き物だ。車なら燃料を注入すればどんな悪路でも走破するが、犬は餌をあたえたからといって前日と同じように走るわけではない。気分がいいときは嬉しそうに走り、テンションが低いとだらだらやる気がしない。足元が固いと気持ちよく走るが、軟雪だと途端に遅くなる。パニックに陥ったら暴走するし、ここは行けないと犬が判断したら、どんなに煽《あお》ってもピクリとも動かない。要するに移動の最終権限は私ではなく犬が握っている。

犬橇の大変さを言葉で表現するのは、じつにむずかしい。これが人力橇なら比較的簡単だ。人力橇の旅行のつらさとは、端的に、荷物満載の重たい橇を何十日も引いて歩くことからくる肉体疲労と飢餓感に還元される。言語表現とは互いに共有できる経験があることではじめて成立するものだ。狼の肉を食べたことのない者にその旨さをつたえることはむずかしい。それはキタキツネと同じ旨さなのだと力説したところで、相手はキタキツネも食べたことがないのでそれもつうじない。でもそれが疲労や空腹であれば、程度の差こそあれ誰だって経験があるので、人力橇のつらさもある程度実感をもって想像することができる。

ところが犬橇はほかに例のない独特な疲れ方をする。肉体的な疲れひとつとっても、人力橇系の通常の疲労とは全然ちがう。たとえば寒さのなかで怒鳴ることがどれだけ疲労するか、九十九パーセントの読者には想像もつかないだろう。私も犬橇をはじめて驚いた。氷点下三十度の冷気を肺胞のなかに思いっきりとりこむことが、いかに消耗するか……。

犬橇に出るたびに私はぐったりして村にもどったが、それも無駄に怒鳴ってばかりいたためだ。その証拠に地元の人は御仕置きのとき以外は大きな声を出さない。出発の準備のときや犬をつなぐときにボソボソ声を出しているので、お経でも読んでいるのかなと思ったら、「アウリッチ（動くな）、アウリッチ……」と犬に語りかけている。そういうのを見ると、やはり大声を出してはいけないんだな、今日は怒鳴らないぞ、と固く心に誓うわけだが、実際に出発すると犬が言うことをきいてくれず、「アウリッチっつってんだろ、この野郎！」と叫んでしまい、どっと疲労する。

それに犬橇は雪や氷の条件に大きく左右される。風で叩かれた固い雪のついた海氷というのが理想の条件で、こういうところだとたしかに車みたいに楽ができて、五百キロの荷物をつんでいても一日に五十キロぐらい平気で走る。だが無論、そんな好条件にめぐまれることは滅多にない。逆にぼさぼさの軟雪が十センチ積もっただけでペースはガタ落ちし、荷物が軽くても三十キロ進むのがやっとになる。雪がなくても塩分が表面にしみ出てザラついた新氷なども、ペースはあがらない。

一番しんどいのが積み荷の重たい状態でサスツルギ帯、乱氷帯、岩場などの悪場に突っこんだときだ。こういう悪場で橇がスタックすると、犬は、嗚呼もうこの橇は動かんわと判断し、どんなに煽ってもまったく引こうとしない。全員で同時にぐいっと引いてくれれば動くはずなのに、犬同士はかけ声を出せないのでそうならない。唯一の方法は、前に出る犬の習性を利用することだ。橇を十センチでも動かせば、引綱がゆるんで犬は習性で前に出る。

かくして悪場で橇がスタックすると、自分でなんとかして十センチ動かさなくてはならなくなる。そしてこれが途轍《とてつ》もない労力を必要とする。犬橇の橇は、橇の自重もふくめたら五百キロにも六百キロにもなり、せいぜい百キロ少々の人力橇など玩具《おもちゃ》に思えるような代物だ。これをひとりで動かさないといけないのだ。

後ろの梶棒をつかんであらんかぎりの力をふりしぼり、ときにスコップや鉄の棒で雪や氷を崩し、犬を煽り、威嚇し、あるいはやさしく機嫌をとり、叱咤《しった》激励し、とにかくあの手この手で十センチ動かす。そしてうまいこと動き、犬が前に出てある程度勢いがついたら、今度は前に全力でダッシュし、犬が変な方向にいかないように鞭で方向を指示する。そうやって一定の速度が出たら、ようやく橇のうえに腰をおろすのだが、サスツルギや乱氷がまたすぐにあらわれるので、そしたらまた飛び降りて後ろに回りこみ橇が止まらないように梶棒を押さないといけない。なにしろ、ひとたびスタックしたら十センチ動かすところからやり直しだ。それが大変なのでこっちも必死である。そして、どうしても自力で十センチ動かせない場合は、積み荷を半分にして往復しなければならない。サスツルギや乱氷がひどいとこれを延々とくりかえさなくてはならず、とんでもなくハードである。

あるとき、氷点下四十度近い寒さのなか、氷河源頭《げんとう》のサスツルギ帯でこれを終日くりかえし、ぶっ倒れそうになった。こういう悪場では、はやく越えてしまいたいという心理がはたらき、休憩をとらずに無理をする傾向がある。私はまともに休憩しないまま、途中でカロリーメイト一袋を食べただけで働きつづけた。あまりにもサスツルギがひどく、橇が何度もスタックしてそのたびに往生するので、積み荷を半分にばらし、尺取虫のように往復し、つんだり降ろしたりをくりかえした。

荷物を半分にしても橇が止まると動かすのは容易ではない。私はひたすら横を走り、鞭をふり、「ハゴ、ハゴ！」「アッチョ、アッチョ！」と大声で指示を出し、遮二無二犬を走らせた。全力疾走という通常系の筋肉疲労と、肺胞に凍気を吸い込む犬橇系の疲労がダブルで直撃する。時計をもっていなかったので何時間行動したかわからないが、日も落ちてきて寒くなったのでその日はやめることにした。そしてスコップで雪をほり犬をつなぐための支点を埋めたとき、はじめて私は肉体にエネルギーがまったく残存していないことに気づいた。完全にグロッキーで、まともに歩くことすらできない。二、三歩あるいては立ちどまり、膝に手をついて休み、どうにか犬の支点を四カ所埋めてテントを立てた。あとは犬に餌をやれば仕事は完了だが、もうそれ以上動けない。冗談ぬきで餌やりを敢行したら昏倒するかもしれない。犬には申しわけないが、その日は餌抜きにして、テントのなかでひたすらお茶やコーヒーを飲み、干し肉や干し魚を食いつづけた。こんな急性の劇症型疲労は橇を引いて歩いていた頃には経験がない。犬にペースをあわせないといけない犬橇特有の疲れ方だ。

このように犬橇をはじめることで、私は毎日のように、〈犬＝かわいい〉という犬の本質がつくりだす〝犬橇お気楽論〟がいかに幻想であるか、身をもって痛感した。人力橇から犬橇に移行したのは、犬橇なら海豹《あざらし》狩りをしてもっと遠くまで行けるのではないか、と閃いたことがきっかけだが、正直にいうと年齢的なものも理由としてないわけではなかった。この先何年も橇を引いて旅できるわけがないが、犬橇ならまだ十年はいけるのではないか、との判断があったのはたしかだ。

しかし、もしかしたらそれは見込みちがいだったのかもしれない。犬橇は犬橇で人力橇とはちがった肉体への負荷があり、氷河登りや乱氷やサスツルギのような悪場では人力橇よりきついこともある。私は犬橇をなめていたのだ。

ただ、犬橇で一番実感したのは肉体的な過酷さとはちがう点だった。私がもっとも切実に感じたこと、すなわち、え、犬橇ってこんなんなの？　と突きつけられた最大の見込みちがい、それは犬橇がきわめて危険な代物だということである。

とりわけ最初の年は、身をもってそれを痛感することとなった。私は犬橇で北極を旅行することは人力橇のそれよりも五倍、いや十倍は危険だと感じた。いま、私はこの原稿を四年目のシーズンが終わった段階で書いている。だから、その危険もかなりコントロールできるようになったが、それでも人力橇の三倍から四倍は危険だと感じる。それぐらい犬橇の旅には特有のリスクがある。村の周辺でちょこちょこ乗るぐらいなら一般的なイメージどおり、お気楽な乗り物として楽しむことも可能だが、荷物を山ほどつんで人間界から隔絶した僻地に旅行するとリスクが一気に高まるのだ。

では犬橇旅行の何がそんなにあぶないのか。

基本的に人力橇と犬橇の危険には大きなちがいがある。

人力橇で旅行するときの危険のひとつに、たとえば、うすい海氷を踏み抜くというものがあるだろう。岬や島のまわりなどは潮流がはげしくて氷が厚くならないところがあるが、雪が積もるとそれがわかりにくくなる。海上の落とし穴みたいなものだ。もちろん海に落ちたら基本的に終わり、氷の下に流されてしまう。おなじように氷河のヒドゥンクレバスを踏み抜く危険もあるし、北極ならではのものとしては白熊にテントを襲われるリスクもある。しかし、これらの危険は人力橇自体の危険ではなく、北極という自然環境ゆえの危険である。人力橇それ自体は別に危険な行為ではない。なぜなら、それは橇を引いて平らなところを歩くだけだからである。

冒険の危険には自然環境に内在する危険と、行為に内在する危険の二種類がある。たとえば登山には墜落という可能性がつねにつきまとう。岩登りや沢登りはいうにおよばず、登山道を歩くだけの登山でも、道から一歩を足を踏み外せば滑落して死ぬかもしれない。登るという行為は落ちる危険と表裏一体であり、その意味で登山には行為そのものに危険がある。しかし橇を引いて歩くという行為に、そうしたリスクは存在しない。

だが犬橇はちがう。犬橇には登山と同じような行為リスクが存在する。登山の行為リスクが墜落だとしたら、犬橇の行為リスクは暴走だ。氷の状態がわずかに変化したり、動物の臭いを嗅いだりしただけで、犬は突然すさまじい勢いで走りだし、制御不能となる。そしてこうした暴走は私が橇に乗っているときにかぎった話ではない。橇から下りて誘導しているとき、あるいは引綱をほどいているときにも起こりうる。橇から下りたときに暴走がはじまれば、私はひとりその場にとりのこされ、犬も、全装備を満載にした橇も、どこかに消えてしまうわけだ。そこから何百キロもはなれた場所でそんなことが起きたら、私に待っているのは確実な死だ。そこまで危機的な状況でなくても、暴走にまきこまれて怪我をする可能性はつねにある。

北極という自然環境に内在する危険と、犬橇に内在する暴走リスク、この二つのうちどちらが危険かといえば、それは圧倒的に暴走リスクだ。いまここで下手な動きをしたら犬が走りだすかもしれない、橇に轢かれて怪我をするかもしれない——。犬橇中はいつもどこかにこうした緊張感があり、それを避けるために犬がつぎにどういう動きをするか読まないといけない。

つまりこういうことだ。犬橇に乗れるようになるということは、この犬橇特有の暴走リスクを飼いならすということである。最初のシーズンに私が学んだ要点はそこにあった。

それぐらい何度も犬に暴走されたのである。

2

犬橇初心者はたいてい、一度か二度は犬に置き去りにされるものらしい。それは犬橇旅行を志した者に共通する試練だ。その最初の試練をうまくやりすごした私だったが、しかしその後、村から十五キロ先にあるイキナ氷河で何度も犬に暴走される羽目となった。

イキナ氷河は一年目の私にたちはだかる巨大な壁だった。

この年の目標は北部無人境へ行き、三週間から一カ月程度の長期旅行をおこなう、というものだった。そしてできれば前年の狩猟徒歩漂泊で見た、あのフンボルト氷河周辺で海豹狩りをこころみたい。犬橇で旅行して海豹を獲る。そのためには、とにもかくにも氷河を登って内陸氷床を越えなければならない。

シオラパルクから内陸氷床に出るためのルートは二つある。ひとつが村から五十キロほど北西にあるアッコダッウィ氷河、もうひとつが村のフィヨルドの奥にある十五キロ先のイキナ氷河だ。

登路としてはアッコダッウィ氷河のほうが傾斜がゆるくて登りやすい。ただ、近年は途中の海氷が結氷せず近づけないことが多い。二〇一四年にグリーンランドに通うようになって以来、私は毎年のようにアッコダッウィ氷河から登れることを期待し、それを夢見てきたが、取りつけたためしすらなかった。

この年もアッコダッウィ氷河に行ける見通しはたたず、例年どおりイキナ氷河から北にむかうことになった。

標高差千メートル、要所で急傾斜がたちはだかるこの氷河は、私にとっては人力橇時代から変わらぬ最初の関門だ。なにしろ出発直後は荷物が満載で、橇が一番重たい状態だ。その重たい橇を引いてこの氷河を登るのは純粋なシジフォス系の苦行である。しかも毎年登っているので新鮮味も皆無、おまけに氷河や氷床は雪と氷があるだけで変化に乏しく、正直面白くもなんともない。最初の氷河氷床越えがあるせいで、グリーンランド北部にむかう旅は、北極圏のほかの地域よりまちがいなくハードルが高い。カナダ楯状台地のように最初から最後まで平らなところがつづけば旅行は十倍楽なのに、といつも思う。

しかも人力橇から犬橇になると氷河登りはさらに大変になるらしく、大島さんや山崎さんの話だと、犬に経験がないと氷河など登れるものではないという。でも、それより気をつけなければならないのは下りなのだという。きちんとスピードを抑える技術がないと犬が急に走りだし、決して止まらないというのだ。

弱ったことに海氷を走っているときでさえ、私はまだ犬を制御できていなかった。それ以前の問題として、当時はまだ犬が私のことを真の主人だと認めていなかったのだと思う。それでもまがりなりにも犬橇ができたのは、村のまわりの海氷は条件がよく、ほかの犬橇のトレースもたくさんあったからだ。氷河や氷床のようなトレースのないところで犬がどういう動きをするのか皆目想像もつかなかった。

犬橇で悪場を越えるには人間と犬が意図を共有し、ひとつの集団、塊になっていないといけない。だが、私と犬はまだそのようにはなっていなかった。犬は私が何をしたいのかわからないのですぐに混乱するし、私もそんな犬が信用できず、また変な動きをするのではないかといつも怯《おび》えていた。一頭の犬が突然ふらふらと歩きだしたと思ったら、それにほかの犬がついていき、急に橇が動きだして轢かれる、とか、誘導して出発の合図を出したはいいものの、一頭だけ私の右側にきて、その犬の引綱に脚をからめとられて転倒して二十メートル引きずられるとか、そんなことが毎日起きた。

そんな状態だったにもかかわらず、まだ犬橇をはじめてから一カ月に満たない時点で、私は最初の氷河の試登をおこなった。まだ自前の橇もなく、犬も八頭しかそろっていなかった段階だ。そして案の定、痛い目にあった。

村のフィヨルドを小一時間ほど進むと、インナッハーと呼ばれる大きな岩壁で湾は二手にわかれる。そこを左に進むと一番奥に無数の亀裂がはいるアイスフォールが見えてくる。アイスフォールから先は魚の鱗のような凹凸のある蒼氷《そうひょう》が岩壁のはざまをせりあがり、右に屈曲して上部にむかって姿を消す。

この日は海氷の状態がよく一気にイキナ氷河の取りつきに着いた。麓から氷河を眺めているうちに、試しに登ってみようか……と出来心がわいた。

イキナ氷河は、まず左端の氷河とサイドモレーン（側堆石）のはざまの雪の斜面から登りはじめる。部分的に岩が露出しており、雪も風に固くたたかれて滑りやすく、犬は登りにくそうだった。私が前に出て誘導をはじめると、犬たちは後ろをついてきた。百五十メートルほど登ったところで、この日の訓練はそこまでにして、回れ右をして橇にブレーキをかけて下ることにした。

はじめて暴走を経験したのはこのときだ。

はじまりは下りの途中で固い雪にブレーキががっちり決まって動かなくなったことだ。じつは重荷をつんだ状態でブレーキをかけて斜面を下るのは非常にむずかしく、いまでも苦労することが多い。ブレーキが堅雪に食いこむと、犬がいくら頑張って引いても動かなくなる。こうなると一度ブレーキを外さなくてはならないが、ブレーキを外すと、その瞬間に橇が解放され、犬は反射的に飛びだそうとする。しかしその瞬間的な前進を絶対に許してはならない。下りで突然走りだすと橇が急加速し、犬は後ろから轟音《ごうおん》をたてて突進する橇が怖くてさらにスピードをあげる。橇の加速と犬の遁走《とんそう》が幾何級数的にスパイラルし、一気に犬白身にも制御できない暴走がはじまるのだ。だから下りでブレーキを外すときは、アウリッチの指示で確実に犬の動きを制止しないといけないのだが、初心者の私には犬をまだそこまでコントロールできなかった。

アハ、アハ……といくら誘導しようとしても、橇に七十キロの荷物をつんでいたせいか、ブレーキが雪に食いこみ橇は動かない。仕方なく後ろから梶棒を押すと外れたが、その瞬間、犬が前に飛びだし、凄まじい勢いで駆けだした。

私は慌てふためいた。反射的に犬のほうにダッシュし、「アイー、アイー（止まれ）」と鞭をふる。幸運にも、このときは傾斜が緩かったのですぐに止まってくれたが、その先ですぐにまた同じことが起きた。今度は橇が脇の大岩にひっかかり、また動かせなくなったのだ。ききすぎのブレーキ同様、犬がどんなに引いても橇はびくともしない。犬が飛びださないよう、私は、アウリッチ、アウリッチと声をかけながらひっかかった橇を慎重に外したが、しかし解放された瞬間に犬たちが勢いよく飛びだし、大岩の先の下り斜面にむかって突っ走ったのである。

急斜面を一気に下り、犬たちは五十メートルほど先の緩斜面に姿をあらわした。アイー！アイー！と絶叫すると、犬はその緩傾斜帯で奇跡的に止まってくれた。このときは心底、ホッとしたが、この日の暴走はこれで終わらず、その先の斜面でまたしても同じことがくりかえされた。

この日はいずれも事なきを得たが、三度の暴走事案で私はおのれの実力を思い知ったのだった。

こんな状態でまともに氷河など登れるわけがない。たまたま犬が止まってくれたからよかったが、もしあのまま走りつづけたらどうなったか。もしかしたら私を置き去りにして行方不明になっていたかもしれない。

村にもどって山崎さんに相談すると、「そうなんだよなぁ。氷河の下りはそれがあるんだよなぁ。俺なんかはアウリッチって言いながら外しちゃうけどね」とのことだったが、それができれば苦労しないわけで、私の犬はまだ私のアウリッチに完全にしたがってくれない、私は犬をコントロールできていないのだ。

だがこれはまだ序の口、もはやこれまでと観念しかけるほどの真の重大暴走事案に直面したのは、そのしばらく後のことだ。

3

犬の暴走は複雑系の科学、カオス理論みたいな動きで進展する。渡り鳥の群れや鰯《いわし》の大群が、なぜあれほど美しく統された動きを見せるのか。こうした群れにおいては、一匹一匹の鳥や魚が、ある意図をもって行動しているわけではなく、個々の判断や意志を超えたなにか別の力がはたらき、全体として調和のとれた美しい集合体になっている。

犬の暴走も似たようなものだ。一頭一頭の犬に、ここで暴走して、あのいつもぎゃあぎゃあわめく旦那を置き去りにしてやろう、との意地悪な動機があるわけではない（と私はかたく信じている）。暴走がはじまるときは、かならずある一頭のきわめて些細で予測不可能な挙動が引き金となる。わずかな動きが別の犬のそれより少し大きな挙動を引き出し、そしてそれがさらに大きな運動につながり……といったように、それぞれの動きが連鎖反応してまたたく間に全体に広がり、ついには大きな雪崩となって犬たち自身をおしながすのだ。このように暴走の発生様態は個々の犬の意思をこえており、ひとたび暴走がはじまると犬自身にもそれを押しとどめることはできない。

最初の暴走でまだ氷河を下る技術はないことを痛感した私は、それからしばらくは第一章

「泥沼のような日々」で見たように、ヒオガッハーという場所にあるスキー場の初心者コースぐらいの斜面で登高訓練をくりかえした。

ふたたびイキナ氷河にむかったのは三月に入ってからだ。そのころになると自前の橇も完成し、犬も十頭そろい、先導犬ウンマもかなり指示にしたがうようになっており、多少自信がついていた。そして、いよいよ北部無人境の旅にむけて準備するか、との気運が私の内部で高まっていた。

この年は二段階の計画を立てていた。まずアウンナットまで大量のドッグフードをはこび、小屋に五袋か六袋デポする。それから一度村にもどり、再度、イキナ氷河を登ってアウンナットへむかい、小屋のデポを使って北部無人境で一カ月程度の小規模なプチ漂泊行をおこなう、というものだ。要するに二回、氷河氷床を越えてアウンナットまで行こうというわけである。

まずは最初のデポ行で二十キロ入りドッグフード十袋を持っていく。ただ、氷河経験のない犬たちに、いきなりそんな重たい荷物を引かせても登れるわけがなく、事前に何回かにわけて荷上げしないといけない。この荷上げに私は三月中旬からしばらく没頭した。

重大な暴走事案が起きたのは荷上げをはじめて二日目のことだ。

イキナ氷河は最下部の傾斜帯を二百メートルほど登ると、ほぼ平らな緩傾斜帯となる。この緩傾斜帯までドッグフードをはこびあげ、下りはじめたときのことだ。

それは些細なミスからはじまった。ミスといっても、あまりにも微妙でミスにもならないようなミス、それをミスと咎められては何もできませんよ、と言いたくなるようなレベルのミスである。

そのミスとはこうだ。アハ、アハと鞭をふりながら犬を誘導して氷河を下りはじめたとき、チェーンスパイクをはいていた私の右足が、カリカリの裸氷ですこし滑ってバランスを崩した。そのせいで鞭を出すのが一瞬遅れた。たったそれだけである。しかしこのわずかな遅れが、犬たちのあいだに不可逆的なカオスを引き起こした。

鞭ふりが遅れたせいで私と犬たちとの距離がわずかにひらいた。その刹那、誘導中はいつも私の傍らで、おいはやく走らせろやオッサン、といわんばかりにウオンウオン唸っている前衛迫症のナノックが、その間隙をつき一歩前に出た。それを見たとき、私は即座に、まずい、一番ヤバいやつが飛びだした、と現状認識したが、その時点でもう手遅れだった。一歩前に出たナノックにほかの犬がついていき、それによりまたナノックがまた一歩前に出て……と犬たちは大きな流動体と化し、事態の進展と地球の重力にしたがい一気に加速した。私は「アイー！　アイー！」と絶叫し、鞭をふるったが、すでに勢いがついた犬の動きは止まらない。悪いことにちょうどその先から氷河は急斜面になっており、犬たちは火砕流のごとき勢いで下りはじめた。

その間わずか三秒。荷上げ用に人力橇時代の軽い橇を使っていたため、事の進展は超高速だった。

「アウリッチ！　アウリッチ！」

走り去る犬の背中に大声をとばしたが、その声は曇り気味の空に響くだけ、私と犬との距離はまたたく間にひらいてゆく。犬たちは、いつもは通らない氷河中央の窪地にむかって姿を消し、たちどころに百メートル下の緩斜面に姿をあらわした。疾走をつづけるその姿はすでに小さな点の集合にすぎず、遠景の一部と化している。もはやいくら絶叫したところで声などとどかない。犬たちははるか下方で私を置き去りにしたことなど気にもせず、疾走している。おそらくは、なんかいつもより軽くて楽しいなあと爽快な気分で……。

頼むからその先には行かないでくれ、と祈りながら私は行方を見守った。だが、その願いもむなしく、犬たちは青い裸氷の合間の雪のついた小さな溝を下り、そして消えた。

嗚呼……と呆然とした。終わった……と思った。なぜなら犬たちが姿を消したその先は、クレバスでずたずたになった氷舌《ひょうぜつ》のアイスフォールとなっているからだ。いたるところに割れ目がはいった、垂直に近い高さ数十メートルの氷の崖である。そのまま突っこんだら全頭まとめてクレバスに落下するか崖から落ちることは必至だが、あの勢いなら犬がどこかで止まるとは思えない。アイスフォールに突入し、そのまま全頭墜死という事態はもはや避けられない、と思われた。

よたよたと私は犬の走った方向に下っていった。うまいことアイスフォールをさけて、どこか横の斜面を下っていてくれないだろうか。麓に置いたムカデ号の横で待っていてくれないだろうか……。あるいはそのまま村に走ってもどってくれているとか……と都合のいい希望ばかりが浮かぶ。だが、常識的に考えたらほぼ絶望的だ。もうダメだ……と私は虚脱した心地で一歩一歩進んでいった。

終わった。何もかも終わりだ。犬はみんな死んでしまった。ウヤミリックもナノックもプールギもウヤガンもウンマも、みんないなくなった。俺が下手くそなせいで死なせてしまった……。

夕方から天気が悪くなるとの予報で、小雪が舞い落ち、ガスにまかれはじめた。必死に氷河の先にひろがる海氷に目を凝らして下りた。もし無事にアイスフォールを下っていれば、海氷の上を走ってゆくはずだが、そこに犬の姿があらわれることはなかった。絶望しながら下りてゆくと氷河の雪面に犬たちの足跡があらわれた。それをたどるとまもなく梶棒にぶらさげていた靴《イッピアツホ》が雪上にふりおとされているのが見つかった。遺品か……、そう思ったとき、前方から鳴き声が聞こえた……気がした。

ハッとした。もしやまだ氷河にのこっているのか？　近くにいるかもしれない犬たちにむかって、私は大声で「アウリッチ（動くな）！　アウリッチ！」と連呼した。するとその近くに、本当に、冗談抜きで、アイスフォールがはじまるぎりぎりの際で、かろうじて踏みとどまる犬たちの姿が見えたのだ。その姿を見たとき、私は脱力で腰を抜かしそうになった。生きていたのだ。

暴走した犬も、ここを行けば死ぬ、というところではさすがに怖くて立ちどまるらしい。しかし、犬が生きていたのはいいが絶体絶命のピンチはつづいた。いったいこの危険地帯からどうやって犬を脱出させればいいのか。なにしろ犬は氷崖の際の際、あと一歩でも進んだら落ちてしまうようなところで、ぎりぎり引っかかっているみたいにとどまっているのである。

私は犬を刺激しないように、葉っぱに止まった蝶々をつかまえるような細心さで、そろりそろり慎重に近づいた。犬たちは無関心な様子で私のことをじっと見ている。アウリッチ、アウリッチとつぶやき、なだめながら、ようやく橇の梶棒に手をかけたそのとき、何をトチ狂ったのか、先頭のウヤミリックが氷崖のほうにひょいっと飛び降りて姿を消した。

嘘だろ！　と思った瞬間に、ほかの何頭かもそれにつられて下りようとする。反射的にアウリッチ！　と大声で制し、梶棒をぐいっとつかんで踏ん張ると、さすがに犬たちも怖いのか、動きを止めた。

ともかくなんとかして、この常軌を逸した集団自殺希望者たちの動きを阻止しないといけない。私は鞭をふって犬をなだめ、その場に座らせ、橇を左手でおさえつつ、窮屈な姿勢のまま右手でアイススクリューを氷に埋めこんだ。パンプした腕で墜落の恐怖と戦いながら垂直の氷瀑にスクリューを埋めこむときと同じぐらい必死だった。

どうにか橇を固定し、犬を安全な場所に誘導してひと安心したあと、飛び降りたウヤミリックの様子を見にいった。ウヤミリックは一段下の段差のせまいところでうろうろし、さ〜て、この先どうやって下ってやろうかなあ、とやる気満々の様子である。心底ぶん殴ってやりたいと思ったが、ぐっと我慢し、引綱を引っ張りあげた。

あとは海氷まで下るだけだ。登路と反対側のモレーンが五十メートル先にあったので、そこをめざして慎重に誘導する。チェーンブレーキをかけた橇が裸氷でガリガリ音をたてるたびに、犬は逃げようと前に飛びだそうとする。まったく危なくて仕方がない。モレーンは非常に急な雪壁だったが、可能なかぎり慎重に下り、ようやく窮地を脱した。

4

犬の暴走はかならずしも初心者だけに起こることではない。慣れた村人でもやられることがある。

たとえばシオラパルクの村から海氷に出るときは定着氷の段差を下りねばならず、こうした場所も意外と危ないポイントだ。海氷は干満で上下するので、潮位がひくいときは海岸の定着氷から海氷まで三メートルぐらいの氷の坂となる。出発のときは犬もエネルギーがありあまり走りたくてうずうずしており、油断するとすぐに飛びだそうとする。私は軽アイゼンをつけて下りるし、村人はたいてい家族に手伝ってもらって出発するが、たまに一人で出ようとして滑って転ぶ者もいる。

ある日、家の窓から外を眺めているとアーピラングアが犬橇で狩りに出ようとしていた。犬を誘導して定着氷を下りたところで、しかし彼は足を滑らせて転倒した。イヌイットの革靴《カミツク》の靴底はビブラム底ではなく顎鬚海豹《あごひげあざらし》の皮をなめしただけで、滑り止めの刻みがはいっているわけではない。軽アイゼンやチェーンスパイクなども使わないので、どんなに慣れていてもこういうことはつねに起こりうる。

すごいのはそのあとだった。犬たちはご主人が転倒したことに気づかず、一気に突っ走った。あ、アーピラングアが置き去りにされる！　と思った瞬間、彼はなんとか橇の最後部の梶棒に手をかけることに成功した。と、そこまではよかったが、犬はそんなことに気づかず全力疾走をつづける。かくして憐れなアーピラングアは橇に片手をかけたまま氷のうえを引きずられ、はるか彼方にはこばれて消えた。西部劇で馬に引きずられる刑罰があるが、完全にあれと同じだ。あまりのシュールさに私は思わず爆笑し、あれじゃあ犬がいなくなるか、怪我は免れないな、と思ったが、その日のうちに彼は村にもどってケロリとしていた。

ともかく、熟達者でも犬橇ではこういうことが起こりうる。アーピラングアのように暴走されるのが村の近くならいい。氷に頭が激突して脳震盪《のうしんとう》を起こし犬が走り去っても、彼は意識を取りもどし、家まで歩いてもどれただろう。前回の氷河の件でも同じだ。もし犬が本当にアイスフォールで墜落死したとしても、私自身は歩いて村にもどれるので死ぬことはなかった。もちろん犬の死に強烈な衝撃はうけただろうが、自分が死ぬかどうかについていえば、それは起こりえなかった。

しかし、これが村から五百キロ離れたところだったらどうなるか。テント、食料、コンロ、燃料、銃器等々、犬が消えたらそれと一緒に全装備まるごとなくなるわけだ。裸同然で取りのこされるのだから野垂れ死には免れない。置き去りにされなくとも、暴走した橇にまきこまれ大怪我することも十分考えられる。実際アーピラングアは昔、イヌアフィシュアクで定着氷から海氷におりるのに失敗して（彼は海氷におりるのが昔から苦手らしい！）脚を骨折し、仲間の橇で運ばれたことがあるという。

犬橇で長期の単独旅行ができるかどうかは、この暴走リスクと共存できるか、この危険を克服できるかどうかにかかっている。といっても本質的な解決策は慣れるしかない。慣れるとは、場数を踏み、犬たちと経験をつみ、大丈夫だという自信をもてるということだ。

この自信は客観的なものでなく主観的なものだ。どんな場合だって一線を越えられるかどうかは主観的な判断によるしかない。登山で遭難事故が起きると、部外の、山のことをよく知らない新聞記者などは、何年の経験があったのかとか、どんな装備をもっていたのかなどを質問し、客観的データによりその行為が無謀だったかどうかを検証しようとする。だが、こうした客観性は本質的に無意味だ。なぜなら、どんなに他人から無謀なものに見えても、当人が経験をもとに行けると判断すれば、それは無謀ではないからである。リスクとは当事者と対象との関係性からしかみちびかれないものであり、結局のところそれは本人以外にわかりようがない。

犬橇をはじめるさい、何人かの村人から、まともに乗れるようになるには三年かかる、と言われた。実際にその三年以上の経験があるいまはその意味がわかる。たしかに三年をすぎたあたりから、私には、ほぼあらゆる局面で不安なく犬橇に乗れるようになったという感覚がある。一年目では殴らないと収拾のつかなかった犬の喧嘩も、いまなら一声制すれば、たいていの場合はそれ以上発展しない。犬も私の指示の意図を理解できるため、混乱することがなくなった。

しかし一年目に氷河の荷上げをはじめたときは、そうではなかった。頭でその意味を理解できても、技術的にその自信をもつことはできていなかった。そもそも犬橇で氷河氷床を越えてアウンナットに行く資格など、このときはまだなかったといえる。

5

イキナ氷河は下りも危険だが、登りは登りでまた大変で、ここをどうやって越えるのかは暴走対策とならぶ大きな難題だった。

最初は散々な有り様で、あまりの犬の体たらくに私は呆然とした。

はじめての荷上げでは少しでも橇を軽くするため、人力橇時代に使っていた二十キロほどの小型橇に、ドッグフード六袋（百二十キロ）だけをつんで氷河にむかった。氷河に取りつきサイドモレーン脇の雪の斜面をしばらく登ると、途中で雪がえぐれてやや急斜面になっていた。二月に試登したときはこんな状態ではなかったので、強風で状態がかわったのだろう。斜面の中央がくぼんでおり側面を斜めに登らないといけないが、犬にはそんな経験がなく、私の誘導についてこない。えぐれた中央部を直進し、どん突きの急斜面で立ちどまってしまった。

そしてそこから頑として登ろうとしない。急かしても、煽っても、喚いても、鞭で威嚇しても、蹴っ飛ばしても効果なし。あなたなんでそんなに暴れているの？　と人を小馬鹿にしたような虚ろな目で私をみるばかりだ。それまで順調に動いていた橇が急傾斜や障碍物等でひとたび止まってしまうと、犬は、嗚呼もうこの橇は動かない、無理だ、と判断するらしく、勝手に断念してしまうのである。こうなると、ふてくされたような顔で横になって寝はじめるものまで出る始末で、腹立たしいことこのうえない。

あきらかに少し頑張れば登れるのに、それをしようとしない犬の姿に、怒りの感情が煮えたぎってきた。そして例によって、てめえら、いい加減にしろやぁ！　とおめき狂い、怒りを爆発させた。しかし、そんなことをやっても無駄である。ひとたび無理だと判断すると犬は梃子《てこ》でも動かない。

結局、その日は中止し、その場に六袋のドッグフードを置いて村にもどった。

帰宅した私は、犬橇ってこんなもんなのか……とひどく落胆した。

たかだかドッグフード六袋、橇の重さをくわえても百四十キロだ。傾斜が少々きついとはいえ、頑張れば私一人でも引っ張り上げられる程度の重さである。それが十頭からの犬がいてあがらないのである。単純計算で一頭あたり十四キロ。それがあがらない……。こいつらナメてんのか、と私が怒り狂うのも計算上、道理というものだろう。

私は犬に期待しすぎていたのだろうか。アウンナットから先で私はドッグフードや食料、装備など計四百キロ以上の荷物をのせるつもりなのに、この調子ではそれも現実的とは思えない。フンボルト氷河で海豹狩りをしてその北に自分の土地を広げてゆくという壮大な裸の大地探検も、このままでは単なる妄想で終わりそうだ。

このときほど私は犬橇旅行のむずかしさを痛感したことはなかった。村人から「今年はどこまで行くつもりだ」と訊かれて「できればヌッホアまで行きたい」と答えると、すべての人から「アユンナット（無理だね）」と言われてむかっ腹がたったものだが、まったく彼らのいうとおりだ。体力さえあればなんとかなる人力橇とちがい、犬橇は犬に行動の最終権限を握られている。どんなに人間様が偉そうに叫んでも、仮に私に鉄のような強固な意志があっても、犬にその気がなければ完全にお手上げだ。

翌日、気を取り直した私は、ある作戦を考えた。犬が登ろうとしないのは、これまで氷河を登ったことがないからだ。経験がないので、こんな急なところは登れないとハナからあきらめてしまうのである。だとしたら無理矢理経験をつませるほかない。とりあえず誤解をとりのぞき、ここは登れる場所なんですよ、なんということもないところなのですよ、ということを犬に理解してもらうしかない。私は人力橇時代の自分用のハーネスをとりだし、ふたたび氷河にむかった。

ドッグフードは前日よりさらに減らして四袋、それをさらに二台の小橇にわける。ここまでやると、ほとんど空身とかわらない。それにもかかわらず氷河の取りつきまで来ると、犬たちは前日とおなじ場所だと気づき登るのをやめてしまった。状態は昨日より悪化した。しかし、この日はそれは織りこみずみだ。ここまで軽くして登らないということは、やはり慣れの問題なのだ。

私は秘密兵器の人力橇用ハーネスをとりだし、ロープで自分の身体と橇を結び、みずから犬の前に立ち、橇を引きはじめた。私が先頭で橇を引っ張りはじめたわけだから、さすがに犬もついてこざるをえない。最初は、あれ、ここ登れるところなの？　と半信半疑の様子だったが、そのうちプールギやウヤミリックといった前に出る性格の犬が、ピンと綱をはり、腰を落として引きはじめた。そもそもウヤミリックにとっては何度も私と登った通い慣れた氷河である。

私が先頭に立つことで、前日のえぐれた急斜面も難なく越えた。ほぼ空身なので当たり前だが、これで前日のトラウマは払拭されたはずだ。そしてこの日は無理せず二百メートル上の緩斜面まで登り、そこに四袋のドッグフードを置いて下った。たった四袋を、たった二百メートルあげただけ。しかもほぼ八割は私が引き上げたようなものだが、前日のことを考えるとこれは大きな一歩だった。いわばゼロが一に、無から有が生まれたようなものだ。ゼロが一になれば、それを二や三にするのはたやすいはずである。これで犬たちは、この氷河が登れないところではなく登れるところなのだと認識をあらためてくれたのではないだろうか。

そう期待しつつ二日後、ふたたびドッグフード四袋とハーネスを用意して氷河にむかうと、犬たちは前日までとはまったくちがう動きを見せた。ウヤミリックやプールギばかりではなく、ウヤガン、ダンシャクといった、前回は最後まで半信半疑のままだった犬たちもぐいぐい引いて登っていく。

「いいぞ、ウヤガン、ナイス、ナイス！」

私は犬の機嫌をとることを心がけ、犬様が気持ちよく登れるように配慮しつつ、惜しみなく笑顔をふりまき、明るい声をかけて誘導した。モレーンの急斜面を越えて氷河本体にうつってからも、自分のハーネスは使わず犬に橇を引かせた。時々、ぜえぜえと息を荒らげる犬たちを休ませ、息がととのったらまた登らせる。そうやって二百メートル上の緩傾斜帯まで、犬は私の助力なしにドッグフードをはこびあげた。たった四袋であったが、前回とは比べ物にならないほどの成長である。

よくやった、よくやった、と一頭ずつ頭をなでてやりながら、私は、たった一度の成功体験で犬が劇的に変わったことに驚いた。それまで不可能と思われたことが、ひとたび境界が突破されることで不可能でなくなることがある。たとえば陸上男子百メートルで日本人が延々と越えられなかった十秒の壁が、二〇一七年に桐生祥秀が九秒九八で走った途端、ほかのランナーも九秒台を連発した。このように一線を越えると、その越えられた一線は、越えられたという事実によって消滅するのだが、同様にこの日からイキナ氷河も〈登れない氷河〉から〈登れる氷河〉に変わったのだ。

その後も荷上げの日々がつづいた。その間、例の危機一髪の重大暴走事案や、ウヤガンの逃亡劇、佳境をむかえたボス争いと、うんざりすることばかりがつづいたが、荷上げだけは順調で、何度も上り下りするうちに犬は完全に氷河登りに慣れ、それが普通のことになっていった。

三月二十三日、累計でドッグフード十一袋(二百二十キロ)、灯油七リットルを標高九百メートル付近まではこび、荷上げ第一弾は終了した。登高は慣れるにしたがい効率的になり、先導犬のウンマのルート取りも的確になった。私の指示を無視して進むのでそのまま登らせると、じつはウンマのルート取りが正解だった、などということも少なからずあった。そして四月に入ると、村から十五キロ走って氷河にとりつき、九百メートル上の上部デポ地点までドッグフードを一気に運びあげ、日帰りで村にもどるという、ちょっと前には想像もできなかったハードな行程を楽々とこなせるようになった。

こうして最終的には氷河の上部に二十袋（四百キロ）近いドッグフードや燃料、自分の食料をはこび、いよいよアウンナットへむけた最初のデポ行に出発することとなった。

6

イキナ氷河の先も犬にとっては未知の世界で、アウンナットまではバージョンをかえて同じことがつづいた。暴走と犬の行動拒否、そしてそれを乗り越えての成長である。

村を出た初日は空荷の橇で上部デポ地点まで登った。翌日からドッグフード十袋、それに食料や燃料など荷物をたんまりのせて氷床越えにとりかかった。そこで早速、つぎの暴走事案が発生した。

イキナ氷河を登りきると真っ平らな氷床に移行するが、氷河と氷床の境目は風が一気に強まるポイントとなっており、例年強烈なサスツルギが形成される。極地では強風が吹くと固い雪面がギザギザにえぐられる。それをサスツルギという。日本語では風紋と訳されるが、極地のサスツルギは、風紋という、どこか粋な語感のある日本語では到底意味を捕捉できないほど強烈な障碍だ。なにしろ低温で硬化した雪がぎざぎざに削られ、一メートル、ひどいときには二メートル以上の段差ができあがるのだ。あたり一面凸凹で、穴ぼこに橇が落ちたかと思えば、今度は段差で橇が引っかかってスタックする。乗りあがっては落っこちて止まり、乗りあがっては落っこちて止まり……ということを延々とくりかえす。

この年は三月に強い北風が何度も吹きおろしたせいで、ことのほかひどいサスツルギ帯ができあがっていた。イキナ氷河のサスツルギ帯が厄介なのは、右手に大きなべつの氷河があり、その大きな氷河にむかって全体的になだらかに下っているためだ。あと、先にも触れたが、村を出発したばかりで橇が非常に重く、おそらく五百キロぐらいある。

デポ地で大量の物資をのせた状態で、私と犬はサスツルギ帯に突入した。犬橇でサスツルギ帯を越えるのははじめての経験なので、いったいどうなるか私にもさっぱり先が読めなかった。

突っこんでみると犬はこんな動きをした。

ぼこぼこのサスツルギが目の前にある。プラスチックのように硬化した、剣のように尖った雪の段差だ。まず犬が一メートルの段差を越え、その後に橇が乗りあがる。だが、なにしろ段差は一メートルもあり、橇が乗りあがると、どうしても角度がついて重たくなる。ただでさえ橇の総重量は五百キロもあるので、一段一段のサスツルギを越えるだけで犬には大きな負荷がかかる。なので犬はこんな段差は越えたくない、と思い、おのずと楽なほうに走ろうとする。楽なほうというのは右側の大きな氷河にむけた下り斜面だ。下ればひとつひとつの段差も比較的容易に越えられるのである。

というわけで、犬はどうしても右の大氷河のほうに走りたがる。ハゴ、ハゴ（左）！　と叫んでも全然言うことをきかない。というか、犬自身が、あ、旦那が左に行けって言っているぞ、と気づいても、橇が重いぶん下りにむかって勢いがついており、犬自身もカオス理論にのっとって全体が融合したひとつの塊となり自分でも制御不能となっている。こうして犬橇は右の大氷河のほうにすごい勢いで突っ走りはじめた。

これはやばい、このままいったら氷河の底まで突っ走ってしまう。私は、アイー、アイー(止まれ)! と絶叫しつつ、もぞもぞと橇の前のほうに移動してブレーキをかけようとした。が、そのとき小さなサスツルギでも越えたのか、大きな衝撃をうけて私はバランスを崩し橇から落ちてしまった。やばい、置いていかれる、と焦ったが、何度も暴走されて学習していた私は、じつに思慮深いことに五十メートルの緊急ロープを橇から流していた。その緊急ロープを私は反射的につかんだ。ロープの径は七ミリ、細くて手からするすると滑り抜けてしまうが、なんとか必死にしがみつく。

だが、しがみついたところで犬が止まるわけでもない。私は若干下りのサスツルギ帯で、ぼっこんぼっこんとすごい速度で犬橇に引きずられた。完全に西部劇の刑罰、アーピラングアの十倍は危険な状況だ。それでもアイー、アイー! と絶叫していると、さすがに犬たちも、あ、旦那がシャレにならん状態に陥っている、と気づいたようで、そのうち速度を落とし、やがて止まってくれた。怪我はなかったが、こんなことをやっていたら命がいくつあっても足りない……と恐ろしくなり、サスツルギ帯を越えるまで橇に乗ることはできなかった。

それからは氷河登りと同じ苦労がつづいた。橇のうえに座るとまた大氷河にむけて突進するので、アハアハ……と鞭をふりながら歩いて誘導する。しかし誘導だとスピードが出ないので、サスツルギの段差で橇が止まってしまう。そしてひとたび重い橇が止まると、犬は動かないと判断し、もう引こうとしなくなる。犬の力がなければ、額の血管が切れそうなほど全力をふりしぼって橇を押しても、橇はビクともしない。頭にきた私はひとりで先に進み、態度で犬に来るように促すが、無論、そんなことをしても無駄だ。そのうち、先に行ってしまった私に、ナノックあたりが大きな鳴き声を出して、橇が動かないからなんとかしろ！　と文句を言いはじめる。それにつられてほかの犬もいっせいにオオーンと遠吠えをはじめて、無理ですよ、旦那ァ！　と声高に主張する。こうして断固として動こうとしない犬との駆け引きが何度もくりかえされるのである。

このサスツルギ帯で私と犬はまる二日間往生した。橇が段差で止まるたびに斧で雪を壊し、削り、傾斜をなだらかにして動きやすくする。そのうえで犬を煽り、脅し、あるいは宥《なだ》め、機嫌をとり、後ろの梶棒を押して、あの手この手で橇を動かす。どうにか調子をあわせて犬を走らせ、ようやく橇を動かしても、その後が大変だ。一度でも橇が止まると同じ苦労のくりかえしとなるので、とにかく橇を走らせつづけなければならない。そのためには橇の脇を一緒に走り、段差に乗りあがった瞬間に後ろから押してやり、犬が変な方向に行こうとしたら、その前にダッシュで先回りして鞭と指示出しで方向を修正する。だがいくら努力をしても、五十メートルも走ったらまたひどいサスツルギにぶつかりスタックしてしまうのだ。そして一からやり直しとなるわけである。

私は単独で犬橇旅行をするのがいかに難しいかを痛感した。もしこれが二人だったら条件はまったくちがう。橇が止まっても一人が前で誘導し、一人が後ろから橇を押せば犬は動いてくれるはずだ。だが単独だとそれができない。一人で誘導しても橇が重いのでついてこないし、後ろから押してもどっちに行けばいいのかわからないので犬は腰をあげない。イヌイットは一人での長期旅行をまずやらないが、それは危険だということのほかに、労力が何倍にもなるうえ、仲間がいれば簡単に越えられる場所も越えられないからだ。

氷河の荷上げとアウンナットまでのデポ行は、私と犬にとっては一段レベルアップするための大きな試練であった。氷河や氷床はシオラパルク周辺の海氷とは状況がちがう。村のまわりにはひどい乱氷があるわけではないし、ほかの犬橇のトレースもついている。だから先導犬は何も考えずにその後をたどればいい。軌道を走るようなものだ。条件がいいだけに、こういうところを走っても鞭ふりだの指示出しといった最低限の技術しか習得できない。

それにくらべて氷河からアウンナットの小屋までは悪場が多く、走路の条件が悪い。氷河を登って氷床に出ると、サスツルギも穏やかになり雪面自体は走りやすくなるが、ほかの犬橇のトレースどころか陸地も見えないので目標となる地標が皆無となり、やはりむずかしい。先導犬のウンマはこういう場所を走ったことがなかったので、最初はかなり右往左往した。しかしそういう場所だからこそ、私とウンマとのあいだにはより密なコミュニケーションが生まれた。

どういうことかというと、目標物がないのでウンマはどこに行けばいいのかわからず、私のほうをちらちら見る。そこで私が「アッチョ、アッチョ……」と言うと素直に右に行き、「ハゴ、ハゴ……」と言うと左に方向を変える。目標物がない場所を走ることで、ウンマはそれまでより私の意図を探るようになり、指示への反応が格段によくなったわけだ。

このデポ旅行ではじつは氷床からおりる場所をまちがえ、その先のツンドラ地帯でまる一日迷走したのだが、そのときも迷走したことでウンマは行先を自分で判断できず、私の意図を探ろうと指示をあおぐようになった。経験したことのない状況で私の意図をさぐることで、犬たちは、こういう場面だと旦那はこういう走りをしたがる、ということがわかってゆく。すべてがこの調子で進んでいった。

そしてこれと同じことが私の側にも起こった。悪場では犬がしょっちゅうカオス化して暴走するので、気をつけねばとの意識が働く。暴走を避けるには、犬の個性を把握しなければならない。犬も人間同様、非常に個性豊かな生き物で、一頭一頭ちがった動きをする。突然走りだす犬もいれば、右のほうにばかり飛びだす犬もいる。誘導のときに私の遠くを歩く犬もいれば、すぐ横にピタッとつく犬もいる。それぞれの犬がどういう状況でどういう動きをするかわからなければ、犬の突発的な動きに対応できない。そして犬の意図と挙動を予測し、瞬間瞬間の危険を避けるには、ありきたりだが場数を踏んでデータを蓄積するしかないのだ。

犬橇は犬との関係性ぬきに語れない。その関係性とは、それぞれの個性豊かな、この世界でただ一頭だけ存在する、その犬との関係性だ。犬というものはこういう動きをするものだ、という種でくくった俯瞰《ふかん》的な客観性ではなく、この犬はここではこういう動きをする、という個別的な直接性である。だから、ここで私が書いたような犬との相互理解のあり方も、犬が替わればまた新たに作りなおさないといけない。犬橇には決まったやり方やマニュアルがあるわけではなく、その犬たちとの具体的な関係性があるだけなのである。

それぞれの犬の個性を把握しながら一体感を高めていくうちに、私のなかでは、この犬たちと旅をしたいというモチベーションが高まっていった。それは不思議な感覚だった。一頭一頭の犬には個性があり、その個性ゆえに私とのあいだでそれぞれ別個の物語がうまれる。それまでの訓練で散々辛酸をなめた過去の出来事が、すなわち私自身のものでもある苦い経験や成功体験や喜びが、その犬たちの姿に投影される。そのように犬とのあいだで生じた物語の流れのなかに、私自身が組みこまれてゆき、この犬たちと旅をしたら面白いだろうなぁという気持ちがわいてくる。

犬との関係が深まってゆく結果として長期旅行が待っている。

いまでも思うが、イキナ氷河を登ってアウンナットまで行く百キロは、やはり荷物が重たくて一番大変な区間なのだ。ここを越えられれば、犬橇で走れるところなら、だいたいどこでも行けるようになる。

なかば無理矢理ではあったが、最初のデポ行でこの区間を往復したことで、私と犬はお互いの意図を察知しあえるようになり、連携が高まり、ひとつの走る集団、塊として融合することになった。まだ完璧からはほど遠かったけれども、気づくと、これなら暴走を予測して未然にふせげるはずだとの自信がついていた。それは単独犬橇で長期旅行するための最低限の準備がととのったことを意味していた。

7

それまで私は、冒険という行為は自力的であればあるほど価値が高いと考えていた。

自力とは冒険を冒険たらしめる核心的概念だ。なぜかといえば、自力度が高いほど、その冒険は自由になるからである。

典型的なのが登山におけるクライミングのケースだろう。かつてのクライミングは人工登攀《とうはん》と呼ばれるものが主流であった。これがどういうものかというと、垂直の岩壁にハンマーでボルトを叩きこみ、アブミ（縄梯子のようなもの）をかけて、それに手足をかけて攀《よ》じ登ってゆくというものだ。人工登攀技術を高めることでクライマーはそれまで登る対象にならなかった垂直で巨大な岩壁をつぎつぎと征服してゆき、近代登山は大登攀時代をむかえた。だが同時に、この成功はつぎのような反省も生みだした。それは、ボルトとアブミで岩を登っても、これでは土木作業と同じで、真に自分の力で登っていることにならないのではないか？　という反省だ。

この反省から生まれたのが、現在、隆盛をほこっているスポーツクライミングにつながるフリークライミングである。フリークライミングはボルトやアブミという人工物に頼らず、純粋におのれの身体技法を高めることにより、より困難な岩壁を攀じ登ろうという登山における革新運動であり、かつ思想的なムーブメントだった。なぜ思想なのかというと、それはフリーという概念が登山の自由、ひいては人間の自由の問題に直結していたからである。

かつての人工登攀はアブミやボルトといった道具にたよることで、はじめて登ることができる技術だった。アブミやボルトは自力的ではない、いわば他力的なものだ。内部ではなく外部である。アブミを介して登ることで、クライマーと岩とのあいだには距離ができ、岩から疎外されるため、身体動作をつうじて直接的に岩を理解することができない。

しかしフリークライミングはこうした夾《きょう》雑物《ざつぶつ》を極力排して、おのれの身体ひとつで岩壁とむきあう登り方である。もちろん実際の登攀においてはロープ等で墜落防止の措置はとられるが、想定されているのは自分の肉体のみで登り、落ちたら死ぬという状況だ。そこにあるのは、行為の結果が自分の身体に直接跳ねかえってくるというひとつの究極の自由である。自分の身体だけで登ることでクライマーは指先ひとつで岩壁の息遣いを感じ、なめらかな凹凸や、湿り気を読みながら登る。つまりここで実現されているのは、人工登攀時代のように道具（自分の力より生みだされたものではないもの）を駆使して人が岩壁を征服するという関係性ではなく、可能なかぎり夾雑物を排することで、人と岩とが調和するという関係性だ。フリークライミングにおける自由は、人と岩壁を、人と山を、人と自然を一体化させるはたらきをもつ。だからクライミングそのものに岩壁が体現するのである。

この思想は生きる自由に直結する。人は誰でも人生において局面ごとに判断し、行動を起こして生きてゆく。だが、その判断や行為が自分以外の外部の要素で充たされてしまえば、その生は本来的な生から疎外される。たとえば、こういう時代だから、とか、まわりが皆こういうふうにやっているから、といった社会や時代の常識みたいな外部由来の通念にとらわれて人生の道行を決めれば、それらはボルトやアブミとおなじ夾雑物となり、自己と生き方とのあいだに距離を生みだすことになるだろう。しかし外部由来の通念ではなく、あくまで自分の生きてきた道からおのずと立ちあがってくる思いによって道行を決めれば、それは夾雑物とならないので、生き方は本来的なものと一致したものとなる。行為や判断が自分に由来するほど、生き方は自由になってゆく。

これがそれまでの私の、冒険や自由や生き方にたいする基本認識だった。

ところが犬橇はこの考えに別の側面から光をあてた。はたして自由は自力性や内在性からのみ導きだされるものなのだろうか？

一見、犬橇旅行は自力的ではないように思える。なんといったって重たい橇を引くのは犬であり、人間は橇のうえに乗ることが多い。犬に連れて行ってもらっているだけではないか、と思われるのも無理からぬ話である。だが実際にやってみると、犬橇は決して他力的な行為ではない。他力のように見えてむしろ自力的なのだと感じる。

なぜ自力なのか。それは犬が橇を引けるまでの過程に、私との訓練の過程がそそぎこまれているからだ。最初はお話にならなかった氷河登りやサスツルギ越えも、訓練をつづけることで犬は越えられるようになってゆく。その過程のなかには私自身の時間と労力もつぎこまれている。そしてその、私の時間と労力なるものは、私という存在をかたちづくっているもの、すなわちわち私の成分であるわけだから、私そのものだ。要するに私そのものが犬に乗りうつり、犬の身体行為の何割かが私由来になることで、その犬の橇引き行為は私自身の行為となってゆく。私が犬に憑依《ひょうい》し、犬が私の分身みたいになる。そんな感覚だ。

だから犬橇旅行は一見他力であるようにみえるが、じつのところ自力でもある。犬橇においては他力が自力に転換するのだ。そのせいか、犬橇の旅では犬にはこんでもらっているとの感覚は皆無である。自分と犬の両方が主体だという感覚がとてもつよいのである。

だがそれだけではない。犬橇の核心はその先にある。

いま述べたように、犬橇旅行における犬の牽引行為の九割は私との訓練でできあがったものであり、そこは自力に転換している。しかしのこりの一割は、つまり犬の橇引きの最後の先端は、犬自身の判断になる。

問題はここだ。どんなに訓練しても、最後のこの部分に私は介入できない。

この最後の部分がどんな場面かというと、たとえば乱氷帯を行くとき、犬は小規模な暴走状態におちいる。乱氷帯は雪のないカリカリの蒼氷の場合がおおく、凹凸でランナーの接地面積が少なくなるぶん速度が出やすい。犬たちも、とっととこんな嫌なところは越えてしまいたいという心理になるのか、一気に速度をあげる。橇のスピードが速まるなか、先導犬は前方の乱氷の壁に集中し、越えられるポイントを探す。こうなると私の指示はあまりきかない。ハゴ、ハゴと鞭をふっても、その声は犬の耳にはとどかず、私が指示する方向よりもっと越えやすいところがあると判断したら、そちらに進む。

もちろん私は指示をきいてもらいたい。自分の判断にしたがってくれたほうが安心だし、ストレスも少ない。しかし犬はそうは考えない。犬の視点は私より低く、異なる光景のなかを移動しているので、どうしても判断が私とちがってくる。そうこうするうち速度は増し、乱氷の壁が間近にせまり、犬にまかせるよりほかない状況となる。

乱氷だけでなく、たとえば動物の臭いをかいで追いかけはじめたとき、あるいはせまい谷のなかを走っていて急に下り坂になったとき等々、こういう小規模な制御不能状況はひっきりなしにおとずれる。そのたびごとに、私はもう犬にまかせるよりほかない、という心境になる。もしかしたら、この先でひどい乱氷があり橇が横転するかもしれないし、犬が猛烈な勢いで走りだした先に白熊があらわれ一触即発となるかもしれない。どうなるかわからないが、犬に運命を託すよりほかない、との諦念がわく。

ここにあるのは何なのか。犬橇行為に付随するありとあらゆる余剰物を削ぎ落とし、中心にあるものを抽出したときに浮かぶのは何か。ひとたび関わった者を引きつけてやまないその秘密は何なのか。ひと言でいえば、それは信頼だと私は思う。

何度も暴走をくらった末に到達したのは、犬を信頼できるようにならないと長期旅行には出られないという、じつに単純な結論であった。無論、犬への信頼を醸成するのは訓練であり経験であり、ともに走った時間の長さだ。一緒につらい場面を乗りこえ、お互いの意図を共有できるようになり、私と犬がひとつの集合体となればなるほど、犬が多少制御不能状態になっても、これまでの経験から大丈夫だと思えるし、かつては犬に暴走されるのではないかとピリピりしていた状況でも余裕をもって対応することができる。

ここまで何度か、単独で犬橇旅行に出られる条件は暴走リスクと共存できるようになることだと書いたが、それは犬を信じることができるようになることとおなじだ。もっといえば、最終的に犬の判断に命運を託す、それが普通のことになるということだ。それぞれの犬の個性を把握し、うまく引き出し、最後はまかせる。それが私の仕事なのである。

犬橇をつづけるうちに、私は、もしかしたらこの信じて託すという境位は、自力や自由よりも深いものがあるのではないかと考えるようになった。

海豹狩り

I

アウンナットへのデポ行から村にもどってきたのは四月十四日だった。村で一週間ほど休息し、四月二十一日の日付がかわる頃、ふたたびアウンナットにむけて出発することにした。

いよいよ初年度の総仕上げとなる長期漂泊行だ。休息明けの犬たちは、犬橇仕様の姿（濃緑色の防寒パーカに白い防寒ズボン）でやってくる私を見ただけで、興奮して吠えはじめる。深夜にもかかわらず見送りにきてくれた小イラングアが、鞭をふって犬をなだめてくれた。

すっかり春のおそい時期にずれこんだが、この年の活動の総決算である。

ここまでの訓練で単独旅行のための最低限の技術と犬との関係はきずけたはずだ。ボスの座が決まり喧嘩が少なくなり、犬も経験をつんで様々な状況に対応できるようになった。先導犬ウンマもほぼ完璧に私の指示をきく。少なくとも長旅にでる不安は私のなかから一掃された。あとはフンボルト氷河まで行き海豹《あざらし》狩りのコツをつかむことができれば、最初の年の成果としてはいうことはない。

テントやキャンプ道具、燃料、食料など、おおよそ百キロほどの荷物をつみ村を出た。イキナ氷河を順調に登り、六時間で標高九百メートルの上部デポ地帯へ。ここで残りのドッグフード十袋（二百キロ）をつみこみ、この日は氷河を一気に登り切った。

氷床に出ると春独特の濃霧にまかれて丸一日天候待ちをした。サスツルギ帯ではふたたび帰りたくなるような苦労をしいられたし、氷床を越えてツンドラにおりる急斜面ではブレーキ処理に失敗し、またしても犬に暴走された。必死に梶棒につかまったまま五十メートルの急坂を一気に引きずり下ろされて、冗談抜きで死ぬかと思ったが、幸いなことに怪我もなく氷河と氷床を越えることができた。

小屋にむかう広大な谷間をくだる途中で背後から三頭の狼があとをつけてきた。五年前にウヤミリックと一緒にはじめてこの土地にきたときは、狼の足跡など皆無だったが、ここ数年ですっかり数を増やし、谷間や小屋の周辺は狼の足跡だらけとなっている。逆にそれまで多数派だった兎の足跡は激減し、姿を見かけることもほとんどなくなった。兎はほとんど狼に食いつくされたのか、いまや超レアな存在となったようだ。

狼は数百メートルの距離をあけてこちらの様子をうかがっている。橇を引いて歩いていた頃は何度か狼がすぐ近くまで接近してきたことがあるが、犬橇だと警戒するのだろう。気づくと姿を消していた。

その先では麝香牛《じゃこううし》の群れとも遭遇した。雪を掘りかえして採餌した跡がひろがり、ふと斜面を見上げると二十頭ほどの群れが雪煙をあげて丘のむこうに逃げてゆくところだった。

旅の目的のひとつは海豹を獲ることだ。何度も言うように、私が海豹にこだわったのは、前年の徒歩旅行での経験があったからだ。フンボルト氷河の海で寝そべるたくさんの昼寝海豹。その残像が、私の網膜にはつよくのこっていた。

海豹を獲る技術を身につければ、さらに北の地へ足をのばし、どこかに別の獲物の豊富な〈いい土地〉を見つけることができるかもしれない。新たな〈いい土地〉が見つかれば、そこを足がかりにさらに行動半径をひろげることができるだろう。たくさんの〈いい土地〉を見つけ、ネットワーク化することで、年々、活動領域はひろがってゆく。自分の能力を向上させるだけでなく、土地との関係を深めることで行動の可能性が大きくなってゆくところに、私は犬橇狩猟漂泊の最大の魅力があると思っていた。

フンボルト氷河での海豹狩りは、地球最北の地に自分だけが知っている秘密の王国をきずくという、ほとんど誇大妄想といってもよい壮大なプランに直結していた。犬橇もそのためにはじめたようなものだ。犬橇をはじめたのは、べつに犬と一緒に旅をしたかったからではなく、狩猟者目線で土地をとらえなおし、極北の大地で自由に動けるようになるには犬の力が必要だと考えたからだ。したがって私のなかで犬橇と狩りは漂泊に不可分なものとして想定されていた。

そして犬橇と狩りがワンセットになった旅というのは、要するにイヌイットの旅である。いや、より正確にいえばエスキモーの旅である。

私はいま、エスキモーという言葉を使った。しかもイヌイットではなくエスキモーだと、あえて修正した。それにはもちろん理由がある。これまで私は極北狩猟民のことを総じてイヌイットと呼び、原稿でもそう書いてきた。その理由は、私がおとずれたカナダやグリーンランド北部の地元民が基本的にはイヌイットという呼び名を使う場合がほとんどだからだ。

少々専門的な話をすると、グリーンランドにおける人類の移動史はおおきく三段階にわけられる。最初の波は約四千六百年前に北米からやってきた〈インディペンデンス／サカック〉と呼ばれる文化の担い手である。第二波は三千年ほど前に渡来した、より海獣の猟にたけた〈プレ・ドーセット〉および〈ドーセット〉と呼ばれる文化の人たちだ。このドーセット文化までの人々はパレオ・エスキモーと呼ばれ、いまの極北狩猟民とは直接のつながりはない。では、いまの極北狩猟民がどの文化とつながるのかというと、それは約千年前にベーリング海のほうから東進してきた〈チューレ文化〉の人たちである。

チューレ人は捕鯨中心の生業《なりわい》をいとなみ、ウミヤックという大型のボートを乗りこなし、八百年前にグリーンランド北部に到達した。そこからゆっくりと全域に拡散したが、その生活のなかには犬橇やカヤック、大型竪穴住居等々、その後のイヌイット文化を特徴づける技術や道具が出そろっていたという。

現在の極北狩猟民は紀元一〇〇〇年頃にベーリング海からグリーンランドにひろがったチューレ人の子孫だ。言語学的にもアラスカ北東部からグリーンランドまで共通しており、総じてイヌイットと呼ばれることが多い。

これにたいしてエスキモーは複雑な呼称問題がからみ、ちょっとややこしい呼び名だ。エスキモーというのはもともとカナダ先住民の言葉で〈生肉を食べる者〉を意味するとされ、一時期、野蛮な人間にたいする蔑称との解釈がひろまった。実際にはこれは誤解だという学説もあり、現在では学術的にもエスキモーという呼び方がひろく使われているそうだが、現実には差別語との認識が広まっており、とくに日本社会ではそれが根強くのこっている。当のイヌイットたちが自分たちのことをイヌイットではなくエスキモーと言うこともあるのに、イヌイットと関係のない日本人が国内の差別問題につながるためか、妙に気にしており、私があえてこの呼称を原稿で使ったりすると、編集者や校正者から〈差別語なので別の言葉を使ってください〉みたいな指摘が入り、はっきり言って面倒くさいのである。地元民も普段はイヌイットと自称しているわけだから、まあ別にそれでかまわないと判断し、これまではイヌイットという言葉を使ってきた。

でもここで私がめざす犬橇と狩りをする人としてのイヌイット、これはイヌイットではなくてエスキモーと表記すべきだとつよく感じる。

なぜか。これは私の個人的感覚だが、現地の人と話していると、彼らはエスキモーという言葉に、なにか特別な意味合いをふくませているように感じる。彼らは普段、自分たちのことをイヌイット、すなわち〈人間〉と呼ぶ（シオラパルクの村人の発音をカタカナ表記で記すとイヌイかイニュイとなる）。でも時々、エスキモーという言葉も使う。あえてエスキモーという言葉を使うとき、私は民族的伝統にたいする彼らの自負のようなものを感じるのだ。イヌイットは単に〈人間〉とか〈グリーンランドやカナダに住む極北先住民〉を意味するのにたいして、エスキモーには〈狩りと犬橇という伝統的な手段により生きぬき、旅をしてきたイヌイットのなかのイヌイット〉といった誇りがこめられていると思われる。つまりエスキモーとは彼らの文化的エートスを表現した呼び方だ。

この受け取り方が正しいのかどうか、とくに確証があるわけではない。村人の言葉の端々から私がそんな感じをうけるというだけの話だ。しかしもし本当に彼らがエスキモーという言葉にこうした自負をふくませているのなら、それはおそらく近年、エスキモーが急速に数を減らしているからではないか、というふうにも思う。

百年前のエスキモーは狩りをしながら信じられないほど遠くまで旅することができた。欧米の探検家が船で氷をかき分けながらやってきて、彼らを案内人にやとっていた時代だ。時代がくだって一九七〇年代の植村直己が活躍した頃も、貨幣経済と消費文明の波がおしよせていたとはいえ、まだエスキモーの伝統は生きており、シオラパルクの猟師は白熊狩りのためにフンボルト氷河周辺やエルズミア島まで犬橇を走らせた。

ところがいまはどうか。

いまやエスキモーの名に値する猟師はほとんど存在しなくなった。事実上絶滅の状態である。四、五十代の男たちのなかには、若い頃にエスキモー的旅をした過去をもっている者も多いが、その下の世代にはほとんどそういう経験がなく、せいぜい村の近くで海豹や海象《セイウチ》を獲るか、大鮃《おひょう》釣りをする程度になった。旅することが存在証明みたいだった民族が、それをやらなくなってしまったのである。多くのイヌイットは町中での労働者となり、旅行技術や犬橇のルートについての知識などが若い世代にうけつがれていない。伝統的経験知の世界は崩壊し、かつて全員がエスキモーであった集落は、いまや全員がただのイヌイットとなってしまったというわけだ。

私がやりたいのは、エスキモーがやっていたような旅である。

前年から私は、土地との関係の深まりをもとめて狩猟による旅をするようになった。結果として犬橇というスタイルに落ち着き、到達者目線ではなく狩猟者目線で土地をとらえ、そこから浮かびあがる〈裸の大地〉を旅したい、という考えにいたった。しかし考えてみると、その私がいう〈裸の大地〉なるものは、結局のところ昔のエスキモーたちが蠢《うごめ》いていた世界とまったく同じだ。北極という土地を身体的に把握し、土地に組みこまれ、そして生かされるようなかたちで旅をしたいという私の志向は、じつは百年前のエスキモーが生活のなかで実践した旅とかさなっている。

いつしか私はエスキモーの旅に憧れるようになった。なぜならエスキモーの旅は土地や動物にたいする知識と、深い洞察、そして犬橇や狩りの技術がなければできない旅だったからだ。それは真の実力があってはじめて可能な旅であり、彼らは旅行家として、あるいは生活者としてきわめてレベルの高い存在だった。運動能力の高い現代の冒険家による先端技術を前提にした派手な遠征より、北極の自然環境にねざした百年前のエスキモーの旅のほうが、私には、内容的にははるかに豊かなものがあると感じられる。

そして、そのエスキモー的生活文化の中心に位置するものこそ、じつは海豹なのである。ここでようやく話が海豹狩りにもどってくるが、海豹はイヌイットたちにとってただの獲物ではない。これもただの私の直観的理解にすぎないが話をつづけよう。

もちろんイヌイットは海象も獲れば鯨も獲る。麝香牛や馴鹿《トナカイ》、狐や兎も獲る。王者白熊だって大喜びで獲る。でもそのなかで何が一番彼らにとって身近な獲物かというと、それは海豹だ。身近というのは、もっとも資源量が豊富で、手軽に獲れて、人間と犬の主食になっている獲物という意味である。シオラパルクの村人は私が犬橇で旅するというと、犬もドッグフードばかりだと嫌になるから途中で狩りをして肉をやったほうがいい、と助言してくれるが、そういうときに彼らがいう〈肉〉とは基本的に海豹のことだ。彼らにとって海豹とはいってみれば日本人にとってのコメみたいなメジャーフードであり、民族を象徴するソウルフードである。

グリーンランドでもっともナチュラルな食資源、それが海豹である。麝香牛や兎や狼を獲るより、海豹を獲りながら犬橇で移動したほうが北極の旅行スタイルとしてはより自然だ。私が海豹狩りにこだわったのは北に行くために必要だからという理由もあったが、それとはべつに、もっともナチュラルなかたちで旅をしたほうが自然と調和した関係を結べると考えたからである。

その土地の自然にねざしたナチュラルなやり方で旅をするのが真の旅行力であり、それが具象化したのがエスキモーの旅である。

海豹狩り＝ナチュラルな行為＝真の旅行力＝エスキモー＝裸の大地。

と、こんなふうに私のなかではいくつかのキーワードが等式によって無理なくつながっているのである。

2

村を出発してから五日後、四月二十六日にアウンナットの小屋に到着した。小屋につくと早速、傷ついたプラスチックのランナーに鉋《かんな》をかけて滑りをよくし、海豹狩り用の道具を準備した。

海豹狩り用の道具というのは、ひとつには白い衝立《ついたて》である。

この時期に狙うのは海氷でごろごろ寝そべる昼寝海豹だ。昼寝海豹やそれを狙った狩りのことをイヌイットの言葉でウーットという。

冬の寒いあいだ海豹は氷の下を泳ぎまわり、できたばかりの新氷やクラックに張った薄氷に、呼吸のための小さな穴をあける。これが春になって暖かくなると前脚の爪で呼吸口をがりとひろげ、氷上で昼寝をするようになる。それがウーットだが、ウーット海豹のすぐ横には、いま書いたように呼吸口をひろげた通用穴があるため、危険を察知すると海豹は即座にぬるりと姿を消す。ここがウーット狩りのむずかしいところだ。これが陸上動物なら、逃げられても、しつこく追いかけて狙いつづけることもできるが、ウーットの場合は察知された途端に海中に消えるので、その瞬間に狩りは完全に終了となる。

どうやればウーットに近づけるか。鉄砲がなく、銛《もり》で狩りをしていた時代は、忍び足で接近し、海豹が警戒して顔をあげたら海豹の真似をして警戒心をとき、最後にダッシュで銛をうつという、きわめて高い身体能力がもとめられる狩りをしていたようだが、さすがにいまはそういう方法はとらない。そのかわりに白い衝立に身を隠しながら近づく。

衝立の仕様は地域でことなるが、グリーンランド北部のイヌイットはカムタッホと呼ばれる道具を使う。カムタッホは小さな木製の橇に白い布地《タッハ》を取りつけたもので、ライフルを固定するための銃座がついている。ライフルと一体化させることで持ちはこびが楽になるうえ、最後は雪面に橇をすべらせながら衝立の陰にかくれて匍匐前進できるので、ぎりぎりまで接近することができる。

しかしウーット狩りは絶対にカムタッホでなければならないわけではない。要は姿を隠せれば何でもいい。本多勝一の『カナダ＝エスキモー』を読むと、カナダのイヌイットは、こんな複雑な道具は使わず、ただの木の枠組みに白い布をかぶせて近づくようだ。

このとき私が使ったのはカナダ式に近いものだった。カムタッホは少々かさばるので、長期旅行には適さないように思えた。そこで日本を出る前に軽いアルミのフレームで取っ手のついた枠を作って、手軽に白い布を取りつけられるようにしておいた。すでに日本で加工しておいたので、小屋でやることはねじでフレームを組み立てるだけである。

あとはライフルの試射である。私が持っていた猟銃は、.22-250という比較的火薬の多い弾丸の二十二口径ライフルで、これまではスコープをつけずにオープンサイトでねらっていた。

北極の橇旅行では氷の段差でガタンガタンと強い衝撃をうけるので、スコープはすぐに狂うと聞いていたからだ。

しかし海豹狩りをするなら、そうもいっていられない。いま述べたように、ウーットは通用穴のすぐ脇で寝ており、頭を一発で撃ちぬかないと海中に逃げられる。頭以外の、たとえば胴体のどこかにあたって海に逃げられると、海中で死んで無駄死にさせてしまう。そのため射撃には遠距離から一発で急所を撃ちぬく精度がもとめられる。

細かな話をすると、イヌイット猟師の多くはウーット狩りに、.222という、より弾が小さくて精度の高い二十二口径ライフルを使うことが多い。確実に仕留めるため、反動の小さなライフルにスコープをつけて獲物から百メートル以内に近づくわけだ。私の銃は反動が大きいので、もっと近づかないといけないのかもしれない。

ひとまず私はアウンナットの小屋の前の定着氷で、百メートル先に的を置き、ライフルにスコープを取りつけて試射した。衝立のアルミフレームに銃身を依托《いたく》し、伏射の体勢でスコープをのぞく。九倍のスコープは想像以上に大きく見えて、百メートル先の的はすぐそこという感じだ。最初は的の中心からはずれたが、スコープを調整するうちに精度は増してゆき、やがて中心から数センチ以内におさまるようになった。

この調子ならなんとか頭に命中させられそうだが、問題は百メートルまで近づけるかどうかである。なにしろ前年は一キロ先から何度も逃げられたのだ。

先日のデポ設置行でのこしたドッグフードから三袋を追加で橇にのせて、アウンナットの小屋を出発した。海氷におりて北に進むと最初の岬が近づいてくる。この岬からつぎの大きな湾までは乱氷ができやすく、それを避けるために岬の手前で定着氷に乗りあがるのがいつものルート取りだ。

アウンナットからイヌッホリと呼ばれる湾までの約百キロは、例年、幅五メートルから十メートルほどの良好な定着氷ができあがる。状態のいい定着氷は高速道路のようにとても快適な移動路となる。ただし、一般的に定着氷の手前は潮の干満でひどい乱氷がつづき、乗りあがる場所をさがすのに苦労することが多い。とくに荷物が重い犬橇の旅では下手に乱氷に突っこむと、サスツルギとおなじようにひどい目に遭うので、どこでスムーズに定着氷にあがれるか知っておくことが肝要である。たとえば谷の河口や平坦な地形がひろがる沿岸部などは乱氷が弱まり、わりと簡単に定着氷にあがれることが多い。アウンナットの小屋の手前にも乱氷が切れるところがあり、それが小屋の場所を選定するひとつの基準になったはずだ。

おなじようにアウンナットの先の岬の二キロほど手前には、乱氷の少ないところがあり、定着氷にうつるときはいつもそこを使う。鉄の棒（トウ）で氷を破砕し、「ハク！　ハク（頑張れ）！」と犬を煽って定着氷のうえまで登らせ、そこからは〈氷の道〉をたどった。

海岸には高さ数百メートルのもろい岩壁が延々つらなり、定着氷のあちこちに大きな落石が転がっていた。岩石が出てくるたびに橇の後ろにまわりこみ、ランナーが傷つかないように梶棒を操作してそれらをかわす。しばらく定着氷を走り、二十五キロ先のつぎの湾で一度海氷におりて、風に叩かれて固くなった海氷を快調にとばした。

この湾は地形的に浮氷が寄せあつまるのか、例年、軽い乱氷が形成される。その乱氷に、スピードにのった状態で突っこんだ。ハゴ、ハゴ（左）！　アッチョ、アッチョ（右）！　と、氷塊があらわれるたびに発せられる私の指示に、先導犬のウンマは的確に反応し、犬たちは一気に速度をあげた。私とウンマの息はピッタリだ。先導犬と息があうと、多少の乱氷は逆にスリリングで、バギーで不整地面を越えるような興奮がある。

つぎの岬にさしかかると大きなクラックが南西にむかって延びていた。毎年来るところだが、この場所でこれほど大きな割れ目を見たことはこれまでにない。疑問に思いながら、鞭の柄で端の氷の固さを確認し、安全をたしかめてから割れ目をまたいだ。


この日は餌やりのときに久しぶりに犬が大喧嘩し、キンニクが暴君ナノックとポーロから襲撃をうけ、右脚の関節に深い傷を負った。

テン場では三頭、四頭、三頭とまとめて三カ所につないでいるが、どうしても相性の悪い犬同士の組み合わせができて喧嘩が起きる。

たとえば、このときは、
①ナノック、ポーロ、キンニク
②ウヤミリック、プールギ、ダンシャク、ウヤガン
③ウンマ、キッヒ、カヨ

の三チームにわけてつないでいた。
③のウンマ班はもともと仲良しのアーピラングア派の三頭なので問題ないが、問題は①のナノック班と②のウヤミリック班だ。
①のナノックとポーロはちょうど仲のいい恋人状態のときで、ポーロに友達をつくって自信をつけさせるためにもこの二頭は一緒につなぎたい。この二頭に、もともとナノックと同じマオ派であるジャニーズ系のプールギをくわえると、組みあわせとしては最適だが、そうするとキンニクとウヤミリックという天敵同士が一緒になってしまう。この二頭は離したいので、プールギのかわりにキンニクを①ナノック班に押しこんだのだが、それが裏目に出たようだ。
このように犬の組みあわせを決めるのはパズルのようにむずかしく、いつも頭を悩ませた。

負傷したキンニクは翌日から脚をひきずるようになり、完全に戦線離脱となった。チームは事実上の九頭体制となり東に進んだ。やがて海岸が内側に湾曲し、イヌアフィシュアクの内湾にはいった。ここでも岬からつぎの岬にかけて前日と同じような大きな割れ目ができていた。どうやら今年は例年になく結氷状態が悪いようだ。昨日、今日と岬で見かけた大きなクラックは沖の結氷状態と関係しているらしい。

じつはこの年、グリーンランドとカナダ・エルズミア島とのあいだの海峡の結氷状態はきわめて悪かった。悪かったというか、結氷しなかったのだ。

結氷しなかったのに、どうして私が海氷のうえを走っているかというと、それはつぎのような事情による。

グリーンランドとエルズミア島は南からスミス海峡、ネアズ海峡、ケネディ海峡、ロブソン海峡とつぎつぎと名前をかえながら、せまいところで約三十キロ、ひろいところで約百キロの幅で北極海までつづき、北からつよい海流がながれこむ。通常であれば二月から三月にかけて海峡は凍結し、六月まで安定して氷が張っている。

ところが近年は温暖化の影響か、氷の状態が年々あやしくなってきており、二〇一七年に、ついに海峡が結氷しないという事態が起きた。翌二〇一八年は三月に異様な冷えこみがありなんとか結氷したものの、はじめて犬橇でやって来たこの二〇一九年も海峡は結氷せず、中央で黒い海原が開いている状態だったのである。

ただし、結氷しないといっても海峡の隅々までまったく氷が張っていないわけではない。凍っていないのはあくまで海峡の中央の、それもエルズミア島側だ。グリーンランド側のフンボルト氷河付近は内側に大きくえぐれており、そこは海流の影響を直接うけないため氷原がひろがっている。私はそのグリーンランド側沿岸の氷原を走っていたのである（地図Ⅰ）。

だが比較的安定した氷原とはいえ、絶対に安全というわけではない。なにしろわずか数十キロ先の沖では海が口をあけ、海流が川のようになって南にながれているという状態だ。海峡全部が凍れば支持力で全体的に安定するが、真ん中で開いていると北風や大潮のときに岸沿いの氷がガバッとはがれる危険がある。

ただし結氷が悪く、いたるところに割れ目があるということは、海豹がたくさんいる可能性が高いということでもある。そして案の定、この大きな割れ目をこえてしばらく内湾を進んだ

地図１　2019年の結氷状態と旅のルート

ところで、はるか前方に黒い粒のような点を見つけた。

海氷上には氷塊がつくりだす大小無数の黒い影が遍在するが、昼寝海豹《ウーット》の黒点は氷塊の黒い影とは色合いがややことなり、黒味がつよくて輪郭がより明瞭だ。だから、氷原をながめながら進んでいるときに、あ、あれは海豹だ、と思ったら、だいたい十中八九、それは実際に海豹である。全体が淡い色彩によって構成される氷原という景観のなかで、海豹がつくりだす黒い点はどこか突出しており、景観の調和をうちやぶるノイズとなっている。

上空は雲におおわれ、その日は氷塊の影も消失していた。そのせいで、はるかむこうで寝そべるウーットの黒い点は、晴れた日よりもさらにいっそう、より明白に海豹だった。

距離はどれぐらいあるのか、一キロほどだろうか。ただでさえ白一色で距離感がつかみにくいうえ、経験がないだけによくわからない。双眼鏡で確認しても、あの海豹が小型の輪紋海豹なのか、あるいは大型の顎鬚海豹なのか、どちらなのかは判然としない。唯一わかっているのは、ついにこのときがきたのだ、ということだけだった。

前年の旅で何頭もの昼寝海豹を見た。それからちょうど一年、あのとき私は、ここで海豹を獲れればもっと遠くへ行き、はるか彼方の〈いい土地〉を見つけて、自由にこの北極の地を旅できるのではないか、との思いつきにのみこまれた。いまふりかえるとあの時点ではほとんど妄想に近かったが、そのときの私には、その妄想は妄想度百パーセントの完全妄想ではなく、もしかしたら実現するのではないかと思える妄想度のひくい妄想に思えた。そしてその妄想を現実に変えるべくまたシオラパルクにやってきて、犬を寄せあつめ、訓練をつづけ、喧嘩、暴走の辛酸にたえてきた。犬橇をはじめたのも、犬たちとのいい感じの写真をＳＮＳにアップして〈いいね〉をもらうためではなく、フンボルト氷河近辺で海豹を獲れるようになるためだ。だからここで海豹狩りに失敗すれば、すべての目論見が瓦解し、極言すれば犬橇をはじめた意味すらなくなる。すべてはこの一瞬のためにあった。

当然のことながら緊張した。胸が高鳴り、お尻の穴がむずむずした。まずは橇のうえの馴鹿の毛皮から毛をむしり、風向きをみる。風下にいることを確認し、橇を止めて、あらためて海豹を双眼鏡で眺めた。

まだ遠すぎて顔をあげているのかどうかもわからない。はたしてうまく接近できるのか。百メートル以内にはいる必要があるのに、去年は三百メートル以内にさえ近づけなかった。でも今年はきっとうまくいくはずだ。なにしろ去年はなかった白い衝立とスコープという秘密兵器があるのだ。それだけではない。私は梶棒にくくりつけた靴《イツピアツホ》から真っ白な漁師合羽をとりだした。さらに白い目出し帽をかぶって顔面もおおいかくした。これで全身真っ白だ。完璧に雪原と同化できる。白くないのはもはや眼球の黒目だけだが、さすがに白目をむいて近づくわけにはいかない。

全身真っ白に変装した私は、一歩一歩海豹にむかって歩きはじめた。背後で犬たちが置いてきぼりを食らったと勘違いし、おおん、おおんと喚き声をあげて大騒ぎをはじめた。アイススクリューで橇を固定しているので、犬たちが前進することはあたわないが、あんなにうるさくては海豹に逃げられるではないか、と気が気ではなかった。

左手に衝立をもち、右手でライフルをかかえ、私は徐々に近づいた。すでに四月下旬、気温は氷点前後にまであがり、合羽を着こむと暑くて汗が噴き出してくる。くそ、合羽は大失敗だ……と後悔しながら、十歩ほど歩き、衝立に身を隠しては真ん中の穴から海豹の様子をのぞく。それを何度もくりかえす。最初は遠くてよくわからなかった海豹の様子も、次第にその動きが見えてきた。海豹はときどき首をもたげて周囲を警戒し、怪しいものがいないと安心したらまた首をおろしてゴロゴロする。ゴロゴロしたら十歩ほどそそくさと近づき、海豹が首をあげそうなタイミングでまた止まって様子を見る。海豹が首をあげたら止まり、おろしたら動く。〝ひとりだるまさんが転んだ〟をやりながら距離をじわじわつめてゆく。

かなり大きくなってきたと思ったが、海豹が身体のむきを四十五度変えただけで今度は遠のいたと感じる。一キロという距離が銀河系のように遠かった。

それにものすごい緊張感をともなう作業だった。なにしろ海豹に感づかれ、何かが近づいてきていると確信されたら、脇の穴から海に逃げられて、ふっと消える。その瞬間に狩りは終わり、百がいきなりゼロになるのだ。この緊張感は私が賭けているものに比例して増大した緊張感でもあった。

足をとめ、衝立の穴からスコープ越しにのぞく海豹のうごきは、どこか挑発的にさえかんじられた。

海豹は首をあげ、周囲をキョロキョロと見わたす。それを何度もくりかえす。すると、気のせいか、私には先ほどより警戒度があがっているように見える。それとも同じだろうか？　いや、そんなことはない。たぶんヤツは何かに気づいているはずだ。なぜなら、さっきよりも首をあげる間隔がみじかくなっている気がするからだ。でも、もしかしたら気のせいかもしれない。もう、どっちなのかよくわからない。よくわからないまま、私はじりじりと接近をつづける。やがて海豹は傍の穴をちらちらのぞきはじめる。もうまちがいない。海豹は正体不明の何かが近づいてきていることを察知し、不安をかんじはじめているのだ。とはいえ、まだ到底撃てる距離ではない。百メートルどころか、ゆうに三百メートルはありそうなのだ。私には、たのむ、たのむから逃げないでくれ……と祈ることしかできない。

海豹側がしかけてくる巧妙な心理戦。緊張感を最大限に引き出された私の心臓は高鳴り、口腔は酸っぱい生唾で充たされた。祈るようにその身ぶりを見つめながら、運よくまた首をおろしてくれたタイミングでこそこそ近づく。限界ぎりぎりまで近づこうと努力したが、途中で私はその緊張感にたえられなくなった。

スコープをのぞき、海豹が忙《せわ》しなく首をまわしている様子をみながら、もうダメだ、これ以上近づけば絶対に逃げられると確信した。まだ百メートル以上はゆうにあるが、もういましかない。そう思い、頭をねらって引き金をしぼった。

撃った瞬間に海豹が一瞬びくんと反りかえった。……が同時に、海豹はぬるりとしたうごきで穴に姿を消した。しまった、頭部ではなく胴体にあたってしまった。

失敗した――。衝立とライフルを置いて、私は海豹のいた場所に走った。通用穴のまわりに鮮血がわずかに飛び散り、穴でゆらゆらする海水も赤く滲んでいた。血でよごれた海水をみながら、くそ、やってしまった、と猛烈に後悔した。おそらく海豹は海中で死んでしまうだろう。一番やってはいけない無駄死にをさせてしまったのである。

狙撃地点から海豹までの距離を歩測してみると、おどろいたことに二百五十メートルもあった。射程にはいっていないことはわかっていたが、まさかこれほど離れているとは想像外だ。これではあたるわけがない。距離感を全然つかめていないことに私は愕然とした。射程の百メートルはこの距離の半分以下だ。いったいどうやってそこまで近づけというのか。

最初のこころみで学んだのは、もっと海豹が大きく見えるまで、これなら絶対にあたると確信できるまで撃ってはいけない、ということだった。

それからはおびただしい数の昼寝海豹を目撃した。四月末になり白夜が本格化して気温も上昇し、日に日に海豹がふえていく時期となっていた。

3

季節だけでなく、地域もより本格的な海豹の棲息エリアにはいった。

エリアをわかつのは、シオラパルクという、村と同じ地名をもつ浜である。

〈シオラ Siora〉とは、より正確に表記すると〈ヒオガ〉と発音し、砂という意味、〈パルク Paluk〉とは〈バル〉と発音し、強調の接尾語だ。だからシオラパルクとは、地元の人の発音にしたがうと〈ヒオガバルッ〉で、〈砂浜のある場所〉という意味で、目立った浜のある場所につけられる地名である。シオラパルクの村も、夏になるとやはりきれいな砂浜がひろがる。

このシオラパルクの浜から北にむかって例年大きなクラックができる。このクラックが海豹の棲息エリアをわかつ境界になっている。クラックから東はフンボルト氷河の内湾となり、氷が安定し、海豹の繁殖地となっているのである。

シオラパルク浜の大クラックは、この年は海峡が結氷しなかっただけに不安定で、いつもより割れ幅が大きく、強度をたしかめてからでないと危なくてわたれなかった。しかし、このクラックより先はフンボルト氷河の内湾なので、海峡に海原がひろがるこの年も、氷が壊れて流れる心配はほぼなかった。昼寝海豹もごろごろしている楽園のような海だ。

昼寝海豹はなんの予兆もなく、いきなり私の視界に姿を見せる。何もなかった氷のうえに、穴から突然ぬっと姿をあらわすだけに、その登場のしかたは、見ていてどこか不思議な感じがした。

それはこんな感じだった。

犬橇を走らせていると、突然、一キロほど先の氷上に昼寝海豹の黒い粒があらわれる。あらわれる、というか、私がその刹那、それに気づく。もともとそこにいたのかもしれないし、あるいは私が顔をむけた瞬間に、海中からぬっと出てきたのかもしれない。どちらかはわからないが、いずれにしても海豹はなんの予告もなく、私の視界に、私の世界に闖入《ちんにゅう》し、勝手に存在をあらわにし、あ、あそこに海豹がいると私を驚かせる。

いなくなるときも同じだ。一キロ先の海豹に気づき犬橇で近づくと、そこにいたはずの海豹が、蠟燭《ろうそく》の炎が消えるようにふっと姿を消している。あまりに見事に消えるので、いついなくなったのかわからず、本当にそこにいたのか疑わしくなるほどだ。もしかしたら、本当はいなかったのではないか、幻だったのではないか、そんなふうにさえ思える。もしくは、消えたように見えるけれども、じつはまだそこにいるのかもしれない。というのも、氷原には氷や雪の段差がいたるところにあって、曇っていて影のできないときなどは、そうした段差の存在は覚知できないからだ。だから、もしかしたら海豹は単にそうした段差の陰にかくれて視界から消えただけなのかもしれない。海豹があまりにスッと消えるものだから、私は、その可能性が少なくないと考え、キョロキョロしながらさらに近づくのだが、結局海豹の姿はどこにも見つからず、ようやく穴から消えていたことがわかる。

突然あらわれ、突然いなくなる海豹――。

それは有と無のあいだを行き来するかのようにうごきまわる変幻自在な生き物であった。氷の下には私が知覚できない海という神秘の世界があり、そこは存在化以前の未発の世界でもある。海においては、すべてがまだ潜在的な可能性の段階にすぎず、海豹もまたその例にもれない。しかし何かがきっかけで海豹は穴から氷のうえに姿をあらわし、潜勢態から現実態となり存在を結晶化させる。通用穴は存在と未発の世界をつなぐ秘密の回路であり、そこを通過できるのはこの世で海豹だけである。

ウーットゥ狩りにかぎらず、狩りでは、いかに射程にはいるかが成否の決め手となるが、ウーットゥ狩りほどアプローチに緊張感がともなう狩りもないのではないだろうか。

前年の旅で失敗したときは、カムタッホや衝立で身をかくせば簡単に射程にはいれるにちがいないと思っていた。というのも、何年か前に村で小イラングアのウーット狩りに同行したとき、彼はズカズカとかなり無造作に近づいていたし、植村直己の『北極圏一万二千キロ』にあるウーット狩りの場面でもアプローチに苦労したとの記述はないからだ。

だがやってみると、それほどあまいものではなかった。とにかく百メートル以内に近づくのは至難の業なのだ。

最初の海豹以降も、私は獲物を見つけるたびに橇を止めてアプローチをくりかえしたが、そのすべてに緊張感がみなぎっていた。そしてほとんどすべてのこころみで逃げられた。じりじりと接近し、そして海豹が姿を消すたびに、私は奈落に突きおとされたような失望を味わった。またダメだったかと悄然とし、どうして逃げられる前に撃たなかったのか、との尋常ではない後悔に打ちのめされた。そして三日も四日もじくじくと同じ失敗のことを幾度となく思い出す。

狩りや釣りに失敗すると誰しもはげしく落胆するが、それはきっと、その失敗の裏に自分の能力への失望があるからだ。あのときこうしておけばきっと獲れたはずだ。もっとうまくやればできたはずなのだ。ダメだったということは、その判断、やり方がまちがっていたということである。それは、私の判断がそのとき世界から認められなかったということ、もっといえば私という存在そのものが世界から肯定されなかったこととほとんどおなじだ。食や命といった存在の根源とつながっているだけに、狩りの失敗には徹底した自己否定がともなう。一頭の海豹に逃げられるたびに、私はほとんど生きている意味を見失いそうになった。

逃げられるたびに、自己の能力への猛烈な失望を胸にいだきながら、私はとぼとぼと海豹が消えた穴にむかって歩き、その距離をはかった。スコープ越しに見えていた海豹の大きさを記憶に焼きつけ、それが何メートルだったのかを身体的に把握する。そうすることで距離感をものにしようとした。時間をかけて失敗した以上、得られるものはこの距離感しかなかった。だから面倒でもかならず歩測した。あるときは百八十メートルで、あるときは二百五十メートル、ひどいときには三百五十メートルのときもあった。

三百五十メートルで逃げられたときはさすがにショックで、それ以降はさらなる慎重さ、丁寧さを心がけてアプローチした。それは私の人格がゆるすかぎりの慎重・丁寧だった。中途半端な気持ちでやると百パーセント逃げられる。だから、まずは絶対に獲るという決意をもつことが重要だった。そのうえで殺気を消し、足音も可能なかぎり消す。一度に十五歩以上は歩かない、海豹にわずかでも動きが見られたら衝立に隠れる、どんなに時間がかかってもいいからゆっくりやる、そういう約束事をみずからに課した。でも、そうやって接近をこころみたところで、結局、三百メートル以上の段階で逃げられて泣きたくなるのだった。

何度も何度も失敗するうち、私は、これはちょっと割にあわない狩猟なのではないか、との疑念をもちはじめた。

準備もふくめるとウーット狩りには、かるく一時間以上かかる。それに衝立とライフルをかかえて雪のうえで一キロ以上も〝だるまさんが転んだ〟をやるわけだから、それなりに疲労する。時間と労力をかけてアプローチしてもほぼ逃げられるし、首尾よく射程にはいっても、その先に弾を頭部に命中させるという難題がひかえている。そしてそれらをすべてクリアしても、海豹の多くは小型の輪紋海豹で、大きなものでもせいぜい七、八十キロしかない。たしかに海豹は骨から皮までほぼ全部犬の食料になるが、それでも餌としては二日分か三日分にしかならないのである。こんなに何度も失敗した挙句にやっと一頭獲れても、二日分にしかならないのでは正直やってられないではないか。

これは挑戦するに値する狩りなのだろうか？　何度も逃げられるうちに、私は自分の行為をはげしく疑った。少なくとももっと効率よく獲れる手段を見つけないと、旅の食料確保策としては無理がある。

未熟だった私は、犬橇でもっと楽に近寄れないかと画策しはじめた。だが犬橇によるアプローチは歩きよりさらにむずかしい。しばらく私は犬橇で五百メートルまで近づくことを目標に試行錯誤したが、とてもうまくいくものではなかった。犬橇で近づくのは現実としてはやはり一キロ前後が限界なのである。いや、一キロでもかなりの確率で姿を消す。そのときどきの雪や気温の状態にもよるが、たいていは犬橇で風下方向にまわりこもうとする途中で気づかれ、海豹はふっといなくなる。

海豹は通常、風下方向に顔をむけて寝転がっている。風上方面は嗅覚でわかるので、鼻でカバーできない風下側は目で警戒しようという作戦だ。いろいろ調べると海豹は近眼だというし、色の識別もできないというが（イヌイットは海豹は色を識別すると考えている）、犬橇で風下にまわりこむと、小さな頭部とは不釣り合いな大きな眼球により捕捉されるのだ。

それにしても、なぜこれほどアプローチが難しいのか。納得がいかないのはそこだった。先にも触れたように、村の近くのウーット狩りでは、こんなに遠くから逃げられることはないようだし、植村直己もわりと容易に接近している。でもフンボルト氷河の海豹はそれほど簡単に射程にいれさせてくれない。

ひとつ考えられるのは時期の問題である。シオラパルクの村でウーットト狩りが本番をむかえるのは、暖かくなり海豹が熟睡する五月以降だ。フンボルト氷河はただでさえ村より数百キロ北にあり、気温は一段低い。四月ではまだ寒くて熟睡しないのかもしれない。それに海豹は、視覚はともかく、聴覚は非常に鋭いと聞く。寒いと音の伝導率もいいだろうから、かなり遠くからでも雪を踏む音が聞こえるのだろう。

だがそれよりも大きなのは白熊の存在なのではないかと思われた。

海豹が春のフンボルト氷河に集まるのは繁殖のためだ。この地域に多いのは小型の輪紋海豹である。輪紋海豹は氷山や氷丘脈のわきにできた雪の吹きだまりに巣穴をつくり、そこで子育てをする。そのためには吹きだまりができる環境と十分な積雪が必要となる。さらに海氷全体が動かず、安定していることがのぞましい。なぜなら海氷が不安定だと巣穴が崩壊して、子海豹が閉じ込められたり、押しつぶされたりして、危険な外界に放り出されてしまうからだ。

フンボルト氷河の海はこうした条件をすべてクリアしている。北をヌッホア(ワシントンランド)、南をイングルフィールドランドという大きな陸地にかこまれた海は、ごっそりえぐれた内湾となっており、海流の影響をうけにくく動きが少ない。そのため海表面は塩分濃度の低い状態が保たれており、秋になった時点で結氷を開始し冬に厚みを増してゆく。氷は不動で安定しており、夏になって溶けてしまうまで同じ場所にとどまっている。

さらにフンボルト氷河は総延長百キロという地球上でも有数の巨大氷河であり、おびただしい数の巨大氷山が内湾のいたるところに浮遊している。そのことも海豹の生活や繁殖には有利にはたらくはずだ。氷山の脇にできる開水面は呼吸に使えるし、風下側は雪が吹きだまり、巣穴をつくるのに好都合だからだ。それやこれやで輪紋海豹は繁殖のためにこの海域に集まってくる。子育てのための家は万全というわけである。

ただし、輪紋海豹が集まるということは、かならずそれをつけねらった白熊もぞろぞろやってくるということでもある。とりわけ子海豹は格好の獲物になる。

フンボルト氷河周辺で海豹を探すことは、白熊を探すこととほとんどおなじである。実際に現場に行くとよくわかるが、海豹があらわれる場所にはかならず白熊の足跡がついている。

冬になって海氷の厚さが増すと、輪紋海豹は岬や氷山から派生するクラックに呼吸口をあけるが、こうしたクラックの脇には、呼吸口を探す白熊の足跡が延々とつづいている。巣穴の多い氷山や氷丘脈のまわりも足跡だらけだ。犬橇で白熊の足跡をたどると、彼らが氷山からつぎの氷山へと流浪していることがよくわかる。彼らが立ちよった先の氷山の吹きだまりには、しばしば雪を掘りかえした跡があり、あたりは血まみれとなり食いのこした海豹の前鰭《まえびれ》がころがっている。白熊は有望そうな氷山、氷丘脈をたちまわって、途中の吹きだまりをしらみつぶしに掘りかえしては輪紋海豹親子をおそっているわけだ（臭いをかぎつけた犬たちは白熊の食事の現場に急行し、大喧嘩をしてわずかな骨や肉に群がる）。輪紋海豹から見たら、子育て環境のインフラはととのっているが、その半面、外には自分たちの命をつけねらう恐ろしい怪物が闊歩しているというのが、この海の特徴である。

しかも近年はまちがいなく白熊の数が増えている。

かつてこの海域はシオラパルクやカナックの猟師たちの白熊狩りの猟場だった。猟師の高齢化や後継者の不在、あるいはカナック近海での大鮃釣りが好調なことがかさなり、いまではすっかり白熊狩りに出る者はいなくなったが、二〇一〇年ごろまで彼らは春になると、いまの私のように、犬橇で数週間から一カ月におよぶ旅を実践していた。

しかし話を聞くと、実情としては、当時はいまみたいに白熊がうようよしていたわけではなかったらしい。大島さんの話だと、一カ月旅をして白熊の足跡をたった一回見ただけで狩りは不発、などということもめずらしくなかったという。

しかし、いまはそんなことはありえない。氷山の密集地帯にはいると白熊の足跡などそれこそ迷路のように入りみだれている。あまりに多すぎて足跡を追うことなど不可能だ。遭遇も一度や二度ではないし、これまで何度テントにやってきたかわからないほどである。現在のフンボルト氷河は、シオラパルクの村人や植村直己が狩りをした時代よりはるかに白熊の密度が濃く、そのせいで海豹はいつもびくびく警戒している。すぐに逃げるのは、それが最大の要因ではないかと私には思われた。

しかしどんなにむずかしくても、私はここで、しかも四月のこの時期に海豹を獲れるようになりたかった。

絶好のチャンスがおとずれた。いつものようにじりじりと近づき、もうこれは射程にはいった、ほぼまちがいなくあたる、と確信できるところまで距離を縮めることができた。はじめての近距離に私は脂汗がにじむほどの重圧をかんじた。スコープのなかで手がとどきそうなほど間近にせまった海豹は、もう、ひっきりなしに顔をあげて、何かがおかしいことを感じはじめている。警戒感は最大限に高まり、いまにも穴に飛びこみそうな様子だ。もはやここが限界だ。そう見きわめ引き金をしぼった。しかし銃声が轟いても海豹はキョロキョロするばかりで斃《たお》れない。まさか……外したのか？　一瞬、唖然《あぜん》としたあと、ハッとわれに返り、またすぐに弾を込めて引き金をひいた。だがまたしても変化はない。ウソだろ……。ふたたびボルトを引いて装塡し……と結局、都合四発撃ちはなって弾倉を空にしたが、弾は最後まであたらなかった。

なぜあたらなかったのだろう。幻につままれたような心地で、私は穴にむかって歩いた。距離はたった百十メートル。目測どおりほぼ射程内だ。でも穴のまわりには血痕もなく、やはり弾はかすってもいなかった。私は自分の射撃の下手さ加減に愕然としたが、冷静になると、さすがにこの距離であたらないことは考えられない。おそらくスコープが狂っていたのだろう。

4

いったい何頭の海豹にアプローチをしかけたのかわからない。二十頭はこころみただろうか。連日の失敗で疲れはてた私は、その日は動く気も起きず、テントで休むことにした。

北緯八十度と超極北の氷原だが、すでに白夜は本格化し、太陽は二十四時間沈むことなく天球をまわりつづける。橇にくくりつけていた寒暖計をみると氷点下五度、氷点下三十度の冬をくぐりぬけた後では半袖でもいけそうな穏やかさだ。実際、陽射しがそそぐとテントのなかは半袖でもいける。ぽかぽかとした陽気のなか、ビスケットとコーヒーで軽い朝食をとり、文庫本をひろげて寝転がった、そのときだった。

外で犬たちが、いつもとちがう奇妙な鳴き声をあげた。鳴き声というか、唸り声というか、なんともいいようのないその中間のような声、日本語では文字表現できない喉の奥でモノがつまったようなくぐもった声だ。何頭かがオンオンと鳴き、キャンキャン、ワンワンと普通に吠えているのもいる。ただ、その声質は、いつもの犬同士の威嚇、喧嘩とはあきらかにちがった。即座にテントの入口をあけた。

案の定、二百メートルほど先に巨大な白熊が、悠然とこちらに歩みを進めていた。まだかなり距離があるが、遠目からでも丸々太っていることがわかる見事な大熊だった。前年の徒歩旅行でも白熊には遭遇したが、ウヤミリック以外はこの海域に来たことはなく、ほとんどの犬がこの巨大な獣を目にしたことはなかったはずだ。

犬たちはオンオンと威嚇音を発しつつ、あの巨大な犬はいったい何なんだ？　といった不可思議な表情で、どこか当惑げに見守っている様子だった。エスキモー犬というのは熊を見たらもっと興奮して、狂騒状態になるかと思っていたが、やはり見たことがないと、ただ戸惑うだけらしい。

巨大熊は悠然と、自信たっぷりにテントにむかってきている。十頭からいる犬の集団をまったく恐れるふうはない。イヌイット猟師たちが白熊狩りをやめてからというもの、この海域の熊は天敵というものに出会ったことがない。すでに人間にたいする恐怖は、彼らの生活のなかで語り継がれなくなっているのかもしれない。白熊は完全に無敵だと思いこんでおり、おのれの命を脅かす存在がこの世にいることなど微塵も想像できない、そんな身ぶりで闊歩している。

熊という獣は、人類史においてもっとも身近にいる偉大な動物としていまも昔も畏怖の対象である。月の輪熊だろうと羆《ひぐま》だろうと白熊だろうと、熊は人間の生活領域のすぐ傍らの、自然の王者として君臨している。われわれ人類が熊を恐れ、ある意味で異様なほどの関心をもつのは、熊が時折、人間を襲い、食べてしまうからである。食うことで、熊は人間もまた一個の食べられる肉にすぎないことを、人間に思い出させるのだ。

しかし、だからこそ熊は偉大だ。自然のすべてを象徴する力そのものだ。白熊（ナノック）はイヌイットのあいだで北極の偉大な王とみなされている。何度遭遇しても、この偉大な力の体現者は私の心臓をしずかにゆさぶり、心をかき乱さずにはいられない。胸の鼓動はつよまり、口から緊張の生唾が静かにわいた。

目の前の熊は、まさにナノックとして、偉大な王として、堂々と尊大にふるまっていた。その前進をとどめるものは何もなかった。近くで吠える十頭の犬の存在など眼中になかった。吹けば飛ぶ埃みたいなものにしか感じないかのようである。私は、テントの外張りと本体とのあいだに置いてあったライフルをとりだし、橇にむかった。スコープを取りはずした状態の銃を橇のうえにのせて依托し、オープンサイトで狙いを定めて引き金をしぼった。突然の轟音に驚いた巨大熊は背中をみせて逃げだした。

犬たちは何が起きたのかわからないまま、逃げさる熊を見送り、鳴き声をとめた。やがて、あれはいったい何だったのだろうか、と不思議な様子を見せ、まもなく横になって寝はじめた——。

それからいろいろとあって、私のなかでは海豹狩りにたいするモチベーションが一時的に低下した。

ふたたびフンボルト氷河の海をふらふら彷徨《さまよ》いはじめたのは、何日かテントで休息したあとだった。海氷には数十センチの雪がつもっていて、犬は脚がもぐってしまい速く走れない。軟雪は、スムーズな犬橇の進行をさまたげる大敵だ。スピードが出ないと先導犬は集中力が切れるらしく、ウンマはひっきりなしに親友キッヒのところに下がっては、じゃれあい、引綱をたるませる。そのたびに私はウンマに大声をはりあげた。

しばらくすると右手に小規模な乱氷があらわれ、そのむこうに昼寝海豹の黒い影がみえた。影はもうかなり大きく、目測で三百メートルほどしかはなれていない。首の動きなど、その動作がわかるほど、すでに近くにいる。あんなに近づくのがむずかしかったのに、どうしてか、その海豹からは逃げる気配がかんじられなかった。

モチベーションが落ちていて、もう獲れなくてもいいや、というちょっと投げやりな気持ちになっていた私は、大胆なことにさらに犬橇で接近をこころみた。海豹に気づくと犬が突然全力で突進し、逃げられてしまうことがあるが、このときは犬も疲れているのかおとなしく、二百メートルまで近づくことができた。

双眼鏡をのぞくと、海豹はもはやそこから撃つことさえできそうなところにいた。だが私にとっては、接近して確実に射程にはいれるようになることが重要なので、いつものように白い漁師合羽姿になり、衝立を片手にさらなる前進をはじめた。

モチベーションの低下でこれまでのような過度な緊張感から解放されており、逃げられてもいい、と軽い気持ちになっていたのがよかったのかもしれない。十五歩進んでは休んで様子を見る。海豹が首をおろすとまた近づく。いつもなら波打つ心臓の鼓動や、時計の針のように一定のリズムで脈打つ血流の弁の音もきこえない。殺気がないせいか、海豹にも危機感がなく、切迫した不安を感じていないように見える。風のように透明な存在となって、自分はいまこの状況と調和している。そんな感覚になった。一歩ずつ、ずぶり、ずぶりと雪を踏みしめる音がするが、海豹は気づかないままだ。

すでに私は対象との距離をほぼ完璧に把握できるようになっていた。海豹との距離は百メートルとなった。射程にはいったということだ。しかし私は大胆にさらなるアプローチをつづけた。そしてついに八十メートルとなった。スコープからみえる海豹は、もう手がとどきそうだった。私は衝立を雪のうえにおき、衝立の中心にある縦に細長いのぞき窓に銃をすえ、伏射の体勢をとった。スコープをのぞく。深い雪に肘や衝立の脚が沈み、うまく体勢が安定しない。しばらくもぞもぞ体を動かして、ようやく狙いがさだまったところで呼吸をととのえた。

海豹はまだ首を寝かせたままだ。私は、海豹が頭をあげたときの状態を予測し、照準をあわせて動きをまった。イヌイット猟師はこの状態で、ヒュイと口笛をふいて海豹の動きをうながすらしいが、私にはまだそこまでやる心理的余裕はない。その状態で十秒耐えたところで、海豹がひょいっと首をあげた。うまいぐあいに頭部はちょうどスコープにきざまれた十字線《レティクル》の中心にきた。呼吸をとめ、できるだけゆっくりと引き金をしぼった。ガクンと海豹の首がたれた。……が、その瞬間にぬるりと、ところてんのように海豹は穴に消えた。

ウソだろ……。私は穴にむかって駆けだした。外れたのか？　いや、それはありえない。確実にあたった感触があったし、それに、あの、なんだか固体から流動体に変質したかのような妙な変化も即死した証拠に思える。その瞬間、海豹の全身を統御していた魂がきえさり、肉体から緊張がうしなわれたのだ。

穴に行くと、海豹が後鰭を上にしてぷかぷかと浮いていた。ひっぱりあげると推定五十キロほどの中型の輪紋海豹だった。小さな頭部に不釣り合いなほど巨大な目玉のちょうど後部に、銃弾がつらぬいた黒い穴があいていた。

5

海豹を一頭獲ったことで、気持ち的にはこの犬橇訓練旅行にもひとつのけじめがついていた。とくにうれしさがあるわけではなかった。自分にも海豹が獲れることがわかり、全身が脱力しそうな安堵感をおぼえただけだ。たった一頭の海豹が獲れたことで、私は、このシーズンの五カ月の活動のすべてが、いや、去年からつづけてきた狩猟漂泊のこころみのすべてが報われた気がした。

氷の状態を考えると、そろそろ村にもどらなければならない時期となっていた。気温の上昇とともに沿岸の氷が不安定さをまし、帰りにいささか不安をおぼえる状態となっていたのだ。とくに、イヌッホリ（ダラス湾）と呼ばれるあたりの海氷の状態が悪化していた。

イヌッホリの〈イヌ〉とはイヌイット（人間）とおなじ人と関連した言葉で、イヌッホリとは〈人間のかたちをした岩のある場所〉という意味だ。イヌッホリの岬の岩壁の中腹には人型の岩が突き出ており、それがこの地の目印となっている。その人型の目印の岩を左手にみながら、深雪のなかをのろのろと進むと、湾の手前で幅一メートルから五メートルある巨大なクラックが何本も氷を切り裂き、そのたびにわたれる場所を探してうろうろしなければならなかった。島や氷山や岬が複雑に入りくむイヌッホリの東側沿岸は、真冬でもクラックの多い場所だが、それがとけて開きはじめているらしい。

この調子だと海氷を行くのは危険だ。私は、そのまま湾奥まで進み、そこから定着氷にあがることにした。

イヌッホリにはかつて一度だけ来たことがあった。二シーズン前の冬に極夜の探検をしたとき、私は事前にデポしておいた食料を白熊に荒らされ、犬の餌を確保するために麝香牛狩りをしなければならない状況においこまれた。そのとき、もっとも狩りの成功率が高いとふんだ場所がこのイヌッホリの湾で、二週間ほど内陸のほうで獲物をさがしてうろうろした。

結果的にこのときは獲物を見つけることはできなかった。ただ、それはたぶん月明り頼みの暗闇のなかでの狩りだったからで、兎や麝香牛はそれほど遠くないところにいたのではないかと思われる。行く先々に大量の足跡や糞があり、陸地にはいまにもあらわれそうな気配が充満していたからだ。そのとき以来、私はイヌッホリは牛や兎などの獲物がゆたかな〈いい土地〉である可能性が高いと考えていた。獲物が多いことを確認できれば、今回はともかくとして、今後の旅の立ちより候補地としてリストアップできる。わざわざイヌッホリの湾の奥に入りこんだのは、それを確認したいこともあった。

ところがイヌッホリにたくさんいたのは麝香牛や兎ではなく、別の獣だった。

湾内にはいりこんでしばらく進むと、対岸の岬から、動物の呼び声のような遠吠えが、かすれそうなほど弱々しく聞こえてきた。橇を止めて耳をすますと、どうやら狼の遠吠えのようだ。そのうちつぎからつぎへと狼が登場し、おおーん、おおーんと声が徐々におおきくなった。数えてみるとゆうに十頭をこえる大きな群れである。これまで北極の旅で狼とは何度も行きあってきたが、これほどの群れと遭遇するのははじめてだった。

村人の話では、狼などかつてはほとんど姿を見かけなかったそうだ。昔はイヌイットの猟師が毎年、このカナダとの海峡地域で白熊狩りや馴鹿狩りをしており、狼を見るとかならず射殺していたからだという。ところが、最近は誰もこの地域に行かなくなり、狼はなんの障碍もなくエルズミア島からぞくぞく移動してくるようになった。そして、ひとたびイングルフィールドランドに上陸すると、そこから氷床を越えて、イータやカナックの先のほうまで進出し、兎、馴鹿、麝香牛等々、各地の野生動物を食いあらすようになったのである。

狼はいよいよその数を増やしており、近年ではグリーンランド北部の猟師たちの大きな関心事のひとつになっている。最近の文明社会では狼を妙に神格化する傾向があるが、生活領域がかさなるイヌイット猟師にしてみたら、自分たちの獲物を滅ぼしかねない狼は完全に害獣あつかいである。とくに馴鹿の被害がひどく、カナックの猟師などは狼への恨みが骨髄に徹している。町で彼らと話をすると「北のほうは狼はどうなんだ？　やっぱり増えているのか……」なんてこった」と嘆き、「いいか、狼を見たらかならず撃ち殺せ」と言われるほどである。

私の個人的な実感でも狼は確実に数を増やしている。この地域ではじめて旅をした二〇一四年はほとんど足跡を見なかったが、二〇一六年冬の極夜探検の頃から頻繁に姿を見かけるようになり、以前は大量に見つかった兎や麝香牛の足跡や糞が、狼のそれにとってかわられた。アウンナットの小屋のまわりなど狼の足跡だらけである。

しばらく様子を見ていると、三頭の狼が群れの先頭をきって接近してきた。とはいえ、こちらも十頭からの犬をしたがえているので別に恐ろしさは感じない。犬も、狼は仲間のようなものなので、鳴呼別の犬の集団がやってきたわ、というぐらいなもので、とくに警戒感はないようだ。

無視して前進を再開し、湾奥の定着氷に乗りあがるポイントをめざした。するとその手前で海豹があらわれた。ウーット狩りの準備をして接近しはじめたが、狼の群れが遠吠えをまじえて湾を横断し、さらに接近してきたせいで、海豹は急にそわそわと落ち着きをうしない氷の下に消えてしまった。

十頭以上の狼が横一列になって、私と犬のことを遠巻きに見つめていた。そのうちの一頭が数百メートル先で、私たちの反応をたしかめるように悠然と横切ってゆく。そのさまを見たときは、私も多少居心地が悪くなり、二発、威嚇射撃をした。だが狼は逃げる素振りも見せず、余裕綽《しゃく》綽《しゃく》で闊歩をつづけた。どうやら自分たちのほうが有利だと感じているようだ。

湾奥のポイントから定着氷に乗りあがると、五十メートルほど広い平坦地になっている。そこに出たときは思わず目をうたがった。定着氷のうえはあたり一面、狼の足跡と糞だらけで、完全にたまり場という状態だ。痕跡の密度はアウンナットの比ではない。

それから麝香牛がいるかたしかめるため内陸へつづく谷にむかったが、深い軟雪の下に岩がごろごろ転がっているような状態で、とても奥まで進む気がせず、すぐに引きかえした。そして海氷におりずに定着氷をそのままアウンナット方面へ行こうとした。異変を感じたのはそのときだ。先ほどまで四、五百メートルはなれていた狼の群れが、すでに定着氷のうえに乗りあがり、私と犬の背後につけていたのだ。群れはさらに数を増やしていて、ざっと見たかぎり二十頭はいた。一番近くの狼は四、五十メートルの至近距離で、ほかに百メートル以内に三頭いた。

狼が人を襲うことがあるのかはよく知らない。一般的には襲わないとされるが、こうした大きな群れの場合はどうなのだろう。ただ人はともかく犬は襲われる可能性がある。最近の動物行動学の研究によると狼は縄張り意識がつよく、ほかのイヌ科の動物が近づくと選択的に標的にするといわれる。それに橇につんでいる餌や食料は、まちがいなく彼らの格好のターゲットだ。橇の餌に目をつけた狼は、その後何日にもわたり執拗に後をつけてくる。テントで寝ていたら、犬の引綱の届かないところをうまいこと通りぬけ、大胆にシートを食いやぶって餌をかすめ取られたこともある。白熊なら威嚇射撃でだいたい逃げてゆくが、狼は知能が高いためか、一度逃げたように見えても、安全な距離をたもちながらしつこく追いかけてくるのだ。威嚇射撃は弾の無駄になることが多い。

狼は生態系における頂点捕食者である。彼らが近づいてきているのは、隙あらば私か、犬か、または私たちの食料を食ってやろうと思っているからだ。たったひとりで人間社会から隔絶した極北の氷原を旅している私は、すでに人間社会ではなく、野生界に身をおいている。だから、自分がしたがうべきは野生のモラルであると私は考えている。野生のモラルとは人間だろうと動物だろうと自分の身は自分で守ること、他者の命をねらうかぎりは反撃を食らうリスクを引きうけること、という原則のことである。

狩りをする以上、どこかで自分が死ぬ危険を担保しておかないと、動物の命を奪う行為とのつりあいがとれない。犬橇単独行は橇を引いて旅をしていた頃より十倍危険だと感じるが、危険になったことで私は自然に対してより公平な関係をきずけていると感じるようにもなった。リスクを負うかぎりにおいてのみ、人も動物とおなじ立場にたつことができる。私が苦労を引きうけて長い旅をするのは、そうしないと野生界に身をおく資格がないと感じるからだ。

ライフルにスコープを取りつけて狙撃の準備をしていると、私のうごきに警戒したのか、狼はやや距離をあけた。一番近くにいた狼が定着氷からおりて、乱氷のなかをうろついている。橇にライフルを依托して引き金をしぼると、ダーンという轟音が氷に反響し狼がよろめいた。二発目があたるとその場に斃れた。つづけて海岸にいた一頭と、それから百五十メートル先の陸上の小高い岩場にいた一頭の計三頭に命中させた。弾があたって仲間が目の前で斃れると、ほかの狼は危険を感じ、いっせいに逃走を開始した。群れはすべて私の前から姿を消した。三頭のうち海岸にいた一頭は、死んだと思ったら起き上がって逃げはじめたため、数百メートル追いかけたが、結局脚を引きずったまま走り去り、姿をくらました。私は犬のところにもどり、仕留めた二頭を橇にのせ、行動を終えて幕営地を決めたところで、皮をはいで解体した。

解体した肉は犬にあたえたが、犬はよほど腹をすかせた状態でなければ、同族である狼や犬の肉は食べたがらないようだ。このときも私が狼を解体するわきで、とりわけナノック、プールギ、ポーロといった若い犬が、早く食わせろとギャンギャンと吠えた。ところが、いざ犬たちに狼肉をほうりなげてやると、口からすぐに放してしまい、そのあとはクンクン臭いをかぐだけで食べずに放置する。これは食べるものではない、と判断しているような仕種である。

十頭のうち全然気にしないで狼肉を食べたのは、ウヤミリックとキンニクのベテラン二頭だけだった。ウヤミリックは極夜探検のときに私が獲った狼を食べたことがあるので、免疫があったのだろう。キンニクのほうは年齢的にも平素の態度も完全に〝おっさん犬〟であり、もう、そういう細かいことはどうでもよくなってしまっているようだ。人間でも中年になったらいろいろなことが気にならなくなり、周囲が眉をひそめるような行動を平気でとる人がいるが、それと同じである。

ただ、ほかの犬も餓えが昂じると、これ食べられるのかなぁといった感じでためらいつつ、最後は口にする。そして一度食べると慣れてしまい気にならなくなる。

6

旅のあいだも、私と犬の意思疎通は深まった。乱氷や岩まじりのツンドラ、深雪、トレースのない荒野を旅することで、犬たちはこのコンディションではどこを進めば楽に越えられるかを実地で学ぶ。先導犬ウンマは経験豊富なだけに、私から指示をうけることでその意味をデータとして蓄積し、雪や氷のコンディションにおうじて適切なうごきを見せるようになった。場数を踏むほど、私と犬の連携は高まってゆくのだった。

無論、それでも犬との連携がワンシーズンで完璧になったわけではない。まだまだこの年の私は若葉マークをつけて犬橇を操縦している初心者にすぎなかった。とくに旅のあいだ手を焼いたのは、ボス犬に君臨する暴君ナノックと、長年の僚友ウヤミリックの二頭の気性の荒さだ。

ナノックは出発のときにいつも異常興奮状態におちいり、近くにいる犬に手あたり次第嚙みついた。朝っぱらからウヤミリックに嚙みつき、ポーロと一緒にオヤジ狩りをはじめたと思ったら、つぎは若いウヤガンに恫喝まがいの攻撃をしかける。何故そんなことをするのか皆目不明だ。

ウヤミリックはウヤミリックで連日、餌やりのときに私を怒らせた。

地味だが餌やりは犬橇でも難しい技術のひとつである。餌が少ないと犬はばてるし、かといってたくさんやればいいというものでもない。最初のうちは痩せて走らなくなるのが怖いので、えてしてやりすぎてしまいがちだが、満腹だと犬は走らないし、太らせすぎてもよくない。身体の状態と、その先の旅の展開を考慮して、今日はどのぐらいの餌をあたえるかを決定するのだが、その判断は簡単ではない。

でもそれ以前に、単純に餌をやること自体がなかなか骨がおれる仕事なのである。これが獣の肉であれば十センチ大にきりわけて、一個ずつポーン、ポーンと口のなかに放り投げてやればいいが、ドッグフードの場合は地面にばらまかなくてはならず、食べるのに時間がかかるぶん争いの種になる。イヌイットは五、六頭まとめてつなぎ、あたり一面にばらまいて勝手に食べさせるが、それだとどうしても強い犬が独占し、弱い犬が十分に食べられない。

弱い犬というのは、えてして食べるのが遅い。というか食べるのが遅い犬が弱い犬になる。なぜなら、そういう犬は子犬の頃から食べるのが遅く、食べるのが速い犬に餌を横取りされつづけ、結句、身体が大きくならず、それゆえ弱いからである。弱い犬の食事が遅いのは宿命だ。どうしても横の強い犬に餌を取られるので十分に力を発揮できない。でもそれでは困るので、私は村にいるときからかならず一頭一頭名前を呼びながら、目の前にドッグフードをばらまき、隣の犬が手を出そうとすると一喝し、自分のぶんだけを食べるよう躾けてきた。我慢できずに横取りする犬にはきっちりお灸をすえて、かなり厳格にこのルールを守らせてきた。

ところが旅にでると、どうしても空腹が限界をこえるため、このルールを無視して自分より弱い犬の餌を横取りしようとする。ひどいときには食べることより奪うことに気をとられ、自分の餌そっちのけでまずはほかの犬の餌を奪おうとして、そのすきに肝心の自分の餌を別の犬に横取りされ、気づくと自分のぶんが見当たらず、アレ、アレ、俺の餌はどこいった？　とキョロキョロした挙句、私のほうを見て、どうしましょ？　と阿呆面をさらす始末なのだ。

横取りが一番ひどいのがウヤミリックだった。この犬はいつも目の前に自分の餌があるのに、それを放っておいて、まず隣の犬のぶんをかっさらおうとする。頭にくるのは、私の目を盗もうとすることだ。横取りがバレると頭をボコンとやられるのがわかっているので、私が見ているあいだはじっと我慢し、いなくなってから隣の犬の餌に突進するのである。だが人間様である私には、ウヤミリックの考えていることなど子供の嘘と同じぐらい簡単に見抜ける。なぜなら、そういうときは自分の餌を食べつつ、ちらちら横目で私の様子をうかがい全然食事に集中できていないからだ。案の定、私が目をはなした途端、ウヤミリックは待ってましたとばかりに隣の犬をおしのけ、その犬の餌をむさぼりはじめる。でも、そんなことなど百も承知の私は、その瞬間にぱっとふりかえり、「てめえ、何やってんだ！」と現行犯逮捕でボコンと頭に一発お見舞いするわけだ。するとウヤミリックは例によって、私の目を見据えながら、おおおおおお～ん、という独特の雄叫びをあげ、「いてえっすよ、旦那ぁ……」とはげしく抗議する。

餌は私の手からあたえられたぶんだけ食べること。それ以外は何物も食してはならない——。

このルールを犬に課したのは、弱い犬を守るためだけではなく、ほかに大きな理由があった。食事を好き放題にさせておくと、橇につんでいる餌に手をつけられる可能性があるからだ。橇の肉に手を出すのは橇犬の悪事としては大罪だ。村人も犬が橇に近づくことは絶対にゆるさない。橇の食い物をあさったときだけでなく、橇に小便を引っかけたり、橇に関心をしめす素振りをみせただけで、力ずくで橇のうえにねじ伏せ、うおおおお！　と絶叫しながら折檻する。橇を御仕置き台に使うことで、犬は橇を怖がり近づかなくなるという。

もちろん殴られそうになると犬は全力で逃げようとする。むこうも必死なので、橇を引くときもそれぐらい必死になってくれよ……と呆れるほどのパワーを発揮する。それを無理矢理ねじ伏せるのは大変な力仕事で、寒いときなどこっちもゼエゼエと息があがり、ときにはほかの犬も逃げだして引綱が脚にからまってすっころび、折檻しているのか折檻されているのかわからない状態となる。だから犬の折檻は、できれば避けたいところだが、でもそれをやらないと、ほぼ確実に橇にのせた餌を食われてしまう。

海豹狩りを目的としたこのときの旅で、私が暴走とならび恐れていたのが、狩りの途中で橇の餌に手をつけられることだった。なにしろ単独行である。ウーットト狩りのために橇を離れたら見張る者はいなくなり、腹をすかせた犬に何をされるかわかったものではない。飢えた犬が全員でよってたかって橇の食料を食い荒らしたら、冗談ぬきで遭難ものだ。実際、植村直己は犬橇をはじめた最初の年のシオラパルク—ウパナビック間の旅行で、橇の食料を全部食われて悲惨な目に遭っている。植村直己がやられた現場はまだサビシビックの村から数日の場所だったからよかったようなものの、私のエリアは村まで最低十日はかかろうというさらなる遠隔地だ。彼みたいな目に遭わないためにも、私は村人と同じように橇に乗っかった犬には適宜御仕置きをくわえ、餌やりのときも私があたえる餌以外には手をつけないよう徹底的にしこんだ。

教育が奏功したのか、一日何度もウーット狩りのために一時間以上橇をはなれたが、犬に橇を荒らされることはなかった。アプローチの途中、背後で喧嘩がはじまり海豹に逃げられたことはあったが、その程度のものだった。

だが旅も終盤にさしかかったときに、それは起きた。

イヌアフィシュアクの湾内に到着した日のことだ。

イヌッホリから定着氷を進んでから、私はずっと海氷におりることができないでいた。不安定だった海氷はさらに融解が進み、潮が満ちると氷は岸から沖のほうに離れていく。定着氷と海氷のあいだに数十メートルの海原がひらき、おりたくてもおりられない。こんな状態では、もし定着氷に氷塊が乗りあげ、通行不能になっている箇所があったら、その時点で帰路はいきづまる。緊張感のなか、たのむから定着氷がつながっていますように……と祈るような気持ちで犬を走らせた。

とりあえずイヌアフィシュアクまで行くことができたが、岬からつぎの岬までは往路でみたクラックがさらに広がり、数十メートルの水路と化していた。もはやボートがないとわたれない状態だが、その水路の内側の湾内は海氷が安定しており、そこならおりても問題なかった。

定着氷から海氷におりて少し進むと前方で海豹の小集団が昼寝をしているのを見つけた。双眼鏡で確認すると四頭の群れで、時折、首をあげているが、逃げそうな素振りは見られない。すでに白熊多発地帯からもはなれ、気温も高くなって海豹も熟睡しているようだ。これが最後のチャンスかも……と考えた私は、橇を止め、いつものようにじりじりとアプローチを開始した。首尾よく百三十メートルのところまで近づき、そこで引き金をしぼった。あたった感触はあったが、頭に命中しなかったようで、いっせいに四頭が逃げだした。一カ所の穴に、四頭の海獣が一度におしよせたせいで穴は目詰まりを起こし、やがて一頭ずつぬるぬると海に吸収されるように姿を消した。絶好のチャンスだったが、私はまたしても狩りに失敗した。

やはり百三十メートルからではあたらない。確実に百メートル以内にはいらないと成功しない。どうしてもっと近づけなかったのか……。いつものように猛烈な自己嫌悪と後悔の念をかかえ、とぼとぼ橇のところにもどり、「すみません、またダメでした……」と首をたれて犬たちに陳謝した、そのときだった。

犬たちはいつもと変わらず無表情で私を見つめていたが、おかしいのは、そのむこうに、いつもならないはずのもの、つまり朝食のラーメンの袋の切れ端が落ちていたことだ。よく見ると積み荷をつつんだブルーシートも食い破られて穴があいている。信じられない思いだった。下手人はすぐにわかった。なぜなら袋の切れ端のすぐ傍らで暴君ナノックが横になり、片目でボケーッと私のことを見つめていたからだ。

「お前……何やってんの？」

声をかけられたナノックは尻尾をふって立ちあがり、うれしそうに近よってきた。どうも悪いことをしたという認識はないようだが、下手人がほかの犬というのは現場の状況から考えにくい。また犬の性格から考えても、まちがいなくこいつの仕業である。この犬はこれまでも何度か食べてはいけないもの（鞭や白熊の毛革手袋等々）を口に入れては、私の怒りを買っていたからだ。頭にきた、というより、なんだか残念でならなかった。あれだけ餌やりのときに徹底して教育してきたのに、この犬は何もわかっていなかったのだ。それに悲しかった。ナノックは断トツに力が強くて、よく引く犬なのだが、とにかく直情径行で癖が悪すぎる。ほかの犬に噛みつくだけでなく、橇の食料まで荒らすとは……。これ以上、悪行がなおらないようなら、手放すことも考えないといけない。チームの中心だし、大事な一頭だが、こんなことがつづくようでは来年以降はとても一緒に旅できない、と本気で思ったのだった。

実害はほとんどない。ただブルーシートが破けてラーメンひとつが無駄になっただけだ。ドッグフードにもまったく手をつけていなかった。餌は十分にあたえていたので、腹が減っていることなどないはずだ。となると、単に好奇心とか出来心でやらかした可能性が高いが、だとしたら余計看過できる行状ではない。

「お前……ちょっとこっち来い」

私はナノックを手繰りよせ、食い荒らしたブルーシートのところに顔を持ってゆき、徹底的に御仕置きをくわえた。ナノックはヒーン、キャンキャンと弱々しい声をあげて逃げようとするが、こっちも全力で組み伏せる。それをほかの犬が死んだ魚のような虚ろな目で、じっと見ている。橇の餌に手を出したらどうなるのか、たぶん認識している。

7

その後もう一度ウーットッ狩りに成功し、私と犬はアウンナットの小屋から村へともどった。翌年以降も私はもっともナチュラルな食資源にこだわり、フンボルト氷河近海での海豹狩りをつづけた。ただ二年目、三年目と海豹の数も少なくなり、印象としてはさらにむずかしくなった感じがする。

翌二〇二〇年春の旅行では三月末から四月頭にフンボルト氷河を北上し、その北のヌッホア（ワシントンランド）にむかった。海豹はほぼ皆無で、五月上旬に村に帰るときも数は少なかった。そのつぎの二〇二一年春も四月中旬にフンボルト氷河近辺をしばらく彷徨ったものの、行き合ったのは五、六頭にすぎない。一年目のようにつぎからつぎへと氷の下から湧いて出てくるような状況には出くわしていないのだ。

数が少なかったのは、単にこの地域をおとずれるのが早すぎたせいだと思う。時期が早いと気温や雪温が低く、獲物を見つけても、十中八九、犬橇で近づこうとした段階で逃げられる。やはりウーット狩りは五月以降が本番なのだ。

三年通って海豹を追いかけまわした最大の発見は、五月になるまでウーット狩りはそれほど容易ではないということだ。そしてこの事実は私にはかなり誤算だった。

何度もいうが、私がフンボルト氷河でウーット狩りをしようと思ったのは、ここで食料を補給できたら、もっと北の地へ行けるはずだと考えたからである。もっと北の地というのは、具体的にいうとエルズミア島北部あるいは北極海のことだが、もし本当にこうした超極北地まで往復しようと思えば、旅行期間は短くとも二カ月は必要となり、遅くとも四月頭には村を出発しなくてはならない。となるとフンボルト氷河には四月中旬の、昼寝海豹がまだ本格的に氷上にあらわれるまえに到着することになる。つまり行きに海豹をたんまり獲ってそれを元手に北進するというそもそもの構想は、少々無理があるのである。

それを承知のうえで海豹狩りを前提にして旅をしようと思えば、行きになんとか一、二頭獲って、それで耐え忍び、帰りは食料がほぼ尽きた状態でフンボルト氷河にむかい、そこで本格的にウーット狩りをして、あらためて村までの食料を確保する、というのが現実的なプランになるだろう。しかしこの現実的なプランは、あまり現実的ではない。というのも、これは途中で食料が尽きることを前提にした背水の陣方式であり、最後の海豹狩りに失敗したら食料がなくなり野垂れ死にするからだ。

こんなことは相当な技術と経験の裏付けがないとできるものではない。だがエルズミア島や北極海まで行こうと思えばそれ以外に方法がない。何より、かつてのエスキモーはそういうやり方で旅行していた。

私はここに越えがたい一線を感じる。地理的に越えられない一線ではなく、行為として、思考回路として、いや人間として容易に越えられない一線だ。

帰りの食料ぐらいは確保しておきたいという私の心理は、生還を担保しておきたい、未来を予期できる状態にして安心したい、という生存欲求のうらがえしだ。しっかり計画を立てて未来を読める状態にしておいたうえで行動するのは、いってみれば、近代人的、都市的な発想であり、私はまだこの思考回路で旅をしている。でもエスキモーはちがった。彼らは食料がなくなれば獲物をとればいいし、獲れなかったら獲れなかったでそのとき考えればいい、という発想で旅ができていた。この思考の相違こそ近代人的都市の思考＝私と、野生の思考＝エスキモーをわかつ究極の境界線であり、いまの私にとって最大の〈脱システム〉である。この一線を越えた旅行ができるようになること、すなわち自らをエスキモー化させ、私という人間を変えてしまうこと、それが近年の私にとって最大の課題でありつづけている。

時期尚早で数が少なかったとはいえ、二年目、三年目の旅でも私は積極的にウーットット狩りをこころみた。機会はそう多くはなかったものの、自分なりにやり方を洗練させて成功率を高めるように努力した。

二年目は衝立を改良したほかは一年目と同じやり方でのぞんだが、三年目は装備関係を大きく変更した。たとえばライフルについていえば、それまでの.22-250にくわえ、.222という、イヌイット猟師が標準的に使用する、小さな二十二口径をウーットット狩り用に用意した。火薬が減ると反動が少なくなり、そのぶん精度があがる。このライフルを使ってからは二百メートルほど離れていても八割方、頭部に命中するようになった。

またカナダ式の衝立にかえてカムタッホも使いはじめた。それまで使っていた衝立も悪くはなかったのだが、射程にはいるまでの最後の五十メートルのつめがむずかしく、どうしてもズボ、ズボという足音で逃げられる。しかし、カムタッホなら最後に橇のように雪面をすべらせて匍匐前進できるので、アプローチが多少有利になった（図2）。

四年目の二〇二二年春は大幅に猟果があがった。この年は海豹の数も多かったが、それだけではない。アプローチの確実性を増すため、一キロ以上離れた場所から歩きはじめ、三百メートルぐらい手前から匍匐前進するようになった。もちろん時間はかかるし、背後にのこした橇が白熊に荒らされないか心配だが、狩りの確実性はあがる。ライフル関係も細かいところを改良した。その結果、四月下旬になり暖かくなってからは連日のように仕留めることができた。

このようにいろいろと道具や方法を試行錯誤した結果、いまでは一日真面目にやれば最低一頭は確実に仕留められる自信があるし、狩りが上達しているとの手応えもある。

ただ、フンボルト氷河近海で四年間ウーット狩りをこころみて自分自身で変わったなと感じるのは、道具や技術の上達ばかりではない。海豹の生態や出没傾向にくわしくなることで、この北極の大地との結びつきがより強く感じられるようになったこと、それが一番の変化だ。

一年目にはわからなかったが、二年目、三年目と同じ地域でウーット狩りをこころみるうちに、私は、昼寝海豹というのは、じつは毎年同じような場所に出没するということがわかってきた。これは、フンボルト氷河近海には海豹が多いとか、そういう大きなスケールの話でなく、もっとピンポイントの話だ。

たとえばアウンナットの小屋から一キロほど離れたところに、毎年のように昼寝海豹があら

図2　海豹狩り

❶ アプローチ開始

❷ 匍匐前進

❸ 射撃

われる場所がある。アウンナットとイヌアフィシュアクの中間の湾やイヌアフィシュアクの岬の近くにも、またイヌッホリの湾にも同じようなポイントがある。これらは出没ポイントとしては小さなもので、だいたい一頭しか見かけないのだが、それでも有力なポイントなのはまちがいなく、四月中下旬のまだ早い時期でもウーット狩りを期待できる。

また、より大きな出没場所としてはシオラパルク浜の大クラックがある。シオラパルク浜は内陸から風が吹き抜ける地形となっていて、四月中旬までは固い雪におおわれておりあまり期待できないが、それ以降は暖かくなって雪がとけ、割れ目が広がり、細長い開水面に沿って四、五頭の海豹がのんびり寝そべる猟場となる。

では、どうして毎年同じ場所に海豹があらわれるのかというと、それはつぎのような理由による。

海を泳ぐというと、われわれはどうしても自由気儘に好きなところを動きまわるという印象をもつが、実際には、氷の下の海豹は移動ルートをかなり制限されている。なぜかというと海豹は人間とおなじ哺乳類であり、定期的に呼吸しなければならないからだ。

厚い氷におおわれた海で海豹が呼吸できる場所はかぎられるが、たとえばそのひとつにイッカッドと呼ばれる氷の隆起した場所がある。岸沿いに大岩があると、干潮となって水位がさがったときに、表面の氷がこの大岩にぶつかって盛りあがり、真ん中に菊の花のような割れ目ができる。イッカッドというのはこうした氷の隆起のことで、海豹はそのしたの空洞で呼吸する。あるいは岬の周辺にできるクラックも、表面にうすい氷が張るだけで、呼吸口をあけやすいポイントとなる。そしてイッカッドもクラックも海底の大岩や岬といった不動の地形によってできあがるので、毎年同じ場所に形成される。となると、それらを呼吸場所として利用する海豹の移動ルートも変わらないということになり、毎年同じような場所に呼吸口をつくって、春になると穴をひろげて昼寝をするのである。

そういうことが四年も同じ場所に通ううちにわかってきた。

では、それがわかったところでいったい私がどのような影響をうけるのか、というと、旅の仕方そのものが変わってくる。

海豹の出現ポイントがわかると、当然それを前提に旅の予定を考えるようになる。たとえばアウンナットの小屋を出てイヌアフィシュアク方面にむかう場合、約三十キロ先の途中の湾に最初の有力な海豹出没ポイントがある。一日の行動の終わりに海豹が獲れたらいうことはないので、まずはそこをめざして進もうや、ということになる。実際に狩りが成功したら最高だし、よしんば失敗したり海豹がいなかったりしても、通用穴さえ見つかれば罠をしかけることができる。氷の穴から三叉のフックを垂らして、少し離れたところにテントを張って一晩待ち、翌日の昼にでも海豹がかかっていれば儲けものである。ダメならつぎのポイントにむかい、狩りに失敗したらまた罠をしかけて一日待てばいい。そして翌日もシオラパルク浜の猟場をめざし……とひたすら出没ポイントで同じことをくりかえす。と、このように出没ポイントがわかると、そこで幕営して罠猟も併用しようという発想になるので、おのずと行動が海豹の出没ポイントにしたがってくみたてられてゆく。

これがどういうことかというと、行動が自分の都合にもとづいたものではなく、海豹の動きや土地の条件に組みしたがったものになってゆく、ということだ。そしてこれは、以前の私の旅の行動原理とは根本的にことなるものだ。

近代以降の行動原理であり、かつ以前の私の行動原理でもあった計画的到達主義。これは、目的地を最優先してそこをめざしてひたすら直線的に進むというものだから、あきらかに、いま述べたような旅の原理とは正反対である。

計画的到達主義は、目的地までの土地を均質なものとみなし、それぞれの土地に固有の特徴などはない、と仮定することで成りたつ考え方である。なので、どうしても途中で通過するその土地の相貌や、たまたまそこで起きた出来事を切りすてることにつながる。

五キロ先の右側に海豹があらわれても、その日の移動ノルマを達成するほうが目的地に確実に到達できる、という発想になれば、獲れるかどうかわからない海豹にかかずらうより、事前の計画を優先させたほうが効率的になる。この路線でいけば、じつはそこは海豹がよくあらわれる場所なのだという、その土地の相貌も切りすてることになるだろうし、そのことに気づきさえしないだろう。畢竟、途中の土地はすべて、ただ通過するだけの無意味な存在となりはて、土地は私の世界のなかには組みこまれず、私と土地とのあいだには埋めようのない距離がのこされたままだ。

私が狩りを旅の行動原理に据えるようになったのは、こうした到達主義的行動の限界に疑問が湧いたからだ。狩猟を前提に行動すると、まずはどこに獲物がいるか知らないと話にならない。獲物がいるかどうかはそれぞれの土地によって異なるので、獲物を探すことは、それぞれの土地とむきあい、その相違のなかで生きることにひとしい。狩猟とはすなわち、計画的到達主義で切りすてられていた土地の潜在力を掘り起こし、その土地と結びつくことなのである。先ほどの場合であれば、海豹の出没ポイントは海底の地形や岬の位置や潮の流れなどから決まってくるわけだから、それは、いま述べたような意味での土地の条件にほかならない。そこは、海豹があらわれるという固有の相貌をもつ場所である。だから、その出没傾向を知り、それにもとづいて行動を考えるようになれば、それはまさにその土地の特徴を読みとり、自ら率先してそれに組みこまれながら行動する、ということなのである。

だが、狩りを前提に同じ地域で四年も旅をすると、それよりもっと深いところまで引きずりこまれる感覚がある。その感覚とは何か。それは自由だ。土地のことを深く知り、それに組みこまれて行動できたときのほうが、自由に動けているという感覚があるのだ。

海豹の出没ポイントにしたがってうごく。それは、いってみれば海豹世界にはいりこむということである。自分で立てた計画を優先するのではなく、海豹側の実情にあわせるということなわけだから、表面的には海豹側にしばられており、不自由なように思える。実際の旅のルートや幕営地も、海豹の出没ポイントによって決まってゆくわけだから、その点でも全然、自由ではないように見える。だが逆説的なようだが、現実に私が実感するのは、土地の条件に組みこまれて行動できたときのほうが、より自由である、という感覚なのである。

どうしてこんな感覚になるのだろう。

ひとつ決定的なのは、海豹の動きの流れにしたがったほうが、旅が効率的になってゆくということだろう。効率的というのは、この場合、獲物をとれる確率が高くなることをいう。だからこそ、私は自分から率先して海豹の生態にあわせて行動しようとする。これがどういうことかというと、到達主義的にこちら側の計画を無理矢理押しとおすよりも、土地の相貌や海豹世界に入りこみ、むこう側の事情にとりこまれてしまったほうが旅はうまくいく、ということだ。

土地の風貌に組みこまれ、それにしたがうことができれば、その土地の恩恵をうまく利用することができる。でも土地の恩恵をうけることは、じつはそんなに生易しいことではない。どこに海豹の出没ポイントがあるのか、その知識だけでも時間をかけて通いつめなければ手に入らないし、その出没ポイントを実際に有効活用するには、知識のほかに、技能の裏づけも必要になる。私の場合は、そのために四年かけての試行錯誤が必要だった。

土地の恩恵を発見し、利用できるようになるには四年かけて在来知をたくわえ、能力を高めないといけない。知識と能力を高めることによってはじめて、土地の流れに乗り、その潜在的な力を引き出すことができる。土地の力を引き出すことができれば、外からもちこんだ食料にたよらなくてすむし、そのぶん、そこで生きることのできる確率が高まる。それが自由に旅をすることができているという感覚を生みだすのだろう。自然と調和する、大地とつながるとは、おそらくこういう感覚のことをいうのではないだろうか。

かつて目的地にむかって到達一辺倒で行動していたとき、私は自分の行動に違和感をおぼえていた。その違和感は、自分の行動と周囲の自然がうまくかみあっていないという違和感だ。

行動にどこか無理があったのだろう。そのせいで周囲の自然環境とのあいだにギスギスとした摩擦を感じながら旅をしていた。だが海豹世界にはいりこみ、その流れにのって行動できたとき、その違和感は消える。土地と調和し、土地をうまく使って行動できていると感じるようになる。かねてから私は、昔のエスキモーのように、北極の大地を裏庭のように自由自在に動きまわれるようになりたいと念願していたが、私が憧憬していた自由とは、じつはこのように土地の側に組みこまれることにより得られる自由だったのである。フンボルト氷河近海で海豹を四年追いかけることで、私はその自由の一端を知った。

土地のめぐみを使って効率的に動けるようになれば、そこで生きていけるという自信もうまれる。

私はいま、ようやく例の一線を越える準備ができたと感じている。

一線というのは、先ほど述べた近代文明人である私と、野生児であるエスキモーとのあいだに引かれた思考の境界線のことだ。

帰りの食料を手元にのこしておかなければ、怖くてその先に行くことはできない。これまで私は、この境界線の内側にとどまって旅をしてきた。だが海豹の生態を多少なりとも理解し、それを利用できる自信がついたいま、つぎはこの一線を踏み越えることができると感じている。帰りの食料がなくてもフンボルト氷河で海豹を獲って帰ればいい、と自然に思うことができるようになっている。この考え方にとくに断絶や飛躍を感じることがなくなっている。

たぶん私の思考や行動が、フンボルト氷河近海と調和しはじめているのだろう。かつて私はエスキモーが帰りの食料をもたずに旅をつづけられる理由がわからなかった。なぜそんなことができるのか、その根拠を知りたかった。でもいまは、その根拠がわかる。彼らは自分たちの大地のことを信じることができたのだ。かならず獲物はとれる。かならず最後は大地がむくいてくれる。そのように大地を信頼できていたからこそ、命を託することができたのである。

この原稿は犬橇四年目がおわった段階で書いている。

五年目の旅は、この一線を踏み越え、もう少し遠くに行くことになるだろう。

だがその前に、犬橇二年目のシーズンに何があったのかを語らなければならない。

新先導犬ウヤガン

I

二〇二〇年一月十五日、ヘリでシオラパルクに到着し、二年目の犬橇シーズンがはじまった。この年の目標はグリーンランドとカナダ間の海峡を越え、エルズミア島側へ進出して獲物のいる〈いい土地〉をさがすことである。

滞在期間は五カ月を越えるため、まずは生活の拠点となる家を決めないといけない。荷物をはこびこみ、食料や燃料を買い出し、犬の餌を準備して、数日かけて生活の態勢をととのえ、犬を順次引きとった。

夏の不在期間中は村人に謝礼をはらって犬を世話してもらう。相場は一頭につき月四百クローネ、日本円で八千円弱である。十頭いたら月八万円、都内でひとり暮らしをする子供の家賃を支払うような感覚だ。

もちろん、あずけ先は信頼できる村人をえらばないといけない。個人的にはヌカッピアングアと仲がいいのだが、彼の一族は伝統的に犬への餌やりが悪く、痩せた犬が多い。一年目から二年目にかけては、カーリーという村一番の巨漢猟師に三頭（ナノック、プールギ、ポーロ）、カガヤという植村直己とも親交のあった剽軽な長老格に四頭（ウヤミリック、ウヤガン、キンニク、ダンシャク）世話してもらった。のこりのウンマ、キッヒ、カヨの三頭は、元の飼い主であるアーピラングアが「俺が面倒を見ておく」と言うのでそうしたが、彼は夏にカナックに引っ越してしまったので後日引きとりにいかなくてはならない。

この年は秋の海象《セイウチ》狩りが豊漁だったようで、村の櫓には五、六十センチ四方の肉の塊が山積みになっていた。餌をたっぷりあたえられた犬たちは、まるまると肉づきがよくなっている。七カ月ほど不在にしたが、犬たちは私のことをしっかりおぼえており、皆、私が近づくと尻尾をふって飛びつき、全身でよろこびを表現する。前年は毎日のように走り、長旅も経験しただけに、私の姿を見ただけで、また雪原を疾走できるとわかるらしい。

ただし一頭だけ例外がいた。逃亡犯ウヤガンだ。この犬だけはあいかわらず私を警戒し、近づくと怪訝《けげん》そうな目でじーっと様子を見て距離をあける。若くて身体も大きく、愛くるしい容貌をしたお気に入りの一頭だが、性格だけは一筋縄ではいかない。

前年の面子にくわえて、さらに二頭がチームの仲間となった。

一頭は、村に到着して数日後に、カガヤの娘ピピアから「もらってくれないか」と打診された犬だ。ピピアは夫のトゥーマッハとともにシオラパルクから百キロ少々東にあるケケッタの村で暮らすが、里帰り（夫婦喧嘩？）でもどってくることも多い。どんな犬か見にいくと、小顔で黒くてつぶらな瞳が特徴的な体格のいい犬である。毛の色はウヤミリックやナノックとおなじ薄茶色系で、私の好みだ。

「アゲヒョ〜（大きいでしょ〜）」

ピピアがここぞとばかりにアピールする。

名前はカルガリ（大鮃《おひょう》）、年も三歳と一番力のでる年齢だ。あまり人懐っこい性格ではなく警戒気味なところが気になるが、ほかにはとくに悪いところは見当たらない。ウンマやキンニクなど老犬も何頭かおり、来年、再来年をみすえると、若い犬を増やすのも必要なことだ。八百クローネで引きとることにした。カルガリはこの年こそ目立たなかったものの、翌年からチームの核として活躍することになる。

もう一頭は雌犬である。

雌犬をくわえるかどうかは、じつは前年もなやんだ点だった。

雌犬をもつ意味は、やはり繁殖である。一年や二年限定なら雄犬だけで十分だが、五年も六年もやる覚悟なら雌犬をくわえて子犬をそだてないと戦力の補充ができない。村人も多くは繁殖目的で雌犬を飼っており、橇引き犬としては使わずに、家の近くでつなぐ者も少なくない。年をとり力の落ちた犬は間引きし、若い犬をつぎつぎと補充するのが彼らのやり方である。

とはいえ、まだこの段階では、私も二年目がはじまったばかりでほぼ初心者、正直、繁殖のことまで頭がまわらなかった。私が雌犬をほしいと思ったのは純粋に戦力としてだ。

村人からはたびたび雌犬をチームにいれるメリットについて聞かされていた。曰く、雌犬が一頭いると雄犬がハッスルして橇引きに力がはいる。とくに長旅だとその効果は顕著だ。一週間も二週間も走っていると雄どもは疲労と倦怠でやる気をうしない、いかにもかったるそうにダラダラ橇を引くばかりだが、そこに雌犬が一頭いると「ヌワンナッホ〜（楽しい〜）」とやる気が増すのだという。向精神薬というか、筋肉増強剤というか、どうもそれと似た効果があるらしい。

「人間の男だって女がいたら、いいところを見せようとがんばるだろ？　それとおなじだ」

村の男たちは口々にそう言った。じつに説得力にみちあふれる意見であった。

ただ、クスリとおなじで雌犬をいれることには、大きな副作用がともなうともいう。何かというと発情の問題である。

雌犬は年に二回発情するが、旅のあいだに発情期をむかえてしまったら大変だ。雄たちはそのフェロモンに懊悩《おうのう》、狂乱し、隙あらば交接におよぼうとして、まったく橇引きに集中できなくなる。それだけでなく雌をめぐって喧嘩にあけくれ、混乱の挙句、集団リンチが発生し、引綱が首にからまり死ぬのも出る始末だという。

地元イヌイットは雌犬のメリットをあげる者が多かったが、大島さんや山崎さんはデメリットを強調した。餌の量を少なくすることで、ある程度は発情をおさえられるが、もちろん完全ではない。旅のあいだに発情したら大変なので、やめたほうがいいという。

何よりも困るのは雌犬自身が豹変することだという。発情をむかえた雌は突然走りだしたり、飼い主が近づくと逃げだしたりと突拍子もない動きをする。しかもほかの雄どもは全員、発情した雌の股間のことしか頭にないので、雌が走りだしたら、ハーメルンの笛吹きよろしく興奮して一緒についていく。

よくあるのは、橇を停止させ、からまった引綱をほどいている最中に、突然雌犬が飛びだし、雄犬がそれを追いかけて走り去るというパターンだという。引綱をほどくときは基本的に全頭がフリーの状態になっているので、いきなり犬が走りだしたらお手上げだ。橇と人間だけがその場にとりのこされ、場所によっては死刑の宣告にもひとしい状態になる。

山崎さんからは「雄だけでも十分走るから、雌は来年以降でいいんじゃない」とアドバイスされた。そもそも一年目の私には、そんな爆弾をかかえる余裕などなく、雌の加入問題は棚上げとなった。

そのような状態で私は二年目をむかえたわけである。前年の旅の手応えから、そこそこできるという自信もあり、多少余裕がうまれ、今年は雌はどうしようかなぁ、いい雌がいたら欲しいなぁ、などと考えていた。

そこにイラングア・クリスチャンセン（大イラングア）がやってきた。大イラングアは椅子に腰かけ、じつに何気ない感じで、私の心を見透かしたように言った。

「今年は雌犬どうするの？　俺のところに二歳の雌犬がいるんだけど、もしアレだったらゆずってもいいよ」

雌犬をすすめる村人のなかでも大イラングアはその筆頭だった。というか、いま思うと、彼以外に「雌犬がいたほうがいい」と断言した者がいたかどうか疑問である。その大イラングアが、自分のところの雌犬を買わないか、と持ちかけてきたのである。ともかく、どんな犬か見にいくことにした。

「うちの雌犬は小さいからなぁ。カクハタのところは大きいのばかりだから、気に入らないと思うけど……」

ぶつぶつ言いながら、彼はヘッドライト頼りに極夜の闇のなかで細々とつづく村の道を進んだ。その雌犬は、彼が言うようにじつに小柄な犬だった。ツンとすました表情で私を見つめ、お前などまったく関心がない、といった態度で近づく素振りすら見せない。ツンデレ系ではなく、まったくのツンツン系。大イラングアの犬は総じて人に懐かないとの評判だが、なるほど愛想というものが全然感じられない。

……にもかかわらず、私はこの犬を買うことにした。なぜなら圧倒的に美しく、妖艶だったから。天から舞い落ちた雪のような純白の毛皮を身にまとい、王女のような気品と女狐のように妖しげな色気にみちている。名前はカコット、白という意味でありふれた名だが、でもそれは彼女のためにこの世界に用意された名前なのだった。

カコットは妖艶なだけでなく、橇引き犬としても非常に戦力になる犬だった。とにかく自分でも制御不能といった状態で全力で走る。あだ名は〝クレージー小娘〟だ。休憩中に突然飛びだす癖があるのがたまにキズで、おかげで私が乗る前に何度も橇が走りだし最初はてこずったが、教育するとそのうちこの悪癖もなくなった。おそらく大イラングアがゆずってくれたのも、この暴走性が理由だと思う。彼のように七十近い年齢になると、性格的にはげしい犬より、大人しい犬のほうがあつかいやすいのだろう。しかし私にとっては、はげしく橇を引くこの性格が何よりも魅力だった。小柄でパワーはないものの、乱氷やサスツルギで橇がスタックしたときにカコットが飛びだすことでほかの犬もつられて走りだし、はまった橇が動きだす、ということが何度もあったのだ。

やがてカコットはたくさんの子犬を産み、チーム角幡の太母となってゆくが、それはまた後の話である。

こうして新たに二頭がくわわり、カナックのアーピラングアのところにあずけたウンマら三頭も引きとって、計十二頭で二年目のシーズンが本格的に幕開けした。

2

二年目の犬橇シーズンをむかえるにあたり、最初の課題はあたらしい先導犬の育成だった。

チームの先導犬はウンマである。ただウンマは高齢であり、いつ走れなくなるかわからない。この犬を手にいれたとき、元の飼い主であるアーピラングアはウンマの歯を見て「たぶん五歳か六歳かなぁ」といい加減なことを言っていた。犬の知識が皆無だった当時の私は彼の言を信ずる以外なかったが、その後、じつはウンマはもともと巨漢猟師カーリーの犬で、カーリーがアーピラングアにゆずった、という経緯が判明した。その元々の飼い主であるカーリーに確認したところ、ウンマはすでに九歳ということだった。

「ベリー、オールド、ドッグ」

カーリーは英語で語った。あんな老犬にたよるのは考えものだぞ、と言外ににおわせているようだった。

しかもそれは前年の話で、二年目のこのときはもう十歳なのである。十歳といったら、人間でいえばおそらく七十歳前後の高齢者だろう。カナックまで犬橇を走らせ、アーピラングアからウンマら三頭を引きとったとき、彼は「ウンマターファはもう年だから、たぶん駄目かもしれない」とぬけぬけと語っていた。買い取ったときは五歳か六歳だと言っていたのに、まったく食えないオヤジである。

それでも、アーピラングアの悲観的観測をよそに、ウンマはよく走った。カナックからシオラパルクにもどるとき、われこそは先導犬であるとの自覚があるのか、するすると先頭に進み出て前年同様、私のかけ声に的確にしたがった。ハゴと言えば左に行き、アッチョと言えば右にまがる。ウンマの先導を得たことで、極夜の真っ只中の、しかも月の出ない新月の真の闇に閉ざされた視界不良の六十キロを、私はなんのトラブルも、ストレスを感じることもなく、とても平穏に走りきることができた。

だが、いつまでもウンマ頼みでいくことはできない。今年は走ってくれたとしても、年齢を考えると来年以降はきびしいはずだ。怪我をして離脱することも多い。去年は冬場の訓練期間中に足裏の肉球がすり減ってしまい、しばらく休養したことがあった。高齢で、累積走行距離が長いためか、ウンマの肉球は厚みをうしない、寒い時期に走るとすぐに削れて血がにじんでしまう。予備という意味でも早急に先導犬をもう一頭育成する必要があった。

本格的な先導犬の育成ははじめてだ。去年もはじめは苦労はしたが、一カ月もしたらウンマはほぼ指示どおりの動きを見せ、氷床や目印のない氷原でも困ることはなかった。しかしそれは、ウンマがもともとアーピラングアの先導犬で、経験豊富だったからできたことだ。はじめて橇に乗ったときにスムーズに前に出てくれたのも、そのおかげである。もしあれが先導犬の経験のない犬だったなら、私が「デイマ（出発だ）」と言ったところで、わけがわからずぼーっとして、その場で戸惑っていたはずだ。

先導犬育成は最初から課題だったので、前年も何頭か候補となる犬を試したことがある。どのような性格の犬がいいかは、人によって考え方がまちまちだが、初年度の私はさっぱり適性がわからなかったため、まずは兄貴分である山崎さんの意見を参考にした。山崎さんの経験では、前に出ようとする性格の犬がいいらしい。

「ウヤミリックは前に行くし、指示の意味もわかっていると思うから、すぐにできるようになると思うけど」

人力橇時代からの相棒ウヤミリックは、以前、山崎さんに面倒を見てもらい、チーム山崎の一員として走ったこともあった。その経験から山崎さんは、ウヤミリックは先導犬の適性あり、との心証をもったようである。

ウヤミリックが先導犬になってくれたら私としてはいうことはない。喧嘩っ早いのは大きな欠点だが、馬力はあるし、チームのなかで一番前に出る気性が強いのはこの犬だ。長年の関係からもっとも愛着があって信頼できるのもウヤミリックだ。だから、犬橇をはじめる前から私には、ウヤミリックを先導犬にそだてて、いつかは自分のチームを〝チーム・ウヤミリック〟

にしたいとの願望があった。なので、ある程度ウンマが指示をきくようになった段階で、ウヤミリックの引綱をウンマとおなじ長さにして、二頭態勢でしばらく先導犬訓練をつづけたことがある。

だがこのときはうまくいかなかった。ウンマと一緒に二頭態勢で走らせると調子がいいが、ウンマが怪我で離脱してひとりになると、突然立ちどまり、前に出ようとしなくなる。とくに深雪で速度が落ちると、そのまま停止し、どうしていいのかわからないといった顔で私のほうをふりかえる。私が鞭をふりながら誘導するとついてくるものの、「デイマ」と声をかけてまた走らせると、ふらふらしながらやがて止まる。この犬は人力橇時代はずっと私の後ろで橇を引いてついてくるだけだったので、先頭で判断をせまられると尻込みしてしまうようだ。

ウヤミリックに適性なし——。そう判断した私は、つぎにべつの犬をためすことにした。おなじく前に出る性格のプールギとナノックである。

期待が高かったのはプールギだった。この犬はとにかく走るのが好きで、いかにも適性がありそうに思えた。カナックでキンニク、ダンシャク、逃亡犯ウヤガンの三頭を仲間にくわえたあと、東に六十キロ走らせてケケッタ村まで遠乗りしたことがある。その間しばらく先導犬見習いとして、プールギをウンマの一メートルほど後方で走らせた。しかしプールギもウヤミリックとおなじように、ひとりで先頭に出ると落ち着きをうしない、おたおたと混乱し、立ちどまってしまう。ベテランたちを率いるには、プールギはまだ若すぎたのかもしれない。

最後にためしたのがボス犬ナノックだった。一年目にためした三頭のなかでは、この犬が一番適性があるように思われた。ボスに登りつめただけあって、ナノックは肉体だけでなくメンタルも強靭で、躊躇《ためら》ったり、戸惑ったりすることがない。何度かこの犬のことを前進衝迫症と皮肉まじりに形容したが、まさにそんな感じで、引綱を長くしたら躊躇うことなく先頭にたち、深雪だろうと、目印がなかろうと関係なく、そのまま驀進する。

先導犬の訓練をはじめた段階では、まだボス争いの真っ最中だったが、やがてナノックがほかの犬を蹴散らし王座についた。これも先導犬候補としてはプラスだった。強い犬が後ろにいると、前を走る先導犬が癪《しゃく》にさわって、いきなり嚙みつくことがある。これをやられると先導犬は後ろの強い犬のことが気になり、嚙まれないように左右にズレたり、強い犬に媚びへつらうために後ろに下がったりして先導に集中できなくなる。こうなるとまったく行きたい方向に進まないが、最強犬たるボスが先導犬になればそれがなくなる。

ただしナノックにも問題があった。前に出てくれるのはいいのだが、直進性がつよすぎて左右の指示への反応が悪いのである。しかもどうも右にまがってゆく癖がある。放っておくとどんどん右にズレてゆくため、ハゴ、ハゴと左に軌道修正しないといけないが、この指示になかなか反応してくれない。右側が乱氷でもおかまいなしに突進して乗りあげるし、海水との際を走ったときなどは海にむかって直進して恐ろしい思いをした。ナノックはただの前進衝迫症ではなく、猪突猛進性前進衝迫症なのである。

だがナノック以外に先導犬となりそうな犬はいない。二年目を開始するにあたっての目標は、まずはナノックにちゃんと右と左の指示を理解してもらうことだった。

二シーズン目がはじまり一カ月ほどは混乱がつづいた。雌犬カコットがくわわったことで、雄どもはしきりに身体をよせて交流をはかろうとする。ウーマに訊くと「雌犬はとてもいい匂いがするんだ」と言う。雄たちは終始そわそわしっぱなしで、走らせるととてもハッスルし、争ってカコットの股間に鼻面を近づけた。

雌犬がくわわり気持ちが昂ったせいか、まもなくボス犬ナノックが、図体だけがでかいポーロと逃亡犯ウヤガンという序列下位の若い二頭にリンチにあった。〝ポーロの乱〟の勃発である。これで先導犬訓練の真っ最中だったナノックは一旦離脱、ふたたびウンマ頼みの犬橇がつづいた。

ポーロが一時的にボス犬になりかけたところで、カコットのまわりの雪面にピンクの血痕が散見された。発情期をむかえたらしい。〝ポーロの乱〟にも閉口したが、これにもまいった。このまま雄と交合して妊娠してしまうと、三月中旬から予定しているエルズミア島への長期旅行にカコットを連れていくことができなくなるからだ。私としては雄のやる気促進効果を見こんで雌犬をくわえたわけで、旅行に連れていけないと意味がない。発情が本格化する前にどこか別の場所につながないとなぁ、とのんびりしているあいだに、ちゃっかりポーロの野郎がカコットにまたがってへこへこ腰をふっている。このときほどポーロを憎たらしく思ったことはない。これでカコットの妊娠はほぼ確定し、旅に連れていけなくなる可能性が出てしまった。

まもなく〝ポーロの乱〟は鎮圧されナノックがボス犬に復権したが、今度は大鮃釣りに行く途中に雪崩にまきこまれ、橇が損壊して修理に追われる事態となった。なかなか思ったとおりにいかなかった。

訓練は毎日のようにつづけ、ナノックは連日先導犬として先頭にたった。右に行く癖も少しずつ改善し、ハゴやアッチョという方向の指示にも徐々に反応するようになった。ただ猪突猛進性による前進衝迫症はよくならない。

たとえばある岬をとおりこしてつぎの岬にむかうとする。シオラパルクからカナックへ行く場合はまずカギャ岬を越えて、つぎにインナンミウ岬にむかうのだが、そういうケースである。

岬は潮流がつよく氷が削れてうすくなり、アウッカンナと呼ばれる危険箇所ができることがある。したがって岬から岬へ移動するときは、つぎの岬へ直進するのではなく、その数キロ内側から岸沿いをぎりぎりまわって越えるのがセオリーだ。岸のすぐ近くの氷のほうが安定しており安全なのである。だがナノックはこれができない。カギャ岬を越えてつぎのインナンミウ岬が見えると、どうしてもその先端にむかって驀進してしまう。岬の内側をめざそうといくらハゴ、ハゴと叫んでも、その指示にはいっこうに反応してくれない。自分のなかで目標物が見つかると、異常視野狭窄《きょうさく》状態におちいり、そこに行くことしか考えられなくなるのだ。

したがって、ぐねぐねとまがる海岸線を忠実に走ることもできない。海豹の網をしかけるときなどは、イッカッドという氷が隆起した箇所がポイントになるので、岸沿いを走ってこれをさがさないといけないが、ナノックは性格的にむこうのポイントに直進しようとするため、小さな湾や入江を突っ切ってしまう。

おなじように海豹の呼吸口をさがすためにクラック沿いを走ることも至難だった。私がいくらクラック沿いに誘導し、この筋に沿って走れと教えこんでも、クラックを無視して自分がきめた前方の目標物にむかって猛進する。ためしにウンマにこれをやらせると、すぐに意図を察して上手にクラック沿いを先導してくれる。これは完全に生来のセンスや賢さの問題で、その後の先導犬育成の経験に照らしても理解力のある犬はすぐできるようになるのだが、ナノックはそういうタイプではなかった。

考えようによっては直進性がたかく先頭で驀進するのは、チーム全体の速度があがるので長所でもあるが、思ったとおりにうごいてくれないと苛立ちの原因になる。先導犬育成は耐えることだ、コロコロと替えてはいけない、といろんな人から言われたが、こらえ性のない私は、またべつの犬をためすことにした。

どの犬かというと逃亡犯ウヤガンである。正直まったく期待していなかったのだが、これがドはまりした。

すでに何度も触れたようにウヤガンはかなり変わった性格の犬だ。

前に出る性格の犬がいい、との山崎さんの意見にしたがい私は先導犬をためしてきた。それまでの犬に共通していたのは、がつがつとした性格で、喧嘩っ早く、過剰に男性ホルモンを分泌していることだ。つねにテンションが高く、突っ走ることしか頭にない。ゆえに前に出る。単純だ。

だがウヤガンはそういう性格ではなかった。普段はぐでーっとやる気がなく、眼には緑の目ヤニを溜めこみ、ほとんど生死不明の状態である。あまりにうごかないため本当に生きているか心配になり、身体をさするとじつに面倒くさそうに眼をあけ、ようやく生存を確認できる、そんな極端な超脱力系だ。喧嘩もしないし、面倒事にまきこまれぬようほかの犬と慎重に距離をたもつ。ところがこれが犬橇で走らせると急に潑剌とした表情にかわり、いきいきと眼を輝かせ、ぐねぐねと鰻《うなぎ》のように身体をくねらせる独特かつ変な走法で遮二無二橇を引くのである。文字どおり鰻みたいにつかみどころのない圧倒的に個性的な犬だ。

何度も脱走をこころみた困り者で、愛想のかけらもなかったが、さすがに何カ月も一緒に活動すると私にも慣れ、逃げることはなくなった。若くて身体も大きく将来性があり、何より容貌は熊のぬいぐるみのように愛くるしい。やがて一番のお気に入りとなった。

お気に入りの犬を先導犬にしたいというのは、これは犬橇家の人情である。ひいきの力士に横綱になってもらいたい、馴染みの芸者に店をもたせたい、そういうタニマチの心理とおなじだ。普段は何を考えているのかさっぱりわからないが、走るのは積極的だし、五パーセントぐらいの確率で化けるかもしれない、といった程度の軽い気持ちで、私はこの犬を前に出してみた。

ちょうど雪崩で損壊した橇の修理をおえ、カナック方面に訓練のための数日間の小旅行に出たときだった。通常とは異なるルートで走り、カギャの岬を越えてから、つぎのインナンミウ岬にはむかわず、岬と岬のあいだのフィヨルドを内陸にすすみ、途中で一泊した。湖と氷河が連続し、すばらしい景観がつづくこの谷間は春の観光犬橇のコースになっている。その間、先導犬をつとめたのはナノックで、そのすぐ後ろの一・五列目にプールギと雌犬カコットを配置した。プールギは先導犬訓練のため、カコットは股間をちらつかせて、後ろの雄犬のやる気を引き出す人参の役割だ。あいかわらずナノックは先頭にたち、みずからさだめた目標物にむかって驀進したが、プールギの働きがイマイチだった。一番前のポジションではないのに、ほかの犬の前に出ただけで落ち着きをうしない引綱をたるませてしまう。

こらえ性のない私は、カナックから村へもどる道中でプールギにかえてウヤガンを前に出した。ウヤガンはするすると前に出て、なんの躊躇もなくナノックのすぐ後ろ、カコットと同列で走りだした。この時点でウヤガンの適性はあきらかだった。多くの犬はほかの犬より前に出ただけで、後ろにもどりたがる。だがウヤガンには当惑の様子はなく、これまで同様身体をぐねぐねさせて楽しそうに走っている。もしかしたら位置どりの変化に気づいていないのでは……とさえ思えた。

その日は途中で一泊し、翌日村へと出発した。ウヤガンは相変わらず潑剌と走った。平素の態度から、この犬は鈍感というのか、こまかいことにはなんら頓着しない独特の性格の持ち主だと思ってはいたが、走る様子を見ていても、どこか尋常ではない大器の雰囲気をただよわせている。しばらくは一・五列目で慣れさせようと考えていたが、この犬にかぎってはそういう常識は不要かもしれない。私はこの日、思い切って先導犬をナノックからウヤガンに交代させた。ただし、まだ右、左という指示は理解していないだろうから、補佐役としてウンマをとなりにつけ二頭態勢にした。

ウヤガンは先頭でもまったく動じる気配がなかった。そればかりか右（アッチョ）左（ハゴ）の指示にも反応できているように見える。ウンマの動きにあわせているだけかもしれないが、戸惑った様子は微塵もない。村に到着すると私は橇をおりて先頭にたち、高さ三メートルの定着氷の段差を駆けあがり、橇を止める場所まで坂を誘導した。ウヤガンは忠実に私の後ろをついてきて、最後に、どうです僕、うまくやったでしょ、となんとも晴れやかな良い顔をした。初日としては百点満点の五百点ぐらいのできだ。

それ以来、ウヤガンは新エースとして不動の先導犬となった。しばらくはウンマと同列の二頭態勢で走らせたが、数日でそれも卒業し、それ以降はウンマを二十センチほど後ろに下げて、先頭をウヤガンだけにした。となりにウンマがいなくなったため、ウヤガンはひとりで私の指示の意味を判断しなくてはならなかったが、それでもこの犬は臆せず、判断が自分の双肩にかかっている重圧など感じていないようだった。

ウヤガンとウンマのコンビネーションは抜群だった。若い先導犬見習いであるウヤガンは、気持ちよく群れの先頭を走るが、経験不足からまだ私の指示への理解はあさい。ハゴ、ハゴ……と左へ行くよう指示を出しても、ウヤガンは潑剌と前に進み、その指示に気づかないことがある。すると「ハゴ、ハゴ！　おーい、ウヤガン、ハゴっつってんだろ！」と私の声が荒くなるが、すぐに補佐役のウンマが私の心理の変化を機敏に察知し、左に行くように後ろからウヤガンの身体を押してやる。「旦那がハ、ゴって言ったときは左に方向を変えるんだ」とさりげなく諭すかのようだ。

若くて未熟な先導犬と、それを後ろから見守る教育係の長老。二頭の関係はそんなふうに見えた。ウヤガンは賢く、理解力が高いため、ナノックとはちがって指示の意味をすぐにのみこんだが、それもウンマのサポートがあったことが大きかった。この二頭を見ていて私は犬同士が教育しあうことを、はじめて知った。

走れば走るほど、ウヤガンは先導犬としてきわめて高い適性があるように思えた。天才じゃないかとさえ思われた。まともに先導できるようになるには最低数カ月は要するのが普通だが、ウヤガンは何度か先頭を走っただけでコツをものにした。育成はほとんど不要であった。私はほとんど何もしていない。橇のうえから鞭で指示を出すだけで、この犬はすぐにそれをおぼえてくれた。沿岸ラインを忠実にたどることもできたし、クラック沿いを走る意味もすぐにのみこんだ。

ウヤガンが先導犬としてひとり立ちしたことで、旅の不安は一掃された。これでウンマとウヤガンという優秀な先導犬を二頭確保したことになる。ウヤガンが怪我をしてもウンマがいるし、ウンマに何かあってもウヤガンが先導できる。今年だけでなく来年以降も安泰だ。なにしろウヤガンはまだ弱冠二歳の最年少、この先十年はやってくれるだろう。本当に五十歳まで北極で犬橇をつづけるにしても、ウヤガンがいれば先導犬は問題ない。あの逃げてばかりだったチーム一の困り者が、いまや堂々たるエースとして先頭を走っているのだ。爽快ではないか。

犬橇の面白味は、犬との物語の流れのなかで旅をすることにある。物語とは、犬の個性や、犬と自分との関係の歴史の流れからおのずとわいてくる、嗚呼この犬と旅したいという私自身の気持ちの盛りあがりのことだ。もしかしたら、犬と訓練をして関係をつくりあげてゆく一番の意味は、この感情を私自身のなかに生起せしめることにあるのかもしれない。地元のイヌイットから完成したチームをまるごと借りて旅をしても、私にはまったく魅力的に思えないが、それは犬とのあいだで物語を構築する過程がないからだ。そしてウヤガンは私に、嗚呼この犬と旅をしたいと思わせる一番の犬だった。

これでオレは理想の先導犬を手にいれた。そう思ったのだった。

3

ウヤガンが先導犬としてほぼ一人前になりつつある頃、この年の本番、エルズミア島への長期旅行が間近にせまってきた。

私はやる気に満ちあふれていた。非常に高いモチベーションを保持していた。犬橇への不安はなく、犬の身体もできあがっていた。年齢的にも盛期をむかえた犬が多く、いまふりかえっても、この年のチームは強かったと断言できる。

私と犬だけではない。自然環境的にも、この年はエルズミア島へむかうのに申し分のない状況となっていた。

何かというと、氷の状態である。

グリーンランドとエルズミア島は南北に細長い通路のような海峡でへだてられており、南からスミス海峡、ケーン海盆、ネアズ海峡、ケネディ海峡、ロブソン海峡とつぎつぎと名前がかわる。途中のケーン海盆でグリーンランド側の陸地が内側にえぐれ、そこだけ幅広になっているものの、それ以外は三十キロ程度の幅しかなく、じつに五百キロ近くにもわたり細長い水路となっている。

海峡の南端であるスミス海峡のさらに南には、〝ノースウォーター〟という冬でも凍らない海がひろがる。かつてのエスキモー猟師はスミス海峡にできる快適なフローエッジ（海との境目にできる端っこの新氷）をたどり、エルズミア島側の海豹や白熊の猟場をめざした。一九七五年に植村直己が北極圏一万二千キロの旅でカナダにむかったときもスミス海峡を経由している。はるかかなたの太古から、スミス海峡は、この世界最北の二大巨島をつなぐ氷の道として機能してきたのだった。

残念ながら、近年はスミス海峡が凍結することはほぼありえない。気候変動の影響で海峡のフローエッジは南端のスミス海峡ではなく、数十キロから百キロほど北に大きく湾状にできることが多く、簡単にわたれるルートではなくなった。とはいえ、スミス海峡が昔みたいに凍らなくても、それより北のケーン海盆以北のエリアは凍結し、グリーンランドとエルズミア島間の海峡全体は氷の大地と化すのが普通だった（地図２）。

しかし、ここ数年はそれもどうもあやしくなってきた。スミス海峡どころか海峡全体が北から南まで凍結しないことがしばしばあるのである。

地図２　グリーンランドとエルズミア島間の海峡におけるフローエッジの変遷

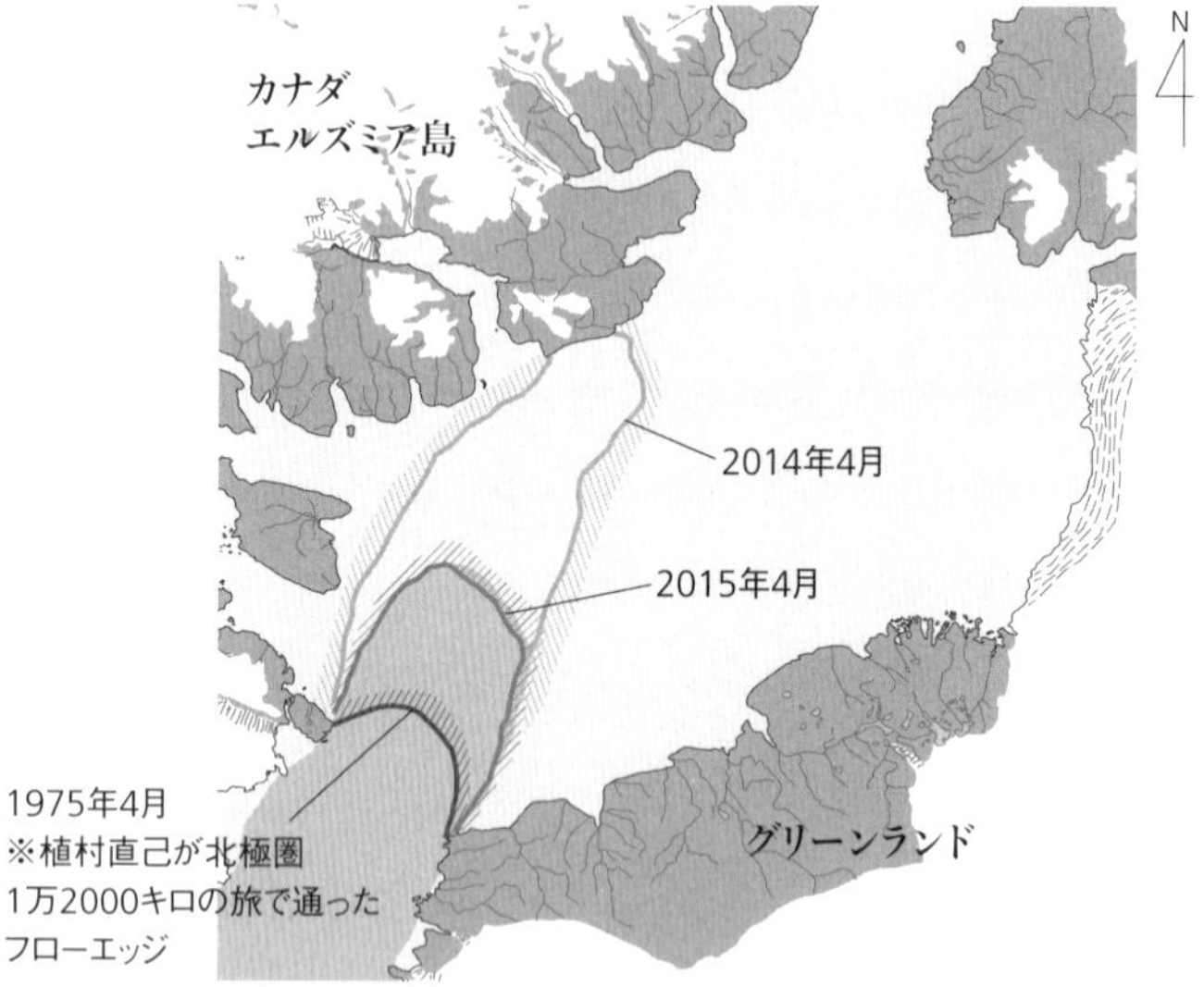

有史以来（かどうかは正確には不明だが）はじめて海峡全体が凍結しなかったのは、二〇一六年から一七年の冬、私が極夜探検を実行したシーズンである。このときはできればエルズミア島側へわたり北極海まで行きたいという、ほとんど誇大妄想のような旅を計画していた。結果的に白熊にデポを荒らされていたことでこれは御破算となったが、もしかりにデポが無事だったとしても、そもそも海峡が凍らなかったので、エルズミア島へむかうのは不可能だったわけだ。

翌年二〇一八年春の徒歩による初の狩猟漂泊の際は、三月に異様とも思える寒さに見舞われたことでなんとか氷が張ったが、もしこの寒さがなかったとしたら、たぶん凍らなかっただろうなぁと思わせる、じつにおぼつかない凍結の仕方であった。そしてその翌年、つまり犬橇一シーズン目となる二〇一九年の冬春シーズンも結氷しなかったのである。

数年ほどこういう結氷状態がつづき、私は犬橇二シーズン目をむかえていた。狩猟者目線で獲物の豊かな〈いい土地〉を見つけて自由にうごける範囲をひろげたい。それが犬橇開始を決断したときの私の思いであったが、ではどこに行動範囲をひろげようと想定していたかというと、それはエルズミア島だった。極夜探検のときもふくめてそれまで何度かエルズミア行を実現できなかったこともあり、エルズミア島は私にとっては憧憬の地となっていた。だから、日本を出る前から毎日インターネットで衛星画像を開いては、今年だけはなんとか凍ってくれ、と祈るようにチェックしていた。

ところが……わからないものである。近年凍らないことすら増えたこの世界最北にある巨大海峡。それがこの年はみるみる凍結し、ここ何年かでは例をみない良好な海氷状態が現出したのである。しかも例年なら二月半ばとか三月に凍るのが相場だったのに、それより一カ月以上も早い一月頭の段階でほぼ完全結氷したのだ。

なぜこんなに早く凍ったのか。おそらく直接的な原因は南風がふえたことだろう。

グリーンランドとエルズミア島間の海峡が凍結するのは、強い南風がつづきノースウォーターにただよう浮氷が南端のスミス海峡におしよせるためだ。海峡には北極海から海流がながれこむため、その出口にあたるスミス海峡に浮氷がつまると、便秘のように出口が栓でふさがれ、北極海から流下する浮氷がどんどんたまってゆく。そして、たまりきって浮氷のうごきがなくなった状態で冷えこむと、一気に凍結し、夏までつづく半恒久的な氷原と化す。この冬は、結氷をうながす南風が冬の年末年始にかけて連日吹き荒れ、そのせいで海峡は一気に凍結したようだ。

これはもはや神の恩寵、私にエルズミア島へ行けという天からのお告げではないか……。思わず身体が震えた。

グリーンランドとエルズミア島間の海峡だけでなく、村の周辺の結氷も近年ではまれなほど素晴らしい状態となった。象徴的なのはアッコダッウィ氷河までの海が凍ったことだ。

アッコダッウィ氷河はシオラパルクの村から五十キロほど北西にある氷河である。大きなクレバスもなく、比較的ゆるい傾斜がだらだらとつづくため、氷床に出る一番楽なルートとして昔から利用されてきた。先ほど触れた一万二千キロの旅で植村直己がのぼったのも、この氷河だ。だがスミス海峡とおなじで、近年は温暖化のせいで氷河に行くまでの沿岸の海氷が不安定で、アクセスするのがむずかしくなった。

この氷河がダメだとなると、村の湾の奥にあるイキナ氷河しか氷床に出るルートはない。これまで書いたとおり、イキナ氷河は急な箇所が多く、犬橇で登るのは大変だ。地元イヌイットが白熊狩りの旅をしなくなったのも、大鮃釣りが儲かるようになったこともあるが、イキナ氷河以外に登れるルートがなくなったことも要因のひとつである。大変なので皆あまり登りたがらないのだ。

イキナ氷河が北部無人境への大きな障碍なのは、私にとってもおなじである。前年の犬橇一年目は犬に散々暴走されたし、いまでも事前に荷上げしないと越えられない。人力橇時代からイキナ氷河に苦しめられてきた私にとって、荷上げをしなくても登れるとの噂のアッコダッウィ氷河は、それだけでほとんどエスカレーター付きにもひとしい憧れのルートだった。自分には一生縁のない伝説の氷河だとあきらめていた。

ところが、その無縁と思いこんでいたアッコダッウィ氷河への海も、この年はがっちり凍ってくれたのだ。

三月上旬、私はウヤガンの先導犬訓練もかねて、このアッコダッウィ氷河へ偵察に出かけた。村のある半島の先端にあるドゥロガヤ岬を越えて外海に出ると、雪のないかりかりの新氷帯がつづき、あっという間に五十キロ先のアッコダッウィ氷河に到着した。山崎さんやヌカッピアングアから右側のモレーンがこの氷河の登り口だと聞いていたので、そこから取りついた。はじめての場所だがウヤガンはよく走り、先頭にたって下部のやや傾斜のある雪面をぐいぐい登ってゆく。そのあとは話に聞いていたとおり、ゆるやかな傾斜の氷河がつづいた。

こうして準備が完全にととのった。ウヤガンの先導も調子いいし、結氷状態も最高だ。偵察も無事終え、もはやエルズミア島へむけた大旅行をさえぎるものは何もなくなった――。そう思われた。

しかし、そう甘くはなかった。三月にはいり、氷とはまったく別の方面で急に情勢があやしくなりはじめたのである。

いったい何が起きたのか、というと、もちろんコロナである。世界をのみこんだコロナ禍の影響が、ついにこの北辺の地にもおしよせたのである。

4

二〇二〇年三月といえば、新型コロナウイルスのパンデミックが本格的にはじまった頃だ。シオラパルクという辺境の地にいたとはいえ、コロナなる新たな感染症が世界を席巻《せっけん》しているらしいことは、私も、それこそ噂レベルで耳にしていた。

しかし正直いって自分には関係のない話だとも思っていた。これから私は村をはなれてエルズミア島へむかう。村を一歩はなれたら完全な無人の荒野がひろがるだけ、あたりを徘徊するのは人間ではなく白熊や狼だ。人間界をはなれて野生界に身をおくわけだから、人間界で感染パンデミックが起きたところで自分の活動には影響ない。二カ月旅に出て、人間界にもどってきたら、騒ぎもそこそこおさまっているだろう。その程度の楽観的認識しかなかったのである。

それ以前に詳細な情報がはいってこなかった、ということもあった。

もちろんシオラパルクは北辺の集落とはいえ、様々な情報がはいってくる。テレビやラジオでニュースが流れ、スマホでネットを見て、みんなSNSでつながっている。犬橇で狩りをする伝統がのこっているとはいえ、いまでは世界のあらゆる地域とおなじように情報通信インフラはしっかりととのっているわけだ。

ところがその情報インフラが、私のところにだけはとどいていなかったのだ。

私は一介の外国人旅行者にすぎない。日常会話程度の地元語は話せるが、テレビのニュースを解するレベルにはない。住民番号を持っていないのでネット回線をひくこともできなければ、個人的こだわりからスマホも所持していない。ネット使用に関しては、山崎さん宅にお邪魔し、日本とのメールのやり取りや天気予報のチェックをやらせてもらっている程度だ（長年グリーンランドにかよう山崎さんはなぜか住民番号を持っており、ネット回線をひける）。だから情報といえば、暇つぶしのために家にくる住民との世間話と、妻との電話だけだった。

その妻の話も最初は政府批判や日用品の買い占めなど世間の行動への愚痴が多くて、感染の危機がさしせまっているようには感じられなかった。シオラパルクはヘリや犬橇でしか行き来できない隔絶集落でウイルス流入の可能性はひくかったこともあり、村人にもあまり当事者意識はない。

ニュースも見てないし、会話からも危機的雰囲気は感じられない。そんな状況だったので、コロナとかいう流行り病が世界中を混乱におちいらせているらしい、との知識はあったが、皮膚感覚では理解していなかった。私はコロナへの関心をもてないまま、世界の潮流からひとり取りのこされていたわけだ。ただただ目前にせまった旅のことだけを考え、犬を鍛え、先導犬を育成し、アッコダッウィ氷河までの海氷が流出しないか、やきもきする日々をおくっていた。いま日記を読みかえしても、氷や風の状態、犬の訓練の様子がつづられているだけで、コロナのコの字も見当たらない。

状況がかわったのは、三月中旬にさしかかった頃だ。その頃から村人のあいだで、私がカナダへ行こうとしていることを疑問視する声が出はじめた。コロナで世界中で国境閉鎖や都市封鎖の議論になっているのだから、カナダに行くことなど認められるわけがない、というのだ。

そんなバカなことがあるものか……と私は一笑に付していた。すでにカナダ当局へは行動計画書や入域予定地域、犬の検疫証明、ライフル所持許可申請等々の必要書類を提出し、入域許可を取りつけてある。つまり当局は問題なしと判断している。そもそも、くりかえしになるが、私が旅行するエリアは完全に無人の荒野で、誰かに感染させる可能性も、誰かから感染させられる可能性も絶無なのだ。規制したところで意味がない。

ただ、村人のあいだでそういう声が出はじめたことで、どうやら情勢が急速に悪化しているらしい、ということはつたわってきた。雰囲気がぴりぴりしはじめ、村での人間関係が気まずくなりそうな感じはあった。それからはなおさら、コロナ関連の情報に触れないようにした。村人が家に来てコロナの話をしても、適当に受け流し、真剣にとりあわなかった。このまま意図的にコロナ無縁の人間として独走し、旅に出発するしかない。それが私の作戦だった。ある種の生体防御反応といえたかもしれない。

ところが出発直前の三月十八日に情勢が一変した。ついにグリーンランドで初の感染者が見つかり、自治政府が記者会見をひらいたのだ。たまたまヌカッピアングアの家に行くと、家族全員が深刻な面もちで、口を閉ざしたままテレビ画面を見つめている。会見の内容をたずねると、ウイルスが上陸したことをうけて、グリーンランド政府はデンマークとのあいだの定期便を運休し、集落間の移動を禁じたという。犬橇でほかの集落に行くのもダメだという。

イヌイット社会には知人に会うたびにがっちりと握手をして友好をたしかめる習慣がある。会見では政府担当者が握手もひかえるように、つよく要請していた。それを見て、たまたまカナックから来ていたヌカッピアングアの友人が、私に足の裏を見せて「クッダァ（こんにちは）」とジョークをとばした。私も足の裏を見せてクッダァと言って、二人で足裏握手をかわした。家の人たちが笑った。雰囲気はやわらいだが、私は内心、これはマズいぞと危機感をつのらせた。一番影響がありそうなのは犬橇による他集落訪問が禁止されたという件だ。犬橇自体は禁止されていないし、私が行くのは無人の荒野で集落ではないわけだから、この規制には抵触しない。だが、ほかの住民が自由を制約されているのに、よそ者の私が好き勝手にエルズミア島に行けば、まちがいなく反感をもつ者が出る。

解決策はもはやひとつしかない。それは予定通りとっとと人間界をはなれて旅に出てしまうことである。これ以上、村にとどまり様子を見たら、それこそ状況がさらに悪化し旅行に出られなくなるだけだ。とにかく結氷状態のいい今年は夢の大漂泊旅行をする最大のチャンスなのだ。そのために私はほかのすべてを犠牲にして、この村に来ているのである。

店で会った村の長老に「海象《セイウチ》はたくさん獲れた？」と訊くと、「カナダには行けないぞ」と言われた。笑顔でかわしてその場を立ち去った。夜になり、借りていた道具を返すため小イラングアの家をたずねたときも、「イッディ、ナム（どこに行くんだい）？」と訊かれた。カナダに行くと言ったら難癖をつけられるので、「これ、ありがとう。明日出発するから」とだけつたえて、お茶をにごした。

村にただよう微妙な反感を受け流しつつ、私は翌日、橇に荷物をつめこんだ。犬たちは雰囲気を嗅ぎとり、喜びと興奮でざわつき、とびかかってくる。見送りに来てくれたのはヌカッピアングアと大イラングア、それに山崎さんだけ。先頭に立って誘導し、海氷におりたち、デイマ（行け）と一声かけると、犬たちはすさまじい勢いで飛びだした。私は橇に乗り、三人に手をふりアッコダッウィ氷河にむかった。何も悪いことはしていないのに、まるで逃亡犯のような気分だった。

しかし結果からいうと、私はコロナから逃げ切ることができなかった。

出発から六日後、アウンナットの無人小屋に到着したときのことだ。

出発直後の氷河氷床ツンドラ越えという、もっともハードな行路を越え、私はぐったりと疲れきっていた。

出発時点で橇には二十キロ入りドッグフード十二袋（計二百四十キロ）をはじめ、食料や装備等々、積み荷だけで五百キロ近くあった。アッコダッウィ氷河は想像していたほど楽チンな氷河ではなく、上部はそれなりに傾斜がきつく、源頭にはひどく荒れたサスツルギ帯がまちかまえていた。氷点下四十度近い寒さのなかを、大声で犬に檄を飛ばし、後ろから全力で梶棒を押し、橇が止まらないように犬と一緒にサスツルギ帯を疾駆する。いつものようにアウンナットまで体力を消尽する日々がつづいた。

小屋の近くにテントを張り、コンロを焚いて、私は、四十代も半ばに達した年齢を噛みしめた。こんなハードな旅、いつまでもやってられない、冗談ぬきで今年が最後のチャンスかもしれない……。そう思い、店で購入した豚肉や脂を鍋に投入してあたたかい食事をとり、ゆっくり身体をやすめたあと、私は衛星電話で妻に最初の連絡をいれた。

妻から思いもよらぬ知らせをうけたのは、そのときだった。

「いい、よく聞いて。カナダ当局から連絡があって、入域許可が取り消されたみたい。だからユウスケはもうカナダに行くことはできない。もうこっちは、そういう空気じゃないの。世の中がこんな状態なのに探検なんかやってたら、本当に何言われるかわからないよ」

愕然とした。村人から言われていたとおり、そんなバカな……と受け流していたことが現実になってしまったのだ。

「……そうか、わかった。とにかく、どうするかはこれから考える」

それだけつたえて、このときは電話を切った——。

それにしても不条理だ。納得がいかない。私はテントのなかで憮然とした。

何度もいうように、私の旅行の舞台は人間の居住しない無人エリアである。エルズミア島北端のアラートにはカナダ軍の施設があるが、そこに近づく予定はなかったし、特別許可がないかぎり二十キロ圏内に接近することはできない。いまいる場所から一番近い人間の居住地は、直線距離で四百キロほど南西にあるエルズミア島南部のグリスフィヨルドというカナダ最北の集落だ。犬橇で行くとしたらかなり遠回りしたルートをとるので七百キロ以上になる。もしかりに私がシオラパルクでコロナに感染していたとしても（それ自体ありえない設定だが）、犬橇ではるばるとカナダ国境にたどりつくころには、私の身体からウイルスは消え去っているはずだ。つまり感染リスクがゼロ。それなのに、カナダ当局は感染対策として私の入域を拒否しているわけである。これを不条理といわずになんといおう。

しかし不条理であることはカナダ当局も重々承知のはずだ。それがわかったうえで、私の入域許可を取り消したのである。つまり当局側は不条理を不条理として押しとおさなければならない状況になっている。感染リスクがあろうとなかろうと、そこに人間が居住していようと、無人の荒野であろうと、とにかくいまはどんな理由があろうと、外部の人間が国境をまたぐことは絶対にまかりならん。これはそういう国家の意思表示なのだ。私がこのとき一番つよく感じたのは、国家としてのこうした気合いだった。それぐらいカナダ当局、ひいては私以外の世界の全人類はコロナに追いつめられているということなのだ。

私は、どうして衛星電話など持ってきてしまったのかとはげしく後悔した。事の本質からはややズレるかもしれないが、連絡手段がなければ、カナダ当局は私に入域許可取り消しを通知しようがないわけだから、その決定を知らないままエルズミア島へ行けたはずだ。狩りがうまくいけば予定より長期の旅になり、いつ村に帰るかわからない。だからこのときは旅先で妻と連絡をとる必要があると考えたのだが、それが完全に裏目に出てしまった。

率直にいえば、最初は怒りで頭が混乱していたこともあり、こんな不条理な指示は無視して予定通りエルズミアに行こうと考えていた。すでに許可を得ているのに、なぜ取り消されなければならないのか。この許可を得るのにどれぐらい時間と費用がかかったと思っているのか。しかもその決定自体、道理からはずれた無意味なものなわけだから、したがう理由はない。コロナだかなんだか知らんが、俺はこの旅に賭けているのだ。妻には衛星電話がぶっ壊れて私と連絡がつかないことにしてもらおう。そう思った。

しかし時間がたつと頭も冷めてくる。寝袋のなかで悶々と悩みつづけるうちに、想像は悪いほうへ、悪いほうへと展開した。もし本当に指示を無視して、国境を越えてエルズミア側にわたるとする。私と連絡がとれなくなったことに焦ったカナダ当局は、もしかしたらアラート軍事施設からヘリを飛ばし、私を捜索するかもしれない。そこまでする可能性はゼロではないのではないか？　万が一それで発見されれば、当局側としては通知を正式に取り消しているわけだから、それを覚知していようとしていまいと私は不法入国者ということになる。身柄を拘束され、カナダ国内に移送され、犬は処分され、アホな探検家がコロナ禍のさなかに無許可で国境を越えたと報道され、自己責任論者から死ねと罵倒され、許可取得にかかわった関係者は処罰をうけるだろう。エルズミア島へ行くことも二度とできなくなるにちがいない。

一晩考えて、私は今回はエルズミア島側へむかうことを断念することにした。これが最後というわけではないし、コロナがおさまったらまたチャンスはくるはずだ。無茶な行動を起こして将来を犠牲にするより、むしろ今回はカナダ当局に貸しをつくって、つぎの許可取得をスムーズにしたほうが得策だ。そういう大人の判断がまさった。それ以前に、こんな落ち着かない気持ちで国境を越えても、居心地が悪いだけで全然旅を楽しめない。それでは、やる意味がないではないか。

翌日、妻にその考えをつたえると、ホッとした様子だった。彼女はこんなことを言った。

……もう人々の関心はコロナのことしかない。都心では外出自粛の要請が出ているし、店は生活必需品の買い占めもはじまっている。ＳＮＳではいつものように非情で冷たい自己責任論がとびかっている。遊びで海外に出ていた人間など死んで当然、帰ってくるなという雰囲気だ。社会はものすごく殺伐としている。全世界が鎖国をはじめているような状態なのに、ひとりだけ無人の地域に探検に出かけていると知れただけで、それこそ凄まじいバッシングをあびるに決まっている。それでも探検を続行するというのなら、いまそれをやる意味を考えて、それを表現者として書いてほしい……。

聞いているだけで憂鬱になってくる話であった。村にいるときは妻もここまでさしせまった言葉を使っていなかったのに、それを考えても、この一週間ぐらいで世界情勢が悪化の一途をたどったことがよくわかる。

正直いって私には、コロナ禍で旅をする意味など問われても、答えようがない。私はただ、これまでのおのれの生の履歴から立ちあがってきた内在的な衝動、つまり犬橇で狩りをしながら、この地球最北の地で行動半径をひろげてゆきたい、昔のエスキモーみたいにこの地域で自由に旅ができる極地旅行家になりたい、との一心で旅立っただけだ。時代や社会の情勢と関係なく、ただおのれの内面に立ちあがる思いにしたがうことが、真の意味で生きることだと信じているからだ。

コロナ以前の自分の思いにしたがい、私は今年もここに来た。この旅は社会的意味とはなんの関係もない、完全に私個人の極私的行為だ。それなのに社会の側が勝手に私の行為をからめとり、その意味を語れという。たしかに社会が変わってしまった以上、その社会に属する人間として、私にも回答の責任があるのかもしれない。だが変わったのは私ではなく、社会のほうだ。勝手に変わってしまった側が、何も変わっていない私にたいし、それまでと変わりなく行動することの正当性を問うのは、これまた不条理なことではないか。

カナダ当局はそのあとも、平常時では考えられないような理不尽な要求をしてきた。定期的に現在地をカナダ側に知らせろというのである。本当に国境を越えていないかどうか、私の行動を監視したいのである。

無論私はカナダ国民でもないし、そもそもカナダに入国すらしておらず、現時点ではカナダとなんのかかわりもない独立した個人だ。人の自由を土足で踏みにじるような要求を平然としてくる態度には心底頭にきたし、こんな指示にしたがう道理は何もない。私はふざけんなと憤慨し、かつ屈辱をかんじつつも、しかし、この指示にもしたがうことにした。今回は要求どおりにするから、つぎの機会にはこの借りをかえしてもらう、というカナダ側へのメッセージのつもりだった。つたわったかどうかは不明であるが……。

とにかくエルズミア島へは行けなくなり、グリーンランド側で旅を完結させるほかなくなった。外部の事情で目的地が失われ、私は本当に行き場のない漂泊をせまられることになったのだ。どこに行けばいいのか、わからなくなった。

ヌッホア
探検記

I

白夜が近づく三月下旬のアウンナットは、夜間も薄暮時の明るさがあるものの、気温はまだひどく低い。氷点下三十五度前後の寒さがつづき、テントにいても震えにおそわれる。凍気でテントのなかに真っ白い呼気がただようなか、一頭の狼が私を悩ませていた。

ガサガサと聞き慣れない音で外をのぞくと、白い犬が、橇のシートをくわえて食料をあさろうと引っぺがしている。カコットだと思い「こらっ！」と怒鳴ったが、よく見ると、それは、ふさふさの胴体から細長い脚がつきでた不格好な狼だった。狼は私に気づくと定着氷から海氷に駆けくだり、またたく間に逃げてゆく。ライフルで狙ったときには、すでに百メートル先の乱氷のはざまに姿を消した。

その後もこの狼は執拗に姿を見せた。狼が近づいても犬は仲間だと勘違いして、白熊のときのような警戒音を出すことはない。せいぜい何頭かがウーッと喉をふるわせるぐらいだ。それをいいことに狼は、ずるがしこく犬たちの隙間をすりぬけ橇の食料をあさろうとする。犬が唸るたびに、私はあわててコンロの火を落として外に出た。しかしライフルを持ち出した途端、狼は異変を察知し、小馬鹿にしたように乱氷のなかに姿をくらます。何度もそんなことがつづき、そのたびにせっかく暖まったテントが一気に冷えて腹がたった。しつこくて、まったく手に負えないやつだった。

またガサガサと音が聞こえたので、急いで外に出たが、すでにシートを食いやぶられ、なかのドッグフードがあさられていた。開拓時代の米国の農場主みたいに、くそったれと罵りながらライフルを発砲したが、弾は急所をはずれ、狼は後ろ脚をぶらぶらさせながら逃げていった。頭にきたのでテントシューズのまま追いかけたが、後脚の一本ぐらいなくても狼はかなりの速度で走ることができる。負傷したまま姿を消した。

ここに来るまでに犬たちにいくつかトラブルがあった。ひとつは雌犬カコットがアッコダッウィ氷河を登りきったところで子犬を流産したことだ。

カコットが仲間にくわわった早々発情期をむかえたことはすでに書いた。最初は、ちょうど三日天下に酔いしれていたポーロとつながったが、ポーロの子をのぞまなかった私は、その後カコットをウヤミリックやボス犬ナノックとつないだ。発情がおわりしばらくすると、カコットの乳首が少しずつふくらみ、妊娠の兆候がみられた。

出産はちょうど旅の時期とかさなる。妊婦をつれていくだけでもひと苦労だろうし、途中で出産して子犬が生まれたら、世話におわれて旅どころではなくなる。常識的に考えたら妊娠したカコットは村に置いていくべきだった。

だが私には、どうしてもそれができなかった。冬のあいだずっと一緒に訓練してきたせいで、一頭一頭への愛着がつよまり、十二頭全員で旅をしたいという気持ちをおさえられなかったのだ。

それに、じつに不思議なことに、旅の途中で子犬をそだててみたいという欲求もわいてきた。旅の完遂を至上目標にすえたら、子犬の出産はその足枷《あしかせ》になる。それは負の要素だ。だが私にとって犬橇旅行はすでに達成するものではなく、犬とのあいだにつむがれた物語の流れにのるものだった。だからその物語のひとつのクライマックスである出産を、是が非でも旅のあいだに経験してみたかったのだ。

旅の途中での出産は可能か、何人かの村人に相談した。ヌカッピアングアや大イラングアは、かなり面倒だけどできないことはない、との意見だった。

「お腹が大きくなったら引綱をはずしてやれば後ろからついてくる。歩くのが大変になったら橇のうえにのせてやればいい。出産が終わってしばらくしたら、また走れるようになるけど、出産後は乳首のまわりの毛がぬけて凍傷になるので、乳当てをつくったほうがいいだろう。あとは子犬をのせる小屋が必要だ。腹が減ったら子犬が鳴くので、そしたら橇を止めて休憩し、母犬の乳当てをはずして授乳させる。昔はみんなそうやって旅をしたものさ」

私は馴鹿《トナカイ》の毛皮で乳当てをつくり、プラスチック製の箱を子犬用の簡易小屋にすることにした。

表面的には私は人間族として、御者として、犬たちのうえに君臨しているように見える。犬を飼っているのは私だ。でもじつのところ、その私自身、犬たちがつくりだす物語の流れに組みこまれ、相互依存関係のなかで生き方そのものが変わりつつあった。犬を飼いならしているようでありながら、私は犬に飼いならされてもいる。すでに私は、自分という存在を、犬の群れの生活のなかで位置づけたいと思うようになっていた。出産と育児は究極の生命現象だ。子犬が生まれて、カコットを橇に乗せて授乳に専念させながら、雄たちが引く橇に乗り旅をつづけること。自分で子犬の世話をしながら狩りをして旅をつづけること。それはいまの私が犬とともにあることのもっとも象徴的な場面であり、この旅が旅以上の何かである証であるように思えた。

しかし残念ながら、このときの旅では犬の出産を経験することはできなかったのだった。アッコダッウィ氷河源頭付近で一泊した日、未明に悲鳴のような犬の鳴き声がひびいた。何事だろうかと思ったが、ずぼらな私は寒いのがいやで寝袋から出なかった。朝になって様子を見にいくと、カコットのまわりの雪面が、体液交じりの薄紅色の血痕でよごれている。カコットは何事もなかったかのような様子だが、未明の悲鳴を思いかえすと流産した可能性がたかそうだった。胎児が見当たらなかったのは、一緒につないでいた雄二頭(ナノック、ダンシャク)か、あるいはカコット自身が食べてしまったためだろう。前日は氷河上部の急斜面を五百キロ以上の重たい橇を引いて一気にのぼったし、しかもカコットは自分でも制御不能状態で橇を引く〝クレージー小娘〟である。母体に大きな負荷がかかったのはまちがいない。結局そのあとカコットのお腹が大きくなることはなかったのである。

またカコットが流産したのと同じ頃、ウヤミリックが大きな怪我を負うということもあった。氷河登りの途中からウヤミリックはどこか元気がなく、引綱をたるませっぱなしだった。

「おい、ウヤミリック、引け！」

私は年齢のせいかと思い、あいつも年をとったな、七歳になるとパワーがこんなに落ちるのか……と残念でならず、しばしば後ろから鞭で尻に活をいれた。鞭をうつと引綱がピンと張って引きだすが、しばらくするとまたゆるむ。氷河と氷床を越えてツンドラに出ても元気が出ないため、さすがにおかしいと思い、全身を確認してみると、首のしたに大きな怪我が見つかった。胴バンドが食いこんで皮が破れて肉がざっくりとえぐれてしまっていたのだ。

見ていてゾッとするほどの傷だ。こんな怪我をしたら引けるわけがない。ウヤミリックは力が落ちたのではなく、逆に氷河で頑張りすぎて負傷していたのである。

すぐに薬を塗りこみ、抗生物質を飲ませて、引綱から解放した。しかし自由にさせても元気はもどらず、小屋の近くまでわれわれの前をふらふらと歩くばかりだった。アウンナットで休養中も調子が悪いようで、目がとろんとしており、輝きが失われたままだ。

いったいどうしたのか、この程度の怪我でへばる犬ではないはずだが……。あらためて全身をくまなく調べると、胴バンドがはずれるのをふせぐ腰ひもに触れた瞬間に、キャン！　と甲高い悲鳴をあげて逃げだした。首の傷は触れても平然としているのに、ひもに触れるとひどく痛がるのだ。どうしてこのひもが痛いのか？　さらに調べてようやく原因がわかった。なんと、腰ひもが食いこんで男性器が部分的に断裂、包皮が裂けて陰茎が露出しているではないか。尿道も切断され飛びだしている。

ウヤミリックが立ちあがり、ふらふら歩いて小便をした。小便が性器の断裂部から放出されているのを見て、私は絶句した。

これはむごい……。猛烈に痛そうだ。私は人間族と犬族の垣根を越えて、ひとりの雄としてウヤミリックに同情した。そして、なんとかしてやらなければ、とつよく思った。

大袈裟ではなく、これは命にかかわる怪我かもしれない、とさえ思った。

変な話だが、犬の雄は例外なく仮性包茎である。通常時、陰茎は包皮に守られ、勃起したら露出するシステムになっている。これが人間であれば陰茎が常時露出しているほうがステータスが高いわけだが、犬の場合は皮がムケているからといって偉いわけではない。とくにエスキモー犬の場合は、包皮にくるまれることで陰茎は凍てつく外気から守られる、と推察される。まあ正直よく知らないし、犬のペニスの仕組みなんて考えたこともなかったが、とにかくこのままだとウヤミリックの陰茎は凍傷にかかり、壊死《えし》を起こすのではないかと気が気ではなくなったのだ。なにしろ氷点下三十五度前後の寒さがまだつづいていたのである。

それからしばらく私はウヤミリックの性器救出に尽力した。なんとかして傷口を縫合してやらないといけない。私はウヤミリックをなだめて寝かせ、飛びだした陰茎を包皮のなかにしまいこみ、傷口に皮革製品専用の針をつきさした。犬はじっと大人しくしているが、部位が部位だけに、ぶよぶよしていて針がなかなか貫通しない。なるべく痛みがないように皮膚の浅いところの縫合をこころみるが、浅すぎると縫った場所がすぐちぎれ、深く縫うとキャンと悲鳴をあげて逃げてゆく。犬は犬で、私が傷口を治そうとしていることはわかるようで、「すまん。もう一回大人しくしてくれ」と頭や喉をなでるともどってきて、じっと耐えてくれるのだが、またちょっとでも針が深くはいると痛がって走り去る。世界でも稀な極寒状況における性器縫合術だった。

ようやく数針縫って陰茎をとじこめることに成功した。しかし努力の甲斐なく一日走ると傷口はすっかり開き、また露出した。そのあとも何度か縫合に挑戦したがうまくいかない。

そのうち春になり暖かくなると犬も元気に走るようになり、私もウヤミリックのチンコのことなどどうでもよくなった。やがて陰茎を露出させたまま傷はふさがり、おめでたいことにウヤミリックは世にもめずらしい〝ムケチン犬〟となったのだった。

2

さて、このあと旅はどうなったのか。

コロナにより宿願だったエルズミア行は封印されたが、ほかに行くところもないので、ひとまず私は北に前進することにした。

前年の犬橇初年度はフンボルト氷河での海豹《あざらし》狩りで精一杯だった。しかしこの年はちがった。犬は精強で、私の技術もいくらか成長し、心理的にも余裕がある。エルズミア行は暗礁に乗りあげたが、現時点での旅の実力からすると、二年前の人力橇での最後の旅より北の地に行けるのはまちがいなかった。

北に行ってなんの意味があるのかと問われると言葉に窮するが、到達はダメだ、漂泊だ、といくら近代否定をしてみたところで、最果ての地、すなわち北の果てへの憧憬は確実に私の心をとらえていた。地球の果て、北の彼方こそ私にとってのウルティマ・チューレだ。まちがいなく、偽らざる旅の動機のひとつとしてそれはあったし、いまもある。既知の境界を越えてそのむこうに行きたいという未知への衝動は、原始の時代から人類にそなわった性分だ。私はそれをおさえることができなかった。

前年に小屋にのこしたデポから補充し、一カ月分となる三百二十キロのドッグフードを橇につんで出発した。アウンナットの先で定着氷にのり、しばらくそのうえを走った。橇が重く、雪も深いため速度は出ない。つぎの湾で海氷におりて、そのままイヌアフィシュアクにむかった。

走行中に突然老犬ウンマがボス犬ナノックに噛みつき、集団リンチに発展した。ボス犬が攻撃されるとはただ事ではない。もしかしたらカコットがまた発情しはじめたのかもしれない。その日の午後からナノックがカコットの股間の臭いをかぎだし、それを皮切りにほかの雄たちもカコットの尻や股間にむらがるようになった。よく見ると経血もある。流産からわずか一週間しかたっていないのにもう発情したのだろうか。雄は全員興奮気味で、とくにウンマは集中して橇引きができない状態となっている。この犬は十歳の老犬のくせに精力絶倫のエロ爺で、すきを見ては後ろを走る若い雌の尻にまわりこもうとする。まったく、これでは犬橇にならない。

アウンナットから先は深雪で速度があがらなかったが、イヌアフィシュアクからは雪が消え、時速十キロ近く出るようになった。新氷に固い雪がはりついた最高の状態だ。やはり犬橇はこうでなくてはいけない。一気に速度をあげてシオラパルク浜に到達する。大クラックに海豹が群れる場所だが、このときはまだ三月三十日と時期がはやく昼寝海豹《ウーット》は見当たらなかった。クラックも堅い雪でふさがり、呼吸口が見つかりそうな状態ではなかった。

そこから海岸を東進した。その先は前年に狼の集団にかこまれたイヌッホリの湾となる。湾を突っ切り、顕著な人型の岩がある断崖を右手に見ながらフンボルト氷河方面をめざす。途中で大きな獲物を一頭しとめると、翌日からひどい南風が吹き荒れ、まるまる三日間足止めをくらった。

外では暴風が吹き荒れているが、テントのなかは快適だ。イヌッホリから東は基本的に風の吹かないエリアで、これほど強烈な南風が吹くのはめずらしい。この冬は年末から妙に南風が多く、グリーンランドとエルズミア島間の海峡が早々に凍ったのも南風が吹き荒れた影響だ。

気候変動で北極圏の環境悪化が懸念されてひさしいが、この南風もその影響かもしれない。地元の人が一様に指摘するのは気温よりも海水温の上昇だ。海水温が上昇すると氷があまり発達せず、外洋に面した場所では強風や沖からのうねりですぐに崩壊して流されるようになった。南風が増えたのも、海水温が上昇したせいで気圧配置に大きな変化が出たせいかもしれない。こんなところで三日間も嵐がつづくのは、これまででは考えられない気象だった。

嵐のあいだ、これまでの経験からその先のルートを検討した。シオラパルク浜からイヌッホリ近辺に来るのはこれで四回目だが、イヌッホリより東では雪が増える傾向がある。今回もそれは同じで、シオラパルク浜までは雪が少なく快適だったのに、イヌッホリの湾にはいった途端に積雪が増え、犬橇の速度は一気におちた。イヌッホリからフンボルト氷河にかけては地形的に雪が吹きだまりやすいのだろう。嵐である程度雪は吹き飛ぶだろうが、このまま東進して氷河に近づいても深雪で苦しむだけだ。遠まわりになっても、一度シオラパルク浜までもどり、雪の少ないところから北進したほうが速そうである。

風がやみ、シオラパルク浜までもどってから北進を再開することにした。強風で雪が吹き飛ばされた氷のうえに、先日のトレースが張りつくようにのこっている。トレースを数時間たどり、シオラパルク浜を越え、地図にウッド岬と表記されたあたりから針路を北にむけた。思ったとおり氷の状態はきわめて良好で、数センチの雪があるだけだ。時速七、八キロ、速いときは十五キロ前後の猛スピードで一気に北にむかい、フンボルト氷河の内湾にはいった。

ここ二年、たくさんの海豹を見かけたフンボルト氷河の海だが、この年はまだいっこうに姿が見当たらなかった。海豹がいないせいか白熊の足跡も、ほぼ皆無だ。時期が早すぎるのと、じつはもうすこし東に行き巨大氷山が密集したエリアに入りこんだほうが海豹や白熊は多いのだが、そのことを当時の私はまだ知らなかった。ただただ氷の状態のいいところをえらんで北にむかった。

南北百キロにおよぶ大フンボルト氷河を、私と犬は一日五十キロのペースで越えた。海豹はいない。獲物がいない以上は北に行くしかない。私は巨大氷山帯の西側をかすめるように北進した。やがてヌッホア（ワシントンランド）の大地が近づき、そこでふたたび強烈な南風に吹かれて足止めとなった。

嵐で停滞すると、きまって私は衛星電話で妻に連絡をとった。自分の居場所をつたえることより、世界のコロナ情勢がどうなっているのかを知るのが目的のような電話だった。そしてていつ電話しても、妻から聞くのは悲観的な話ばかりだった。有名コメディアンが死んだと聞いたときは、何かいわく言いがたい衝撃をうけ、急に家族のことが心配になった。でもとにかく感染には気をつけて……としか言うことができない。パンデミックは一年以上つづくかもしれないという観測にも、うちのめされた。情報がかぎられているだけに、かえって混乱し、もしかしたら自分は帰国できず、家族にも会えないのでは……と絶望的な気持ちに沈んだ。

「本当に唯介は六月に帰れないかもしれないよ。状態がよくなる見通しはないよ。イタリアや米国では医療崩壊がはじまってＩＣＵに人があふれている状態になっているみたい」

医療崩壊という、はじめて耳にする単語が生々しい。天気が悪いだけに気分もふさぎこみ、オレはここで何をやっているのだろう――と自分の行為に深刻な疑念が生じてくる。だが、村に帰ったところでいったいどうしようというのか。自分で望んだことではあるが、自分は本当に世界から取り残されている。そして考えれば考えるほど、いま自分にできるのは北にむかうことしかない、という矛盾した結論にみちびかれるのだった。

私には、もうこんなきつい旅は二度とできないかもしれない、という恐れがあった。それは基本的に年齢への恐怖である。重たい橇に四苦八苦してアウンナットの小屋に到着し、寒さと疲労で困憊《こんぱい》したとき、その先の、そのとき思いえがいていた北極海までの道程《みちのり》を、私はただただ「遠いな……」と感じ、そこをめざすというだけで気持ちが重たくなった。若く、頑強だったときには感じたことのない旅の距離、目的地までの遠さ……。肉体の強さと行動のスケールが比例することを、このとき私ははじめて知ったのだ。そこにコロナがおおいかぶさってきた。

私にとって、旅は生きている自分を実感するための方途であるだけでなく、作品でもある。狩猟者目線でとらえることで浮かびあがる〈裸の大地〉を探検し、自分だけに意味のある極私的地図をひろげてゆく。そして、このような行為をつうじて、他人に媚びることとしか関心のない、この社会と時代の価値観にゆさぶりをかける。その行動作品が、年齢とコロナのせいで中途半端で終わるかもしれない。結局、何もかも中途半端で人生の幕はとじるのではないか。風で暴れるテントで宙を見つめながら、私は生きることの虚無に押しつぶされそうだった。

それにしてもこの先どこへ行けばいいのか……。

手持ちの食料は十分にあり、犬も元気だ。客観的状況だけ見ればヌッホアを越えて北極海まで行くことも可能だろう。カナダ側に入れない以上、グリーンランド側を北進するしかないが、グリーンランド側もヌッホアを越え、その先にあるホールランドという陸地の先は国立公園となり入域には許可が必要だ。カナダ側にわたるつもりだった私はグリーンランドの国立公園の許可などとっていない。本当に北極海まで行くとしたら、海峡の真ん中の両国国境線あたりを進めばいいのだろうが、それでは乱氷帯のなかをひたすら前進するだけで、何も面白くない、ただつらいだけの旅となる。

とにかく北に行くとしても、そのためにはヌッホアの巨大な陸塊を、内陸の谷か海のどちらかから北に越えないといけない。鞄《イッピアッホ》から衛星画像のコピーを取りだし、氷の状態を確認した。衛星画像を見るかぎり、ヌッホアから一度海峡を沖に出て、国境を少し越えてカナダ側を進んだほうが氷の状態はよさそうに見える。

ひとまず海上から行けるところまで北進することにした。

3

それからしばらく私は乱氷の迷路を彷徨《さまよ》った。

グリーンランドとエルズミア島間の海峡は北極海から流下してきた浮氷が、南側の出口でふさがれ、ぎゅっとつまって凍結した海氷だ。基本的にどこもかしこも乱氷だらけである。ただ、衛星画像を見るかぎり、この年の結氷状態には弱点があるように見えた。大雑把にいえば、白黒の衛星画像は白いところが乱氷で、黒いところがフラットな氷をしめす。その黒い新氷の帯が、ヌッホアの沿岸近くにつづいており、そこを北進すれば一番はげしい乱氷帯を抜けられそうに見えた。

黒色で表記された新氷は、ヌッホアの陸地の十キロほど沖にある。きれいな氷を疾走し、まずそこをめざした。とはいえＧＰＳがあるわけではないので、正確な位置確認ができるわけではない。新氷帯と推測されるエリアに出てみると、逆に乱氷が姿をみせはじめた。

最初は乱氷も本格的なものではなく、平らな新氷の境目に一メートルほどの高さの氷脈があるだけだった。だが少し進んだだけで乱氷の密度は増し、状態は悪化した。乱氷が出てくると犬も勢いをつけて越えようとするため、制御がきかなくなって危険だ。私は橇をおりて鞭をふりながら犬を誘導したが、誘導したらしたで今度はスピードが落ちて、いちいち氷にひっかかって橇が止まる。サスツルギとおなじで、重たい橇が一度止まると犬は容易に動こうとしない。

当たり前だが、ひどい乱氷帯では犬もやる気がなくなり、疲れて走るのが嫌になる。乱氷に乗りあがり、傾き重たくなった橇を引くのが犬にとっては一番疲れるようで、これを何度もくりかえすと、さっきまでは越えられたちょっとした段差でも止まってしまう。

衛星画像の黒い新氷エリアをめざすが乱氷はいっこうに消えなかった。私はさらに西に進み、エルズミア島側に接近することにした。衛星画像ではエルズミア島近くの海氷がかなり広い範囲で黒く染まり、楽に北進できそうに見える。国境を大幅に越えてしまうので、事実上のカナダ入国となるが、人間がいるわけでもないし、上陸さえしなければ問題ないと考えた。

しかし行けども行けども、その黒い新氷帯はあらわれなかった。乱氷の壁にさえぎられるたびに、高い氷にのぼって遠くを見わたした。西のほうに新氷帯らしき雪原が広がっているのが見えたので、そこにむかったが、その雪原も新氷ではなく、ひどい乱氷が雪でうまっているだけだった。遠目には平らに見えるが、実際には巨大な吹きだまりが連続し、そのたびに橇の後ろにまわりこみ、梶棒を全力で押して橇が止まらないようにしなければならない。

そのうち雪原乱氷は終わりをつげ、巨大な氷丘脈が連続する乱氷にとりかこまれた。氷丘脈はいたるところで崩れ、ビルが倒壊したみたいに巨大氷塊がつみあがっている。結局、この大乱氷帯を越えなければならないほど強い動機もなかった私は、カナダ側からまわりこんで北上することを断念し、ふたたびヌッホアのほうに橇を走らせることにした。もどる途中も北上できそうな乱氷の切れ目をさがしたが、どこもかしこも氷の壁で行く手はふさがり、突破は困難だった。三日ほど広大な乱氷帯を彷徨った挙句、出口が見つからずにヌッホアの南に押しもどされたのだった。

テントのなかで奇妙な敗北感におそわれた。このひどい乱氷を、私は相当無理をして北に進もうとした。海氷から越えること自体に意味はなく、むしろただの苦行にすぎない。それでも北進にこだわったのは、エルズミアに行けない以上、北極海まで足をのばしたいという到達への未練を断ち切れなかったからだ。

海越えが無理となると、内陸ルートからヌッホアを越えて北にむかうしかない。内陸の谷ルートは、ヌッホアの中間部で海に出る西谷ルートと、先端にむかう東谷ルートがあり、どちらをとるかは悩ましいところだ。二年前（二〇一八年）の徒歩漂泊行のときは西谷から越えたが、このルートは途中で滝やゴルジュがあり迂回しないといけない。前は徒歩だったのでなんとかなったが、犬橇で越えられるかは微妙なところだ。新しい場所を探検したい気持ちもつよく、今回は未知の東谷を行くことにした。

ただ、内陸からヌッホアを越えることに、さほどつよい意欲があるわけではなかった。この旅は裸の大地探検である。つまり狩猟者視点で獲物の豊かないい土地を見つけることが大きなモチベーションになっている。しかし、二〇一八年の探検でヌッホアは獲物のいない不毛地帯であることが判明している。それもあり、もっと北のエルズミア北部をめざしたかったのだが、今回はそれを封じられてしまった。正直、もうほかに選択肢がないから、という消極的な気持ちで私は東谷をめざしていた。

ところがわからないものだ。ある出会いがきっかけで、無目的におちいりかけていたこの旅に、突然、明確な方向性があたえられたのだ。

東谷の入江をめざす途中で、犬がちらちらと後ろを気にする素振りを見せた。背後をふりむくと、一頭の狼がふらふらと不用心に近づいてきていた。私は橇を止めて狙撃の態勢をとり、橇の荷物に銃を依托し、スコープをのぞいた。距離は二百メートルといったところだ。もう少し待ってもいいが、逃げられるかもしれない。当たるだろうと判断した私は、そこでゆっくり引き金をしぼった。銃声とともに狼の身体がはねあがったが、急所をはずしたようで、狼は脚をぶらぶらさせて猛然と逃げだした。それを見た犬たちが一気に駆けだし、私はふり落とされないよう突然うごきだした橇にしがみついた。

犬は全力で追跡するが、狼も怪我した脚で必死に逃走し、距離は縮まらない。七十メートル近くまで迫ったところで、橇のうえで伏射の態勢をとり、ふたたび何発かねらった。銃声がとどろくたびに、狼は尻に火がついたように速度をあげ、逆に距離がひらいてゆく。十五分ほど追撃をつづけたが、これ以上は無理だと判断し最後は南東に逃げる狼を見送り、犬たちを止めた。

ウヤミリック、ナノック、キンニクといった強い犬たちが、なぜ止めるのかといった目で私を見る。旦那、行かせてくれ！　と懇願したような顔で、名残惜しそうに狼を見送った。

悔しいけれども狼を半矢《はんや》で逃がしてしまった。狼の肉はとんでもなく旨いのだ。ただ、この狼の出現で一気に局面がかわった。狼が南のイングルフィールドランドから、わざわざ全長百キロのフンボルト氷河内湾を越えて、つけて来たとは考えにくい。たぶんヌッホアを根城にしているはずだ。ということはヌッホアのどこかに餌となる動物、つまり馴鹿か麝香牛か兎がいるということである。知られざる〈いい土地〉が眠っているということだ。

どこかに獲物がいるとわかった瞬間、心のなかで炎が燃えあがるのを感じた。

だがどこにそれはいるのか。前に徒歩で越えた西谷は強風吹き荒れる沙漠のような場所だった。だから西谷だとは思えない。それより東側のどこかだ。

テントであらためて地図をながめると、東谷のさらに奥に〈ドガージェンセンランド〉と表記される土地がひろがっていた。これまでさほど気にとめたこともなかったが、大きな湖もあって、それなりに奥行きがあり、〝奥ヌッホア〟とでも呼びたくなる地域である。

ヌッホアの地形と風向きを考えると、氷床に近い東側ほど風の影響をうけないはずだ。おそらく奥ヌッホアは西谷のように強風吹きすさぶエリアではない。どこかに獣の屯《たむろ》する〈いい土地〉があるのだろう。

新しい道が開けたときに特有の心のたかぶりがはげしく脈打った。地図を見つめて奥ヌッホアに行くまでのルートを検討する。考えられるルートがいくつかうかび、かぎられた土地のなかに行くべき場所が無限にあるように思われた。その無限の広がりのなかから、なんとか〈いい土地〉を見つける。そして獲物をとる。それがこの旅の新しい目的に据えられたのだった。

4

その日も朝から犬の喧嘩ではじまった。カコットが発情しているのか、あいかわらず犬同士の喧嘩がたえない。とくにねらわれているのが新先導犬のウヤガンで、若いのに先頭に出るのが気にいらないのか、ボスのナノックと、新参者のカルガリがしきりに後ろから嚙みつこうとする。ウヤガンは後ろの犬が怖くて先導に集中できず、とくに出発のときは毎日のように制御不能となった。やはり雌犬がいると群れが混乱するので考えものだ。

四月も十日ほどがすぎて、ぽちぽち昼寝海豹があらわれはじめた。二度ほど接近をこころみたが、いずれも射程にはいる前に逃げられた。

東谷へとつづく深くきれこんだ入江を進むと、また狼があらわれた。昨日の狼とはちがい、つがいだ。犬を止めて、スクリューで橇を固定し、今度は余裕をもって近づいてくるのを待った。五十メートルまで引きつけ、十分にねらって引き金をしぼる。絶対にあたる距離だったたが、発砲後も狼は身じろぎせずに立っている。どうやらまたスコープが狂ったらしく、二発はずしたところで二頭は逃げていった。ただ狼がふたたび姿を見せたことで、奥ヌッホアのどこかにいい土地があるという確証はさらにつよまった。まちがいなくこの先のどこかに獲物がいるはずだ。

東谷については以前、大島さんから、デンマーク陸軍の犬橇部隊シリウスパトロールがルートにしたことがあると聞いていた。東谷は河口の奥で北東にむかう谷と、東にのびる本谷にわかれている。シリウスが使ったのは支流である北東谷だ。シリウスの隊員が大島さんに語ったところによると、北東谷は岩が多くていいルートではなかったそうだ。また東谷河口付近には飛行機の滑走路があり、かつてヌッホアの地質調査がおこなわれたときに使用されたとも聞く。

まずは北東に越えるシリウスルートにむかうことにした。

東谷河口の三角州は想像より大きく、細かな流れが砂洲のなかで枝分かれして凍結していた。右岸の斜面と砂洲のあいだの吹きだまりを進んでゆくと、やがて幅がせまくなり、いつの間にか砂利河原がモザイク状にひろがる砂洲に追いやられた。砂利河原に乗りあがるのが嫌なので、なるべく水流の凍ったところを行きたいが、凍結した川の流れはつるつる滑るため犬は河原のほうに行きたがり、そのたびに橇が岩に乗りあがり動かなくなる。ウンザリした私は犬をその場に待機させ、とぼとぼ歩いてシリウスルートを偵察しに行った。

シリウスルートは一見してとても犬橇で遡行できるような谷ではなかった。谷底に雪はほとんどなく、両腕でひとかかえはありそうな岩で川底は埋めつくされており、もっと雪の多い年

地図3　ヌッホア全域とその拡大図

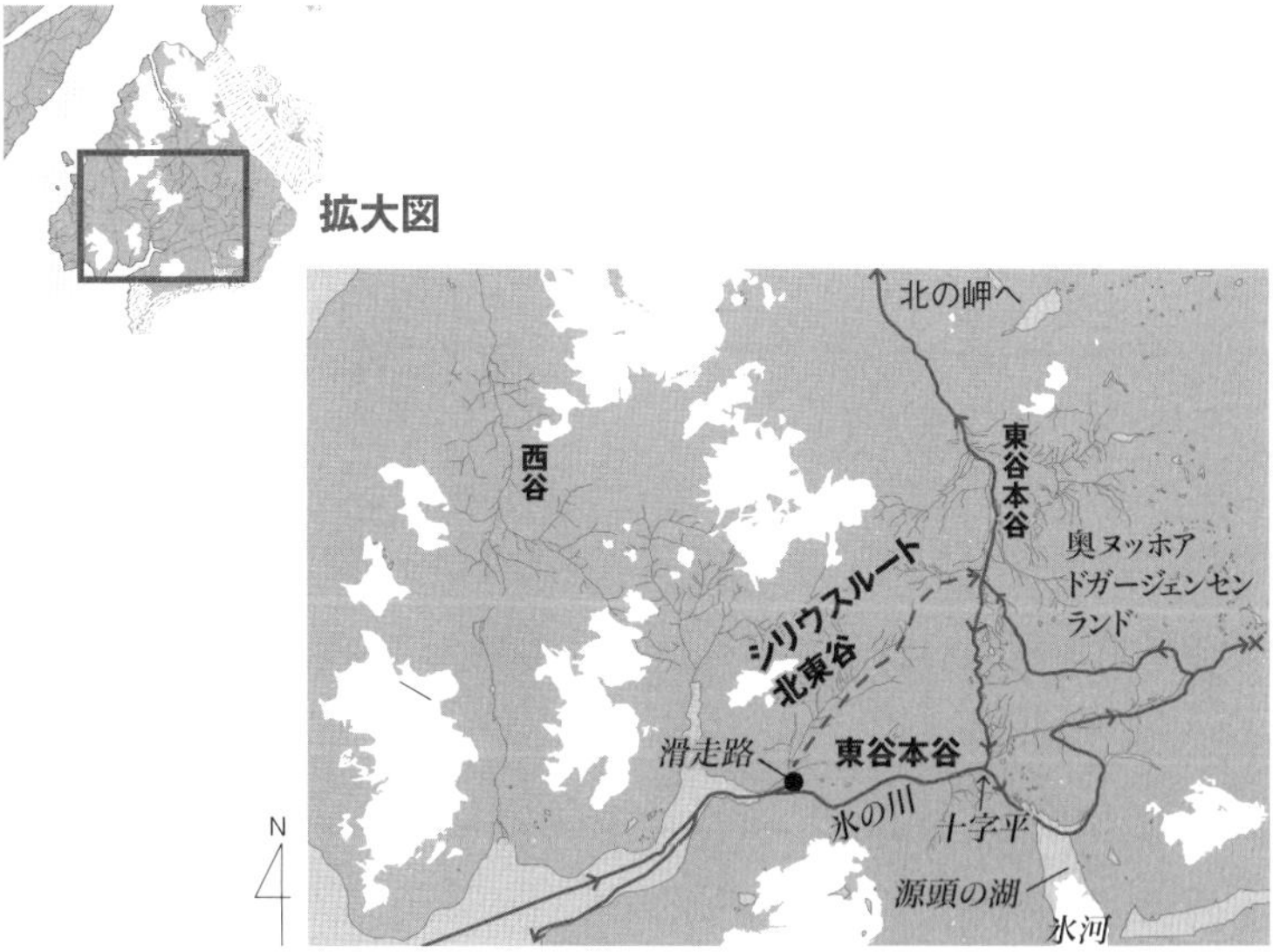

でなければ進むのは不可能である。

　期待していたルートが使えないとわかり、正直かなり落胆した。斜面を登って周囲を見わたすと、対岸の河岸段丘のうえが真っ平らになっている。話に聞いていたヌッホアの滑走路にちがいない。犬を誘導してふたたび砂洲の迷路のなかを進み、滑走路がある段丘のふもとまで行った。段丘上の滑走路は五百メートルほどありそうで、驚いたことに食堂や居住用など大きなテントが何張りもたっている。木造の小屋もあり、扉をあけると雪上バギーや膨大な量の工具がそろっていた。想像より大がかりな飛行場だが、何よりうれしかったのは、滑走路の一角に麝香牛の糞が落ちていたことだ。少し古い糞ではあったが、これで東谷に獲物がいることがはっきりしたわけだ。

　しかし問題はどこから内陸に進入するかで

ある。

シリウスルートが使えない以上、ほかから行くしかない。滑走路の周囲を歩き、ルートになりそうな場所がないかさがすが、どこも傾斜が急だったり、岩だらけの谷だったりして越えられそうになかった。のこるは入江から東にのびる本谷ルートのみだが、シリウスが選択しなかったことを考えると期待はうすい（地図3）。

歩いて本谷のほうの様子を見にいくと、どうやらこの谷はかなり水量が多いようで、谷底は端から端までぶ厚く凍結していた。まさに快適な氷の回廊で、先ほどの二頭の狼の足跡が雪上に点々とつづいていた。ためしに一キロほど遡行して上流をながめたが、その先も蒼氷の回廊はのびており、もしかしたら源頭までつづいているんじゃないかという気がした。もしそうだったら最高だ。

翌日、犬を飛行場の麓にのこし、ひとりで本格的に偵察することにした。狼に食料を荒らされないよう、ウヤミリックとキッヒを番犬として橇の前後につなぐ。この二頭をえらんだのは、性格的に橇を荒らすことはないと考えたからだ。

地図をみると、谷は中間部で十キロほどせまい峡谷状となり、そこを越えられれば上流域には広大な雪原がひろがっているようだ。数時間かけて下流部を越えて、中間部へとつづく屈曲部に出た。斜面を百メートルほど登り、双眼鏡でその先をみわたしたところ、上流もびっしり蒼氷がはりつめ快適な道になっていた。なにしろ国軍部隊であるシリウスが採用しなかった谷なのでどこかで行きづまる気もするが、地形的にはこのまま上流域まで氷の回廊がつづいてもおかしくない。もしこの谷を遡上し、上流域に出られれば、そこはもうドガージェンセンランド、すなわち奥ヌッホアだ。

テン場にもどると、狼ではなくキッヒがドッグフードをバリバリと食いあさっていて唖然《あぜん》としたが、偵察の手応えはあった。帰りの食料としてドッグフード四袋を飛行場の小屋にデポし、翌日、私は本谷ルートから内陸にむかった。

本谷ルートは信じられないほど快適な氷の川だった。川の中央はつるつるの蒼氷だが、端の吹きだまりを行けば犬は快適に橇を引くことができる。所々中央がひどく陥没しているので、それさえうまくかわせば悪い箇所はどこにもない。前日の最終地点だった屈曲部を越え、中間部にはいっても状態は良好なままだった。源頭に氷床がとけてできた大きな湖があるおかげで、水量が多く、しばしばあらわれる狭いゴルジュも氷で完全にうまっているのだ。

出発からわずか数時間で上流域にたっした。切りたった両岸はゆるく開放的になり、そのまま広大な氷原に出た。たおやかな白い丘が周囲をとりかこみ、どこもかしこも楽に走れそうな、犬橇パラダイスのような景観がひろがる。

なだらかな丘が連なり地形は茫漠としているが、そこで谷筋はほぼ正確に東西南北四方向にわかれていた。それ以来、私はここを奥ヌッホアの〈十字平〉と呼ぶようになった。十字平を南に行けば源頭の湖となり、東に進むと奥ヌッホアのさらなる深奥部へつづく。北へゆくのが東谷本谷ルートで、湖沼地帯をへて北へ流れる谷に出てヌッホア北端へとぬける。十字平は平らで広々としており、氷を鉄の棒（トウ）でつつけば簡単に飲料水も手に入る。じつに快適なテン場、十字平キャンプ場とでも呼びたくなる場所だ。

どうやら私はヌッホアを越えるもっとも合理的な道を発見したようだ。私にとってヌッホアは北へむかう巨大な障碍であったが、この氷の回廊を見つけたことでまったく恐れることはなくなったのだ。


この旅をはじめるころから、私は、自分の旅を始原的なものに近づけたいと明白に意識するようになっていたが、道を見つけることこそ、まさに始原的なのではないかと、このときつよく感じたのだった。

始原的ないとなみ、それは時代を超えた普遍的ないとなみのことであり、人間を人間として成長させた原初のいとなみのことだ。

狩りや釣りのような、食べるために土地と親密になる狩猟採集活動は典型的な始原的行為のひとつだろう。また犬橇のように、言語以前のコミュニケーションで動物とつながり、命をたくすような営為も始原的といえるのかもしれない。犬は人間が最初に手なずけた家畜であり、犬と共存することで現生人類は後期旧石器時代の生存競争をかちぬいたという学説があるほどだ。

そして私が始原的だと感じるもうひとつの行為がナビゲーション、すなわち正しい道を見つけることである。

人は移動する存在である。日常的な生活環境をはなれ、境界のむこう側に旅立ち、人類は地球の隅々にまで拡散してきた。ゴリラやチンパンジーはそういうことはしない。彼らの生態は特定の自然環境に制約されている。霊長類のなかでこれほどの生態的自由を獲得したのは人類だけであり、旅こそ人間を人間たらしめる最大の特徴といって過言ではないのである。

狩り、犬橇、旅。一見バラバラにみえるこの三つの始原的行為に共通するのは何なのだろう？　それは対象との調和なのではないかと私は考えている。

たとえば狩りにおける調和とはいったいどのようなことをいうのか。殺しにほかならない狩りが、なぜ対象と調和することになるのか。

対象と親密になり、調和するには、こちら側の意図をつらぬきとおすのではなく、相手の事情に組みこまれるという関係性が必要だ。狩りにおいては事前の予定や計画は通用しない。狩りに出る前に地図を見て、今回はこの谷沿いをしばらく進み、十キロほど先のなだらかな南斜面で獲物を探すか……と計画しても、その五キロ手前で濃い獣道があれば、その道を辿らなくてはいけない。結果として予定していなかったエリアで何日間も獲物を探すことになるかもしれないが、そうすることで獣の世界に入りこむこととなり、狩りは成功する。つまり計画（意図）が放棄され、その場で偶然あらわれた獣道や足跡に導かれることによって狩猟行為ははじめて成立する。

自我を捨て、透明な存在となり、その場で行き会った獣の蠢きに引きよせられ、組みこまれる。このようにして土地の流れとのあいだに摩擦のないスムーズな関係にいたったとき、獣は獲れる。自然との調和＝獣の死。この摂理は近代的価値観では永久に説明することはできない。狩猟の成功とは決して自然にたいする勝利ではなく、祝福の瞬間だ。獲物とは土地と調和したことが土地から肯定された証なのである。

この組みこまれるという関係性は犬橇でもおなじだ。言語コミュニケーションの成立しない犬は、人間にとってはおのれの意のままにならぬ存在である。とりわけ最初は暴走のリスクが怖いため、どうしても犬の動きを管理、制御しようとする。だが、十頭以上の犬を完璧に制御しようとしても、うまくいくものではない。一頭が変な動きをして、私が激怒すれば、それが喧嘩や逃走につながり混乱が勃発する。大事なことは犬を思いどおりにしたがわせることより、犬の動きにある程度、自分自身を託してしまうことだ。ここにも、こちら側の意図をつらぬくのではなく、対象の動きにあわせてそれに積極的に組みこまれてしまう、という調和の原理がはたらいている。

旅におけるナビゲーションにおいてもそれはかわらない。というか、むしろこれこそ自然との調和をもたらすもっとも根源的行為なのかもしれない、と思う。

なじみの土地をはなれて未知のエリアを旅するには、まずは正しい道を探さなくてはならない。そのための第一歩は現在地の把握で、高層ビルの立ちならぶ都心部だろうと、山や森や極地のツンドラだろうとそれはかわらない。ただ、人工物のない単調な原始的環境で暮らしていた時代の人類にとって、それは決してやさしいことではなかったはずだ。

地図やコンパスやGPSなどのテクノロジーの助けなしに現在位置を知るには、巨木や大岩、鋭峰といった顕著で目立つ自然物を地標にし、それを記憶する必要がある。もちろんこうした地標がいつでも都合よく見つかるわけではない。それに密林にしろ山岳にしろ極地にしろ、地標と地標のあいだは、ほかと見分けのつかない似たような景観がひろがり、とても迷いやすい。もしルートをまちがえ、広大な森のなかで迷ってしまえば生還するのは容易ではない。だから、大海のような単調な風景のなかを進んでいると、このルートははたして本当に正しいのだろうか、という不安がわき、どこかで道をまちがえたのではないかという疑念がふくらむ。そうした不安をかかえながら進んでゆき、そしてついに正しいルートであることを示す大岩が見つかったときは、経験のない者には想像もできないような大きな安堵でみたされる。それがどのようなものかというと、完全に命がつながったという安堵である。

このとき大岩や巨木のような原始的移動行為を可能にしていた地標物は、人間にとってどのような存在であったか。それは、原始の探検家がはじめてそこに到達する前から、圧倒的な質感をもってそこに存在していた、まぎれもない自然物だ。もともとそこにあったものを、原始の探検家がたまたま行き合い、その質感に圧倒され、地標として利用する。これはたまたまそこにあったものが決定的役割をはたすという意味で、狩猟における獲物とおなじ存在様態だ。たまたま会った〈いま目の前〉の自然物に、見た瞬間に組みこまれる。そしてそれ以来、その自然物は、人々が移動する際に正しいルートであることを告知し、命を守ってくれる守護神にもひとしい存在となる。人々はその自然物に感謝し、名をあたえ、祀り、場合によっては聖地として崇《あが》めるだろう。こうした命名された地標をいたるところに配置し、大海のように単調な環境に差違をあたえ、空間的に構造化することで、人間ははじめて自分がいま、どこにいるのかがわかるようになる。このとき人間の心にうかぶ思いは何か。それは、その土地との根源的一体感だろう。人間は自然があたえる条件に組みこまれることによってのみ移動することができる。これこそ人間が世界を獲得する第一歩だ。

犬橇で旅をするようになってから、私はこれまで以上に、土地が生みだす正しい道を見つけることが必要だと痛感するようになった。

ウヤミリックとともに橇を引き、歩いて旅をしていたときは、橇の荷重はせいぜい百五十キロ程度だったので、岩がころがる悪場でも無理矢理突っ切ることができた。岩に引っかかって橇が止まっても、持ちあげて強引に岩からはずすことができたからだ。

だが、橇の自重をふくめて五百キロにもなる犬橇でそれは不可能だ。雪の下にちょっとした小さな岩の突起があるだけで、プラスチックのランナーがひっかかって微動だにしなくなる。こうなると人力ではどうしようもない。頼みの犬たちも、ひとたび橇が動かなくなると、引くのを諦める。怒鳴っても、蹴っ飛ばしても死んだように醒めた目で私のことを見るだけだ。無理矢理大声で煽りながら梶棒を全力で押したり、場合によっては積み荷をばらしたりと、とにかく人力橇では考えられないような重労働となる。だから犬橇で上手に旅をするには、いかにこうした悪場を回避し、固く、しっかりした雪のついている正しいルートを知るかが鍵になる。

それは地図にはのっていない秘密の道だ。何度も通いつめることによってのみ見つかる、その土地固有の相貌なのである。

自然の条件に組みこまれ、それをうまく使って移動できたとき、その行為にはその土地をその土地ならしめている、なにか本質的なものが反映される。登攀の場合であれば、ボルトとアブミを使った人工登攀は岩場を剪断《せんだん》するだけだが、うまく岩の弱点を利用してのぼるフリークライミングの場合は、クライマーの身体的ムーブメントのなかに岩壁そのものが体現されるだろう。

同様に北極の旅でも乱氷や河原を無視して直線的に進んでしまえば、ただ疲れるだけで面白い移動にはならない。なぜ面白いものにならないかというと、その移動行為のなかに土地のすがたがまったく反映していないからだ。そうではなく、土地の条件にうまくあわせて移動できれば、その移動は土地とうまく調和できているということなので、疲れやストレスも少ないし、移動経路そのものに土地の本質的な何かが反映されて美しいものとなる。登山の世界には〈無理のないナチュラルなライン〉とか〈美しいルート〉といった言葉があるが、その意味はこのようなものだ。行為が対象と無理のない関係をむすべているとき、その行為はシンプルで美しい。

だから犬橇の旅では伝統的なルートというものが非常に重要になる。伝統的なルートは北極の自然を知悉《ちしつ》したイヌイットたちが、このルートが一番無理がないと発見し、認定し、在来知として代々うけついできたものだ。そのようなルートはナチュラルで、土地のすがたを体現しており、ゆえに美しい。こうしたナチュラルで正しいルートを知らないと犬橇の旅はただの苦痛となる。しかし逆に正しい土地の道を見つけて、うまくそのルートどおりに悪場を回避できたときは、快感にも近い喜びがこみあげてくるのだ。

不思議なのはこの喜びだ。それは獣の世界に入りこみ、うまく狩りが成功したときと、おなじ種類の喜びである。

この喜びにはたぶん意味がある。狩りであれば、歩いていたらたまたま獲物と遭遇して仕留められる場合もあるが、そういうときは、ただ獲物が手に入った嬉しさがあるだけで、深い喜びにつながっていない。しかし土地のことや獣の習性を熟知し、むこう側の世界にうまく入りこみ、対象と調和したうえで獲物がとれたら、その狩猟の成功はどこか必然的であるように感じられ、単に獲物が手に入った以上の根源的な喜びがえられる。

このような狩りには、狩りという行為に土地や獲物といった対象が体現しており、フリークライミングや犬橇のルートとおなじような美しさがある。そして美しい行為には喜びがともなう。

この喜びこそ、人間の幸福感の根源にあるものではないだろうか。この喜びは、生きることにつながる喜びであるが、でもそれだけではない。土地と調和できたことの喜び、自然とうまくつきあえたことの喜びなのである。

ヌッホアで氷の川を見つけ、十字平に達したときに感じた喜びは、このようなものだった。これでさらに獲物が見つかれば、いうことはない。

5

翌日から獲物をもとめて奥ヌッホアの心臓部を探検した。十字平を南に進んで、氷の川の源頭の大きな湖にむかった。蛇行する凍結した川をさかのぼると一時間ほどで湖があらわれた。風で雪が吹きとび、青黒く凍った氷に太陽の光が反射し、荘厳なまでに美しい光景を現出させている。ただ犬にとっては厄介なコンディションだ。完全に摩擦の消滅した淡水の氷だと犬は滑って橇を引くことができず、わずかな向かい風が吹いただけで押しもどされてしまう。

ここに来たのは湖岸の湿地に麝香牛がいることを期待してのことだったが、岸は湿地ではなく糞や足跡は見つからなかった。雪のついているところをうまくたどってツルツルの湖氷を進み、北東から流れこむ谷間にはいった。

谷は北東へつづいたあと、東に屈曲し、細長い湖をへて奥ヌッホア心臓部をつらぬいている。比較的大きな谷ではあるが、前日の氷の川みたいな水量はなく、岩の河原がひろがる状態の悪い谷だった。河原を避けるため左の斜面のふもとの雪の吹きだまりを行くが、やがて幅がなくなり河原におしだされた。

あまり岩のうえをごりごり進むと、ランナーの底にはったプラスチック材が削れて使い物にならなくなる。私の〝ムカデ号〟は二年目なのに、すでにプラスチック材の厚みが一センチを切り、あまり酷使するとこの旅ももたないかもしれない。河原でガタガタやるたびに寿命がちぢむ思いがした。

谷の構成は複雑で、悪い河原と雪のついた快適な水線（道）が入り乱れて迷路のようになっている。雰囲気的には獲物がいてもおかしくない場所だが、やはり糞もなければ足跡もない。生き物の気配はなく完全な静寂にみたされている。

谷の向きが東にまがり細長い湖のある場所に出た。このまま谷を東進するつもりだったが、源流にいくほど河原の状態が悪化しそうな気がした。地図を見るとちょうど北西側の尾根が低い鞍部《あんぶ》となっており、これを越えると、十字平から東にのびる別の谷におりられるようだ。獣の気配もないし場所をかえたほうがいいと考え、鞍部からこの別の谷に出ることにした。

鞍部は顕著な丘にはさまれ、ここを通ってくださいといわんばかりの見事な門状の地形となっていた。ここで事実を白状すると、じつはこのとき私は地図読みをあやまっていた。その先にも同じような鞍部がもう一カ所あり、そこから尾根を越えているつもりだったが、実際はその手前の、もう通過したと思いこんでいた鞍部のほうを越えていたのだ。

だが、上手くいくときはこういうものかもしれない。地形を誤認したことで運命の女神は私にほほ笑んだ。

鞍部をくだると右側の雪面に多くの麝香牛の足跡があらわれた。一緒に糞もバラバラ大量に散らばっている。まだ近くにいるのではないか……。橇を止めて近づいてみると、かなり新しい足跡だった。ついさっきまでここにいた、という感じだ。谷はその先でゆるやかに左にカーブをえがいているが、そのカーブのすぐ先で見つかりそうなほど糞も足跡も新しい。きょろきょろ見わたしながら犬を走らせていると、右手の崖のうえに七、八頭の群れが、こちらをじっと注視していた。

やはり、いた……。興奮を押し殺し、アイー、アイーと静かな声で犬を止める。

不毛と思われたヌッホアに本当に動物がいることが判明した時点で、目的の半分は達したようなものだったが、なんとしてでもあの麝香牛を獲らなければならない、と私は思った。ここで一頭しとめて、食料に余裕をもたせて犬を二、三日休ませたい。そういう現実的な理由もあったが、苦労して見つけた獲物をとることには何かもっと積極的な意味があるようにも思えた。大地からの贈り物であるこの出会いを肯定するには、獲るしかない。獲らないと、二度とこのような出会いはおとずれないような気がする。

橇を止めてライフルの準備をしていると、犬たちが牛がいることに気づき、ヒーン、ヒーンと大声を出しはじめた。とくにキンニクとポーロがひどく興奮している。麝香牛の群れは、犬の鳴き声を聞くと、急に駆けだし、百メートルほど先で止まった。これ以上、逃げられないうちに追跡しなければならない。

谷をズボズボと数百メートルラッセルし、崖の麓にたどりついた。崖は五十メートルほどの高さがあり、そこそこ急だ。群れのいた場所からさらに数百メートルはなれた少し傾斜のゆるいところまで迂回し、その雪壁からよじのぼった。遠くで犬は静かになったが、ポーロだけがあいかわらずヒーン、ヒーンとデカい声でわめいている。

あのバカ野郎……。ポーロにぶつくさ文句をつぶやき、たのむから逃げないでいてくれ、と祈るように群れのほうへむかった。崖のうえは地衣類が豊富で、麝香牛だけではなく、イングルフィールドランドではすっかり姿を見なくなった兎もたくさん動きまわっている。不毛なヌッホアのなかにあって、本当に楽園のような谷である。ひとまず兎はあとまわしにし、慎重に牛の群れにむかった。

麝香牛は逃げずにおなじ場所にとどまっていた。時折こちらをちらちらと見やるが、仔牛もいないようで、さほど警戒している様子でもない。殺気を消し、いつものように無関心をよそおい、むこうが地面の植物を食べる隙を見てゆっくり近づく。

のこり二百メートルとなったところで、数頭が突然走りだした。それにつられて残りの麝香牛も逃げだした。崖のうえは微妙な起伏がひろがり、牛たちはその死角にはいり見えなくなった。

そこから長い追跡がはじまった。ゆっくり歩いてゆくと、視界が開け、また牛の姿が見えてくる。しかし見えてきたかと思うと、牛たちは微妙に移動して、ふたたび起伏のむこうに姿を消す。近づいては消え、見えては近づき、そしてまた消える。そんなことを何度もくりかえした。背後を見やるとすでに犬の姿はかなり遠ざかり、白い雪原のなかで麝香牛の糞ほどの小さな点と化している。一度、二百メートルほどの距離から狙ったが外してしまい、仕切り直しとなった。

追跡から数時間が経過し、集中力が切れてきた。そもそも撃ちとめたところで、崖のうえからどうやって肉を下ろしたらよいのかわからない。犬もはるか彼方に遠ざかり、橇の食料を食い荒らしていないか心配だ。だが、ここまで来たら地の果てまで追ってでも絶対に獲るつもりだった。

射程にはいったら遠ざかり、撃とうと思ったら逃げられる。まるで、こっちの射程がわかっているかのような微妙な距離の取り方だ。そして三回目のチャンスがおとずれた。絶好の場所に岩があり、身をかくして距離をはかった。目測で二百メートルほどありそうだが、銃を依托できるのでまちがいなく当たるはずだ。岩に銃をのせてスコープをのぞく。標的のすこし上あたりに照準をあわせて引き金をしぼる。ダーンッという銃声とともに一頭がよろめき、すかさず二発目をうちこんだ。今度は前脚をおおきくあげた。

半矢となった麝香牛は逃げた群れに追いつこうと、よたよたと力なく斜面をのぼり視界から消えた。経験上、狼とちがい、半矢になった麝香牛は近くで倒れることがほとんどだ。重たい身体を保持することができないのだろう。ゆっくりあとを追ってゆくと、少し先で銃弾をあびた麝香牛が青空を背にたたずんでいた。群れのほかのメンバーも五十メートルほどはなれた場所で、傷ついた仲間をじっと見守っている。

もはや仕留めたも同然だった。慎重に岩に身を隠しながら様子をうかがう。麝香牛は胴体の数カ所から血を流し、私のことを睨むように凝視していた。これまで見たことがないような巨大な麝香牛だった。悠然としているようだが、もう逃げる力がのこされていないのだ。止めを刺さなければならない、とつよく思った。頭部に銃弾をはなつと、麝香牛はびくびくと痙攣《けいれん》し、前脚から雪に突っ伏したあと、腹ばいになり、前進しようともがき、横の小さな崖から三メートルほど落下して絶命した。

翌日、解体現場を何度も往復して肉を橇にはこぶと、肉の臭いを感知した犬たちがけたたましく吠えたてた。

仕留めるまでいったい何時間かかったのかわからない。喜びよりも疲労でぐったりとし、鉄の鎧を身につけたかのように全身が重かった。だが、獲物との運命というものを、私はこのときほど感じたことはない。ここにいたるまでに、あまりに長い道程があった。村で犬を訓練し、氷河を登り、氷床を越え、何百キロも旅し、一頭の狼にみちびかれるように奥ヌッホアに入りこんだ。氷の川という新しい道が目の前にあらわれ、獲物の存在を確信しつつその出会いを祈りながら奥に進むと、不毛だと思っていた大地に本当に麝香牛がいたのである。

そこにあったのは、狩りという行為にともなう本質的な何かであった。獲れたことが奇跡であるように思えるし、獲るべくして獲ったようにも思える。考えてみればコロナがなければ私はこの麝香牛と出会わなかった。その意味で偶然の出会いであるが、同時にここに来るまでの経緯を考えると、それは必然であったとしか思えない。そのような運命というものの本質を、この麝香牛はまぎれもなく体現していた。

この長い旅はこの一頭の麝香牛を獲るためだけにあったのだ。そんな思いがこみあげてきた。この一頭を獲ったことでヌッホアの大地は私にとって特別な場所となったのである。

旅はまだつづいた。

6

まるまる二日間休養し、そこからさらにヌッホア奥地をめざして西にむかった。仕留めた麝香牛は巨大で、十二頭の犬の一週間分の食料となった。餌の不安がなくなったことも、さらなる探検を後押しした要因だった。この先の知られざるどこかに、もっと獲物の屯する場所があるかもしれない。さらなる〈いい土地〉を探して私は何日も流浪した。

地図には奥ヌッホア中央部に小さな湖の点在した湖沼地帯が描かれており、まずはそこをめざした。湖には不思議な誘引力がある。内陸を旅していると、いつもこの不思議な力にみちびかれ、明確な目的もないまま湖にむかおうとしている自分がいる。このときも私は湖がもつ誘引力にひかれ、湖沼地帯へとつづく十字平から東にむかう谷を中流部からさかのぼった。一見したところ谷は雪で白くおおわれ、いかにも快適な谷筋に見えるが、実際は河原の岩がその下に隠匿されており、おろし金のうえを走っているようにランナーのプラスチック材がごりごり削られてゆく。

また獲物と出会うのではないかと期待したが、麝香牛や兎の足跡は皆無で、出会うのは狼だけだった。一頭の狼が五十メートルほど後ろを追走していた。橇を止めると遠ざかっていったが、つぎの日に、今度はべつの三頭が後ろをつけてきた。これでヌッホア周辺で七頭の狼と出会ったことになる。尋常ではない数だ。

犬たちが狼に気がつき、いっせいに追いかけようとする。同時に狼の一頭が敵愾心《てきがいしん》を見せて、犬に牙をむき出しにした。これほどあからさまに敵意をむき出しにする狼もめずらしい。橇を止めてライフルを準備すると、狼は慎重にも距離をとり離れていく。銃を橇にのせて、一番近くにいた狼をねらって引き金をしぼると、弾は胸部に命中し、狼はもんどりうってのたうちまわった。そして二百メートルほどものすごい勢いで走ったあと、突然ばたっと倒れてうごかなくなった。

ほかの二頭はその先の斜面を逃げてゆく。犬が猛烈な勢いで追いかけ、普段なら絶対に越えようとしないであろう礫の急斜面を一気に駆けあがった。このまま登ってゆくと橇が雪壁に乗りあがってしまいそうだ。私はブレーキをかけ、なんとか橇を止めたうえで、逃げてゆく二頭をねらった。弾は二百メートルほど先にいる一頭に命中したが、もう一頭は斜面を駆けて姿を消した。

狼の肉は、北極の動物の肉のなかでは白熊とならび美味である。その場で手早く解体し、背肉を自分用の食料としていただき、あとは犬が食うのにまかせた。予定外のごちそうに腹を空かせた犬たちは争うように肉に群がった。狼の肉は嫌がる犬が多いが、このときは犬たちも長旅で痩せ細っていたので、ほとんどの犬は抵抗がなかったようだ。

そこからさらに谷をさかのぼった。谷は細くなってゆき、丘と丘のあいだで傾斜をせりあげてゆく。そしてやがて源頭に達し、湖沼地帯がもう目前というところにきた。

そこで景色は劇的にかわった。谷の様相は一変し、雪が急に少なくなって谷底は岩だらけになった。周囲もそれまでの雪におおわれたたおやかな丘のひろがりが失せ、黒くて荒涼とした岩肌にかこまれた。どうやら湖沼地帯の入口を境に地質的構造が一変したようだ。まわりは小さな岩山ばかりで、湖はその合間に溜まったものらしい。これ以上進んでもひどい目に遭うだけなので、そこで前進を中断し、前日のキャンプ地まで引きかえすことにした。

翌日からは針路を北西にむけ、獲物を探しながら十字平の北の谷をめざした。似たような形状の、こんもりとした丘やゆるやかな谷が、微妙に角度をずらしながらひろがっている。山や峠を越えてあらたな景観がひろがっても、それまでとおなじに見えて、ときどき自分がどこにいるのかわからなくなるほど単調だった。獲物のいる場所もさっぱり読めない。足跡や糞は皆無だが、どこにいるかはわからない。先日の麝香牛みたいに、不意に折れ曲がった小さな谷の斜面に屯していることも考えられる。あの丘を曲がればいるかもしれない……と期待しながら前進をつづけるが、いっこうに遭遇の気配はないままだった。

獲物と遇《あ》うことがないままキャンプをくりかえし、北西方向にすすんだ。

十字平の北にもやはり湖沼地帯がひろがっている。ただ、地図から判断するかぎり、その湖沼地帯は、先日のような岩山の合間にできたものではなく、平坦な大地に湖があるだけの、普通の湖沼地帯であるように思える。その湖沼地帯の途中のどこかには、非常にわかりにくいが分水嶺がある。そして、そこを越えて北にくだってゆくと、やがて湖沼地帯が終わり水流の蛇行した広大な平原に出る。この広大な谷こそ巨大なヌッホアの陸塊を南北につらぬく東谷の本流である。私がこのときむかったのは、この東谷本流だった。

なぜ東谷の本流をめざしたのかというと、東谷本流をくだってそのまま海に出て北に進むと、この巨大なヌッホアの陸地の一番北の岬にたどりつけるからである。

岬の先は国立公園になっており許可がないと入れない。また、海峡をこえてエルズミア島にわたることも、今回はカナダ当局から禁じられた。である以上、このヌッホアの北の岬こそ今回の旅で到達できる最北ポイントであり、もはやめざす場所はそこしかなかったのだ。

丘の合間の谷をのぼり、つぎの谷をくだり、また谷をのぼり、斜面を横切り、ようやく十字平の北をながれる谷に出た。はじめての土地の、単調で茫漠とした雪原の谷を、勘をたよりに進んでゆく。二十五万分の一という縮尺のおおきな地図を手に、あっちに行けば下りやすい斜面があるはずだと推測してルートを模索する。礫の多いいやらしい雪原を越えて、本当に快適な雪の斜面に飛びだしたときは、小さな達成感がわきあがった。読みがあたっていいルートが見つかっただけで、これまでの北極の旅の経験がむくわれた気がする。

快適な斜面が目の前に広がり、犬はよろこびをみなぎらせて雪面をくだってゆく。

犬たちはすでに長旅で疲弊しきっていた。村を出発してから一カ月を境に疲労がたまり、正直やる気もほとんど失せていた。休憩や引綱をほどくためにひとたび橇を止めると、そこから一歩も動こうとしない。出発しようとアハ、アハと鞭をふって誘導しても、うしろでボケーッと他人事のように見送るだけだ。

人力橇時代から二カ月以上の長旅を経験しているウヤミリックと、〝クレージー小娘〟こと雌のカコットだけが、痺れをきらし、すごい勢いで飛びだすが、ほかの犬がうごかないので橇は微動だにしない。挙句の果てには、そのまま前を歩いてゆく私に、おおーん、おおーんと全員で鳴き声をあげて、「橇が重くて動きません！」と嘘八百の自己主張をはじめる始末である。

もちろん長旅のあいだに向上した面もある。たとえばウヤガンの先導犬としての能力は、経験を蓄積することでみるみる高まった。内陸部のルート選択は海氷より厄介だ。基本的には谷筋を利用することが多いが、その場合も谷底を進むより、斜面の際の雪のしまった吹きだまりを移動したほうが楽なことが多い。何日もヌッホアの丘や谷の移動をくりかえすうちに私はそのことを学んだのだが、ウヤガンもおなじことを学習したようで、私の指示がなくても自然と走りやすいところを選ぶようになった。

先導犬が思ったとおりに走ってくれると、私のなかでは犬との一体感がたかまり、楽しくなる。指示を出したときも、なぜその指示を出したのか、その指示が「ハゴ（左）」であるなら、なぜここで私が左に行きたがっているのか、ウヤガンは周囲の地形から次第に理解できるようになっていった。場数を踏み、ひっきりなしに右だ左だと言われているうちに、私の意図を読んで、それを実行できるようになっていく。犬の動きに私の意志が、私自身が体現し、私と犬は一体化する。それは私にとっても、あたかも自分自身が新しい能力を獲得したのにひとしい感覚だった。

そして私のなかで犬との一体感がたかまったのは、ウヤガンの成長だけが理由ではなかった。このころから私はほかの一頭を先導犬として教育しはじめた。そのもう一頭とは長年の相棒ウヤミリックである。この犬はやはり私にとっては特別な存在だった。だから私のなかにはまだ、このチームをウヤミリック中心のものにしたいという抜きがたい願望があったのである。

二年目にはいると、犬たちのあいだでは一年目とはことなる政治状況がうまれていた。ボス面をして一番威張っていたのはあいかわらず最強犬ナノックだが、どういうわけかナノックはウヤミリックには頭があがらないらしい。喧嘩をすればまちがいなくナノックのほうが強いのに、二頭がからみそうになってウヤミリックが一声唸ると、ナノックは怯み、「すいません、ですぎた真似をしました……」みたいな顔で引きさがる。

結局シーズンをとおしてこの二頭の決着がつくことはなかったが、様子を見たかぎり、この年の序列一位はウヤミリックで、二位がナノックのようだった。つまりウヤミリックはこの年、〝チーム角幡〟のボスとして君臨していたわけだ。

それだけではない。この犬は一番懸命に橇を引く犬でもある。乱氷や氷河で橇がうごかないとき、あるいはほかの犬がやる気をうしないボケーッとしているとき、率先して飛びだし橇を引こうとするのはウヤミリックだ。その突進につられて橇が動きだすときもある。ウヤミリックはボス犬であるだけでなく、チームのエンジン役でもあった。

そのウヤミリックを、私は旅の途中からウヤガンのすこし後ろにつけて先導犬としてためしてみたのである。

一年目の序盤に、ウヤミリックを先導犬にしようとして断念したことは前に触れた。そのときは適性がないと判断したのだが、それを見直すきっかけになったのは、じつは皆さんがどうでもよいと憤慨された、あの〝ムケチン事件〟である。

あのとき私は、アウンナットの手前で負傷のために走れなくなったウヤミリックを、引綱をほどいて自由にした。ウヤミリックは後方からついてくるのではなく、ウヤガンの前に出て、ふらふらと先導するかたちになった。そして私のかけ声に反応し、ハゴと言えば左に、アッチョと言えばよたよたと右に曲がる。私はウヤガンにむけて指示を出しているのだが、ウヤミリックも勝手に反応してうごくのだ。痛々しい姿であったが、まがりなりにも反応しているところを見ると、どうも指示内容を理解しているようである。もしかしたら去年の適性なしという判断は早急だったかもしれない、ウヤガンが成長して余裕ができたら、ウヤミリックをもう一度試すのもいいかもしれない、とそのとき考えなおしたのである。

ウヤガンは先導犬として独り立ちし、ウンマの補助は必要なくなった。そして私はウンマのかわりにウヤミリックを一・五列目にひきあげた。ウヤミリックは臆することなく前に出て、ぐいぐい橇を引いた。しばらくその位置で走らせ、慣れてきたところでもう少し引綱をのばし、ウヤガンとほぼ同列、十センチぐらい後ろの位置で走らせた。思ったとおりウヤミリックはハゴやアッチョの意味がわかっているようで、指示に反応する。走りに集中しすぎて指示に反応しないときは、ウヤガンがウンマに教わったときとおなじように、「先輩、そっちじゃないっす。旦那はハゴと言っているので、たぶん左の岬を岸沿いに曲がれということだと思います」といった感じでサポートする。

前に飛びだす性格のこの犬が先頭を走ると、ほかの犬もつられて動くので、私としては心強いことこのうえない。やがて引綱をさらにのばしてウヤガンとおなじ長さとなり、ウヤミリックは先導犬としての地位を確実にした。ボス犬であり、チームのエンジン役でもあり、そして先導犬にもなったウヤミリックは、まさにチームの中心となった。

犬たちの真ん中にウヤミリックがいるのを見て、私はついに完成した、と思った。念願かない〝チーム角幡〟は、このヌッホアの奥地で〝チーム・ウヤミリック〟に最終変態をとげたのだ。

7

東谷の本流に飛びだしてからしばらくは谷がせまく、雪も深かった。流れはうねうねと蛇行し、小さなカーブを何度もまがり、くだってゆく。やがて谷はひろい雪原となり、そこから河口に出るまでほぼ二日の道程だった。

ところどころ、いかにも麝香牛や兎が好みそうな湿地となっているが、獲物の姿は見当たらない。だが下流部で思いもしないものと出くわした。別の犬橇のトレースである。どういうことだ？　と一瞬混乱したが、すぐに答えはわかった。これはイヌイットのものではない。デンマーク陸軍の犬橇部隊シリウスパトロールのトレースだ。

シリウスは冬期に、このヌッホアより北の北極海沿岸地域を巡回することを任務とする部隊である。だが、これをみると、ときにはこのヌッホア北部にも足をのばすようだ。酔っぱらいの足どりのようにふらふら曲がりながら走る私の犬たちとちがい、いかにも近代軍隊の部隊らしく見事なまでに直線的な軌跡をのこしている。どんな訓練をしたら、先導犬をこんなに真っ直ぐ走らせることができるのか。自分のトレースが、先導犬の出来が恥ずかしくなるほど、それは定規でひいたような直線だった。

シリウスのトレースをたどってゆくと河口に達した。

河口は巨大で複雑な三角州となっていた。風で砂塵にまみれて茶色く濁り、北極というより中央アジアの沙漠地帯のようである。真ん中を突っ切ったら岩河原に突っこんで悲惨なことになるのは目に見えているので、まずは左岸のきわの斜面との境目の吹きだまりから越えようとした。だが途中で小さな谷がはいりこみ、そこで沼のような軟雪に橇がはまり前進不能となった。必死に雪かきをして橇を回転させ軟雪地帯を脱出し、ふたたび三角州の起点にもどり、今度は右岸の吹きだまりを進む。右岸は悪場もなくスムーズで、またひとつ正しいルートを発見することができた。

こうして巨大なヌッホアの陸塊を縦断し、久しぶりに海に飛びだした。

河口から先はせまい入江が三十キロ強つづく。入江の出口はやや面倒な乱氷帯がたちふさがり、途中でうんざりして一泊した。テン場から先も雪のないカリカリの裸氷の塊が密集し、油断のならない状態がつづいた。裸氷の乱氷では下手に橇に乗るとすさまじい速度で犬が爆走するので、あぶなくてそんなことはできない。しばらく慎重に誘導しながら進むと、やがて乱氷の密度が薄くなり、合間に平坦なスペースがひろがるようになった。入江がおわり、カナダ・エルズミア島とのあいだにある海峡に出てからは快適な氷がつづいた。

ヌッホア最北端の岬（モートン岬）に到着したのは四月二十二日、昼過ぎのことだった。気温は氷点下十五度とさほど低くないが、北から微妙な風がふいているうえ、断崖の陰で陽が射さず、身体に震えがはしる。春の陽気に慣れた身にはこたえる寒さだ。

地球の座標上では北緯八十一度十二分、二年前の徒歩狩猟漂泊行を越える、私にとっての最北到達地点となる。簡単に記念撮影をした。

岬に到達したときの感慨は複雑なものだった。シオラパルクの村から七百五十キロの道程を、ゆらゆらと、はるばる一カ月以上かけてここまで来た。こんなところまで来ることができたのだ……というなんともいえない感動があったのはたしかだ。犬橇をはじめて、まだ二年にすぎない。たった二年でこんなところまで来ることができるとは、去年の訓練開始時点では想像もできなかった。

そして、この犬たちは最高だ、と思った。俺の犬橇こそグリーンランド最強のチームだ。シオラパルクの誰よりも、カナックのどの猟師の犬橇よりも、シリウスパトロールの鍛えあげられた犬よりも、自分の犬は強い。こんなに重たい橇を引いて、こんなに北の果てまでやってきたのだ。グリーンランドだけではなく、地球上のどの犬橇チームよりもこのチームはまちがいなく上だ、とこのときは純粋にそう思えたのだった。

でも、それだけではなかった。達成感だけではなく、満たされない寂寞《せきばく》があったのも確かなのである。

肉体的にも精神的にも私にはまだ余力があった。私だけではなく、犬にもまだ余力はあったし、食料的にも余裕があった。つまり行こうと思えば、まだ先に行くだけの力がのこされていた。

遠くに足をはこぶことは、やはりそれなりに意味がある。なぜなら人間界から遠く離れ、孤絶がふかまるほど、本当にここから生きて帰れるのだろうかという不安は増してゆくからだ。つまり空間的な距離というものは単純に行動を抑制する足枷と化す。あまりに遠くに来てしまうと、遠いことそれ自体が恐怖となりそれ以上先に行けなくなる、ということがあるのだ。この距離感はじつに主観的なもので、精神と肉体の充実度によって変化する。若く、強いときは、どんなに人間界から離れても、その距離を怖いと思うことはないが、加齢にともない肉体がおとろえると、あまりにも遠くまで来てしまったことに恐ろしさを感じるようになる。

旅のスケールは純粋に肉体の若さと強さに比例する。肉体が強いと旅のスケールは膨張するし、衰えるとスケールではなく深さを求めるようになる。外側の世界のひろがりは内側に呼応する。それはやはりひとつの真実だ。

だが、このときの私は、まだこの距離の恐怖をほとんど感じなかった。それなりに強かったということだ。まだ先に行けると思えた。もう少し旅を膨張させても、私の肉体と精神はまちがいなくそれに耐えられるはずだった。

もちろん、このときの私はまだ近代人とエスキモーをわかつ最大の壁、つまり帰りの食料がない状態でさらなる前進をつづけられるか、という例の見えない壁を克服できていなかった。それをやるほど、私はまだ北極の大地を信頼できていなかった。だから、行けたとしても手持ちの食料がゆるす範囲、つまりエルズミア島にわたって引きかえすぐらいがせいぜいだったろう。しかし、それでも行けたのは事実だ。まだ行けるのに引きかえさなくてはならないという矛盾が、私を複雑な気持ちにさせた。

しかし、志なかばというのも、あるいは悪いことではないのかもしれない。私にはまだ行くべき場所がある。それがあるだけでも、めぐまれている。届かなかったが故に道はまだつづくのである。

今回の旅で、ヌッホアは私のなかで、ほぼ完璧といっていいほど既知の土地に塗りかえられた。獲物のいる地域や走りやすいルートなど、私はこの陸塊の詳細を把握した。だから、つぎの旅では、もっと楽に、短い時間でこの北の岬まで来ることができるだろう。おそらく原始の人類も、このように何年もかけて行動半径をじわじわとひろげ、より安全で効率のよい道を見つけながら大規模な移動行為をなしとげたにちがいない。それとおなじやり方で、近代的ではないが人類史的には正統なやり方で、これからも旅はつづくだろう。

何よりこの旅をつうじて、私と犬の連携はさらに高まり、移動集団としての能力がいっそう向上した。この犬たちがいれば、もはやエルズミアなど簡単に行くことができる。

いや、エルズミアどころか、これまで見果てぬ夢であった北極海——。あまりにも遠く、霧の彼方にかすんで見えなかった北極海も、いまや完全に現実的な視野にはいっている。

つぎはまちがいなく北極海まで行ける。そう思った。
それぐらい自分の犬橇チームに大きな手応えを感じていた。

ヴィーム・ウヤミリックグの崩壊

I

岬からは村へともどる帰路の旅となる。余力があったのでヌッホアの未探検地域をまわり、フンボルト氷河に出てからは海豹《あざらし》狩りをした。ほかにも忘れられない動物との出会いもあったが、それについては、いつかべつの機会に書くこともあるだろう。村にもどったのは五月十一日、五十四日間、千二百有余キロにおよぶ大漂泊行となった。

コロナ禍に旅した顚末についても、すでにほかで書いたので詳細は避けるが、簡単に記すと、村にもどってはじめて私は全世界をおおうコロナ禍のひどい実態を知ったということだ。三月中旬に村を出て、二カ月近く無人の荒野をうろうろしていたのだから当たり前である。緊急事態宣言、医療崩壊、自粛警察、他県ナンバー狩り……。不快な語感をともなうこれらの単語をはじめて聞いたとき、私の脳裏には、世紀末的状況におちいりディストピア化した殺伐とした日本社会がうかんだ。そして、ひどく嫌な気分になった。私は、激変する世界のなかで、激変したことすら知らないまま時をすごした地球で唯一の人間だった。私だけがいまだコロナ以前の世界に属しており、正真正銘、現代版浦島太郎となっていた。

〈角幡さんは歴史上最後の旅人となりました。〉

知人からのメールが妙にショッキングだったが、それはなぜかというと、来年以降はあなたも旅をすることができないだろう、という意味だったからだ。それぐらい状況はひどいのか、と衝撃をうけた。

だが、そうした諸々も、この旅の本質とは結局はなんの関係もなかったのだ、といまは思う。あのときの暗然たる思いや、コロナ禍で旅をしたことの社会的意味等々、そういったものは所詮一過性で、コロナ禍が落ち着き、慣れたいまとなっては、頭の中を鍬《くわ》でもふるって強引に掘りかえさないと見つからないほど記憶の土中で溶解してしまった。

だからコロナのことなんかより、私は最後にもう一度、犬橇のことについて語りたい。少なくとも犬橇のほうに、彼らとの始原的関係のほうに、私は時代に左右されない普遍性を感じるのだ。

犬橇については、書こうと思って書きのがしたことが二点ばかりある。

ひとつは犬橇をはじめることで、村人の態度があきらかに変化したことだ。

人力橇で旅をしていたとき、村人の多くは私の活動にさほど興味をもたず、ある一定の距離をたもち接しているように見えた。私からすると、彼らの土地で活動するわけだから、もっと積極的に介入してきてもいい気がしたのだが、彼らはどこかよそよそしく、私とのあいだに線をひいていた。

私も彼らも北極で旅をする。その意味ではおなじである。北極の旅行家だ。私の感覚ではそうだった。だが、彼らからしたらおなじではなかったのだろう。顔は笑顔でも、こいつはちがうことをやっている人間だ、というどこか醒めた無関心が、彼らの表情や挙措から透けて見えていた気がする。

ところが犬橇をはじめたとたん、このような村人との距離は消失した。裂け目はうまり、彼らは逆にお節介ともいえるほどの介入をはじめた。ヌカッピアングアや息子のウーマ、小イラングア、それに駄目親父のアーピラングア、大イラングア、カガヤがつぎつぎと家にやってきては、橇や鞭や引綱、胴バンドの作り方をおしえてくれる。犬のあつかいに手こずると、効果的な方法を伝授してくれる。外国人が狩りをすることを彼らはあまり好ましく思わないが、その狩りについても、ドッグフードだけだと犬が可哀そうだから獲物をとれ、と積極的に推奨するようになった。態度があきらかに変化したのである。

私が犬橇をはじめたことを彼らは歓迎してくれていたのだ。

私にとって不思議だったのは、彼らが自分たちの流儀を私に押しつけようとしたことである。自分たちの伝統的な方法や道具の作り方と少しでもちがうことをやろうとすると、彼らは機嫌を損ねた。印象にのこるのが、橇の一番後ろにのせる木箱をめぐるつぎのような些細な議論だ。

橇にのせる木箱は、彼らの言葉でコッドガッウィという。コッドというのは火器やコンロのことで、ガッウィというのは入れ物を広くさす言葉だ。アナ(糞)ガッウィといえば便器、イッド(家)ガッウィは集落という意味になる。コッドガッウィというのは火器の入れ物なので、橇後部にすえつけるこの木箱は、彼らにとっては火器や灯油を入れるための箱という位置づけである。収納するだけでなく、犬橇の途中で休憩するときに、この木箱を風除《かぜよ》けにしてコンロでお湯をわかすこともある。そうした使用法も名前の由来なのだろう。

この木箱をつくるとき、私は、彼らがつくるものより縦幅を短くし、横幅をひろくした。簡単にいえば形を変えた。単独で長期間旅をする私は軽量化の必要があり、彼らのような大型のコンロを使わないからだ。彼らは調理用コンロとは別に、キエッパラーゴという小型の家庭用灯油ストーブをのせることもある。夜間はテントでストーブを焚きっぱなしにするため、灯油も大量に用意する。でも私はそんなことをするつもりはなかったし、使用する火器もマナスルという日本製の小型の灯油コンロ一台のみ、燃料も全部で十五リットルもあれば十分だ。だからすこし縦幅をせまくして、そのぶん橇の荷台を広くし、犬の餌をたくさんつめるようにした。

その、ほんのちょっとだけオリジナリティのある木箱をつくっているとき、アーピラングアが不意にやってきた。彼が何だ、これは？　と訊くので、コッドガッウィだよと答えると、「ウナ、アヨッポ（こんなんじゃダメだ）」と吐き捨て、急に不機嫌になった。

彼がいうには、この木箱ではコッド（コンロ）にも小さいし、そもそも十リットルの燃料タンクがはいらないという。私は、自分のコンロは小型なので、木箱ではなく、テント用の生活道具もろもろをつめた袋のなかに入れるし、そもそも灯油も十リットルタンクではなく、五リットルや二リットルのポリタンクに小分けにするから大丈夫だと答えた。

アーピラングアは余計、不機嫌になった。

「そんなやり方ではダメだ。灯油は十リットルのタンクにたくさん用意するもんなんだ。俺たちはずっとそのやり方でやってきたんだ。毎年のように三週間も四週間も白熊を獲るために旅をしてきたんだ。だからこの木箱ではダメだ。アヨッポだ」

ムスッとして出て行く彼を見て、いったい何なんだこのオヤジは、と私も不愉快になった。

狩猟民であるイヌイットは頑迷な個人主義者で、道具の製作から狩りや犬橇の方法まで、ひとりひとりがちがっていることを美点にする。なぜならそうした差異は、各々が主体的に取り組み、思考した結果として生じたものであり、そこにこそ彼らの経験と信念が宿っているからである。

自然は絶え間なく変化する。一度としておなじ状況はない。だから、各人が知恵をふりしぼって思考し、そのときどきの状況に応じて最適解を見つけないと、北極の厳しい環境のなかでは生きぬくことができない。ゆえに差異こそが彼らの自己存在証明である。他人が見つけた正解をそのままコピーするやつは、ただの愚か者であり、恥ずべきことである。それが彼らの思考法だ。他人とおなじであること、画一であること、無批判に同調することは無思考の証拠なのである。

だがその一方で、彼らはそれ以上に伝統や権威を重んじる保守主義者でもある。なぜなら、いま述べたような思考法が絶対的に正しいこと、完璧にまちがっていないことは、彼らの歴史によってのみ証明されるからだ。彼らは極地で生きのびてきたのだ。創意工夫をこらし、知恵をふりしぼることで、容赦なくおそいかかる苛烈な寒さや、おそるべき集団飢餓を乗り越えてきたのだ。だから各人が思考し、差異を生みだすことだけでなく、先人や長老の意見を尊重し、歴史の風雪にたえてきた手法、道具の製作方法を何より大事にする。矛盾するようだが、個人主義的知恵と民族的伝統の双方が彼らのなかでは無理なく同居しており、それが交差する地点にひとりひとりの生のよりどころがある。

木箱の件は、私が彼らの生のよりどころに触れたということだ。虎の尾を踏んだのである。たしかに自分なりに考えてのアレンジだったが、このときの私はまだ犬橇の経験が皆無の完全初心者だった。その右も左もわからない青二才が、彼らの伝統知を無視して、民族的完成形にまでたかめられた木箱の形状を一顧だにせず、半可通をふりまわしていきなり独自のものを作ろうとしたのだから、誇り高きアーピラングアが機嫌をそこねたのも無理はない。

そして、こういうことをくりかえすうちに、だんだん私はわかってきたのだった。何がわかったかというと、それこそ犬橇が彼らの生のよりどころのまぎれもなく中心に位置することを、だ。

アーピラングアが不機嫌になったのは、私が彼らの文化的エートスの中心である犬橇に手を出したくせに、彼らのやり方に完全にしたがおうとしなかったからだ。つまり犬橇をはじめる以上、彼らは、自分たちのやり方を踏襲することをもとめている。要求しているのだ。

そして、彼らがなぜそれをもとめるかといえば、私が犬橇をはじめたことは、彼らにしてみれば、それまでのやり方（人力橇）よりも犬橇のほうが極地の旅行スタイルとしてすぐれていることを私が認めた、ということを意味しているからである。

まちがいなく彼らは、私が犬橇をはじめたことを、そのように受けとめていたはずだ。つまり、犬橇をはじめたことは、彼らの文化と伝統に敬意をしめす私からのメッセージになっていた。だから、自分たちのやり方にしたがうのが当たり前だ、と考えていたのである。

そして見方をかえるとこれは、それまでの旅のスタイル、つまり橇を引いての徒歩旅行が、私はあなたたちの文化を肯定しません、という逆のメッセージになっていた可能性があるということでもある。

無論私にはそんなつもりは毛頭なかった。私が人力橇で旅をしていたのは、単に犬橇よりハードルがひくかったからだ。もちろん重たい橇を引いて長い旅をするわけだから、強靭な肉体とタフな精神は必要である（でも北極に来るような連中は、だいたいそれはもちあわせている）。でも橇引きは歩くだけなわけだから、技術的なむずかしさは何もないし、経済的にもやすあがりだ。外国の遠征隊のほぼすべてが犬橇ではなく人力橇で旅するのは、それが理由で他意はない。

でも地元イヌイットからしてみたら、簡単に開始できるというそのこと自体が、ひとつの否定と感じられるのかもしれない。彼らのやり方は数百年の歴史をもち、技術的にも高度に洗練され、ほぼ完成形の域にたっしている。それゆえ彼らは北極の地で生活し、旅をするには、犬橇こそもっともすぐれた移動手段だと確信している。そこに彼らの民族的誇りと生のよりどころがある。それなのに外国からくる冒険家や旅行者は、簡単でハードルがひくいという理由で人力橇をえらぶ。意図がどうあれ、それは犬橇より人力橇のほうが効率的ですぐれているとみなしている証だ。外国人はイヌイットの犬橇に感嘆し、賛意をしめしておきながら、かならずプラスチックの橇に荷物を満載し、スキーで歩きだすのである。そうしたふるまい自体がイヌイット文化の否定になっている。

人力橇で旅をしていたとき、村人が私に興味をもたず、犬橇をはじめた途端にお節介ともいえる介入をはじめたのは、そのへんに理由があったのだと思う。人力橇時代、知らず知らず私はイヌイット文化に否定的なメッセージを発信していた。こっちのほうが北極の旅には効率的だと態度でしめしていた。その私が犬橇に旅行スタイルをかえた。それは、やはり犬橇のほうがすぐれているという私の思想転向にほかならなかった。自分でも気づかないうちに彼らの文化や技術に賛意をしめすことになり、それが受け入れられたのである。

犬橇について書きのこしていたのは、それがひとつだ。もうひとつは犬のことである。

犬は走るのが好きだ。出発前の彼らの興奮ぶりは、異様である。けたたましく鳴きわめき、支点につながれたまま突進をくりかえし、あたり一面跳ねまわり、抱きついてくる。勢いあまって隣の犬に嚙みつき、全員集まったら喧嘩をおっぱじめ、発情中の雌がいたら挿入する始末だ。まったくもって手に負えない。

出発のときはその興奮状態のまま橇につなぐ。誘導のあいだも、犬は走りたくて走りたくてうずうずしており、隙をみては鞭で制御する私の前を突っ走ろうとする。そしてついに私が「デイマ（行け）」のかけ声を出すと、全頭が猛烈な勢いでダッシュし、全身に溜めこんだエネルギーが核分裂を起こしたかのような状態でしばらく激走する。まるで頭のなかまで筋肉になってしまったかのような激しさだ。

こんな状態なので、橇が空荷だったり、氷がツルツルだったり、犬の頭数が多すぎたりすると、犬のスタートダッシュに追いつけず、ときには橇に乗った瞬間にはじき飛ばされそうになり、冗談抜きで非常に危険である。

私はいま、〈犬は走るのが好きだ〉と書いたが、正確にいえば、これはとても好きという言葉でおさまるレベルの話ではない。好き嫌いの話ではなく、これは犬の天分なのだ。

動物には天からさずかった生来の能力があり、その能力を十全に発揮できたとき、その動物は生きるよろこびを感じることができる。幸福とは天分がみたされることだ。

走ることはまぎれもなく犬の天分である。走り、エネルギーを爆発させることが犬にとっての生のよりどころである。それが彼らの幸福なのだ。犬が爆走するとき、私の頭にはいつも天分という言葉がゆらめき、天分という観点から動物の生きがいを考えるようになった。それほど彼らの走る姿からは生の躍動がみなぎっている。

そして天分という言葉は、ひるがえって私自身に突きささってくるのだった。

犬の天分は走ることである。それはいい。では私の天分は何なのか？　人間の天分ははたしてどこにあるのか？

その答えをいまも見いだせないでいる。

2

こうして二年間の犬橇事始は終わった。コロナという予期せぬ事態があったものの、成果としては満点だといえた。犬との意思疎通が高まり、一体感が醸成され、もはや北極海まで視野にはいるほど、私のなかではチームの完成度に手応えがあった。

でも、それも結局のところ幻だったのかもしれない。その後、このチームで旅をすることは二度となかったのである。

犬橇三シーズン目がはじまったときの話だ。

コロナ禍が最盛期をむかえたその年の十二月、私は例年より一カ月早くシオラパルク入りするため日本を飛びたった。

凶悪な変異株が欧州で猛威をふるったその冬は、いつもとちがって、グリーンランドに入域するだけでも面倒な手続きが必要だった。感染状況に応じて旅行のレギュレーションはころころかわり、予約していたフライトチケットも突然変更やキャンセルとなる。そのたびに現地でうけるPCR検査の予約や、入域後に必要な自主待機期間を設定しなおさなくてはならない。それが飛行機が一日延期となるだけで玉突き現象が起きて、すべて一からやり直しとなる。様々な条件を満たすよう予定を組むのは、複雑なパズルを解くようなものだった。

グリーンランドにうまく入域できたとしても、その後の検査でコロナ陽性という結果がでれば、その時点でアウトだ。また、途中の町での自主待機期間中に、シオラパルクなど北部地域へむかう定期路線が閉鎖される可能性もあり、その場合も旅は終了となる。すべてがパーになる可能性は決してひくくはなく、よほどの事情がないかぎり、シオラパルクまで行くのはリスキーだった。

もちろん私にはよほどの事情があった。そんな私からしたら、どんなにリスクが高くても、海外旅行など夢みたいな話だったこの時期に、現地へ行けるというだけでも幸運だったのかもしれない。ともかくデンマークとグリーンランド政府は、まだ外国からの入国者を閉め出していなかった。だから失敗の可能性があっても、私としては、国境が開いているうちにシオラパルク入りをはたさなければならなかった。

もちろん無理にでも現地にむかったのは、村に犬がいたからだ。

十二頭の犬たちは夏のあいだ、村人に謝礼をはらって世話してもらっていた。しかし、その村人が、冬のあいだもそのまま世話を継続してくれるとはかぎらない。極夜という暗黒状況下で狩りが難しくなる冬は、犬の餌が枯渇する時期である。村人は秋の海象猟《セイウチ》で冬の餌を確保しておくことが多いが、私の犬にやるほどの余裕はないはずだ。だから、もし私が一月までに犬を引きとりにいくことができなければ、村人は私の犬を処分する可能性がある。

コロナだかなんだか知らないが、手塩にかけて育てた分身のようになった存在を、感染症の流行ごときで見捨てるわけにはいかない。探検以前の問題として現地入りして犬の世話をすることが、この冬の第一目標だった。地を這ってでもシオラパルクまで行かなければならなかったのである。

とにかくグリーンランドが外国人に門戸を開いているうちに現地入りすることだ。いつ国境が封鎖されるかわからないが、はいってしまえば何とでもなる。そういうわけで、まだ国境が開いている十二月頭に日本を出国して、デンマーク経由で、グリーンランドにやってきたのだった。いつもより一カ月早い出発だった。

その年のグリーンランドの規則によれば、北部をめざす旅行者はまず中部の中心地イルリサットでＰＣＲ検査をうけ、陰性証明を取得しなければならない。証明が出るまで五日かかるため、それまでは宿で自主隔離となる。

空港から宿の人の車でイルリサットの町中を走る。中心部にむかう途中の小さな港では、船外機をつけたモーターボートが波止場にひしめいている。極夜にしずむ町の空は夕方になると早くも濃紺に染まる。寒さし暗さ、それに今年にかぎっては陰鬱な世相が風景に物悲しい静寂さをあたえていた。沖にうかぶ巨大な氷山の美しくも圧倒的な姿だけが、自然が永遠不変であることを物語っているようだった。

はじめて泊まる宿だったが、イヌイットのおじさんの個人経営のようで、親しみやすい雰囲気だった。とりあえずイルリサットまで来ることができ、安堵した私は、部屋にはいるとまず、すでにシオラパルク入りをはたした山崎さんに電話し、村の雰囲気を訊くことにした。こまかいことにはこだわらない、何でもありのイヌイット社会とはいえ、今度ばかりは外国人の来訪に神経質な人もいる。私が来ることをどう思っているか、それをたしかめようと思ったのである。

しかし山崎さんから電話で聞いたのは、まったく別の衝撃的な話だった。夏のあいだに私の犬が二頭死んだというのだ。

夏のあいだ、私は十二頭の犬を三人の村人にわけて世話してもらっていた。十二頭のうち七頭は電気技師のピーター・トーニャにあずけた。ピーターは、私の犬でいうとポーロの元の飼い主である。酒癖が悪く、少々カネに汚いところもあるが、犬のあつかいや餌やりはよく、持ち犬は体格のいいのがそろっている。ポーロも――橇は全然引かない犬だが――図体だけはチーム一だ。村人のなかには気に入らない犬を簡単に処分してしまう人もいるが、ピーターならその心配はなさそうなので、私は彼を信頼してチームの中心となる犬をまるごとごっそりあずけていた。

それなのに、そのうち二頭が死んでしまったというのである。

私は混乱し、すっかり落ちこみ、ふさぎこんだ。

不在のあいだに犬が死ぬ可能性は一応、考慮にいれている。病気をすることもあるし、犬同士の喧嘩もたえない。山崎さんも帰国のあいだに犬が死ぬことがよくあるそうで、そういう話をよく聞いていた。幸運にも私の場合、これまで犬に死なれたことはなく、ウヤミリックはずっと元気だったし、犬橇初年度にあたる前年も十頭全員無事だった。だから、覚悟しているつもりでも、心のどこかに自分の犬は大丈夫という油断があったのかもしれない。

九月にピーターに連絡したときは皆元気だという話だったが……。それにしても死んだのはどの犬か……。二頭の死が確定した以上、関心はそこに集中した。

彼にあずけたのは、ウヤミリック、ウヤガンの先導犬二頭に、ナノック、プールギ、カルガリ、ポーロ、それに雌のカコットだ。もちろんどれも大事で死なれたら困る犬ばかりだ。しかし私も人間なので、お気に入りもいれば、それほどでもない犬もいる。すべての犬がひとしく大事で、その点については一ミクロンの差もなく、完璧に平等、という博愛主義を語りたいところだが、現実にはやはり大事な犬、もっと大事な犬、一番大事な犬……と私のなかでは序列がある。

はっきり言えば、二頭死んだと聞いたときに真っ先に思ったのは、ウヤミリックとウヤガンだったらどうしよう、ということだった。

長年の相棒ウヤミリックと一番のお気に入りウヤガン。この先導犬二頭は、私には何物にもかえがたい存在だった。この二年をつうじて、私は犬との関係構築を深め、この犬たちがいればどこにでも行けると思えるぐらいになった、と何度か書いたが、その関係のほぼ八割は、この二頭のとのあいだで築かれたものだといって過言ではない。だから、もし死んだのがこの二頭であれば、この二年の努力はほぼ水泡に帰す。長い旅をともにすることで私たちの連携は高まった。私の意図を読みとり、それを先導という形で現実化することで、二頭は私自身を体現する存在となっていた。分身みたいなものだった。

その日は怖くてピーターに電話できなかった。翌日の日中、意を決して携帯を手にとった。頼むから死んだのは二頭以外であってくれ……、もしどちらか一頭でも死んでいたら……。ほかの犬には申しわけないが、私はそればかり願い、ピーターの電話番号をおした。

しかし彼から話をきいたとき、その祈りはつうじなかったことを知った。死んだのはこの二頭だった。あろうことか二頭とも死んでいたのだ。何度も確認したが、まちがいなかった。

「ずっとお前と一緒に歩いていた年をとった犬だ」

ピーターは断言した。ウヤミリックのことだ。もう一頭は「一緒につないでいた茶色い犬」だというので、まちがいなくウヤガンだった。死んだのは十月、病死だったという。なぜ病気にかかったのかたずねると、「ナルホイヤ（わからない）」というひと言がかえってきた。私は震える声で電話をきった。

それからしばらくは二頭の死のことばかりが頭をめぐった。嫌な思いを振り切ろうと、灰色にしずむ真昼間のイルリサットの街を無意味に歩きまわった。だが気持ちが上むくことはない。押さえつけようとしても、ひっきりなしに二頭の顔と姿が像をむすんで意識にたちのぼり、もう彼らがいないことが信じられず、絶望した。犬橇へのやる気などまったくわいてこない。あれだけ楽しみにしていた今年のチームへの期待、そして何ができるのかという高揚、それが二頭が死んだことでゼロになった。われながら信じられなかった。犬橇へのモチベーションは消失し、のこりの犬の顔を思い浮かべても、乗りたいという気持ちがまったくわいてこないのだ。私と犬とのあいだに紡がれた物語は消失した。すべてが断ち切られた。そう思った。

そして、なぜ今年にかぎってピーターに預けたのか。どうしてカガヤに預けなかったのか、という後悔の念ばかりがわいた。カガヤなら犬の預け先としては非常に信頼できる。彼は毎年、なんの問題もなく世話してくれるのに、どうしてピーターにあずけたのか。二頭の死の原因という絶対に解けない謎を、どうしてもふりほどくことができない。私は疑心暗鬼におちいった。

ピーターは私の犬を殺したのだろうか？

それはわからない。でもありえないことではない、そう思った。

彼は死因を病死だと言った。犬が病死するとしたら、普通はジステンパー系の伝染病だ。グリーンランドでも犬の予防接種は義務づけられており、ウヤミリックもウヤガンもワクチンは接種済みだった。病死したというなら、それが効いていなかったということだ。そんなことがあるだろうか？

でも、それよりも原因としてありえそうなのは、その年の秋の海象猟がまれにみる不猟だったことだ。その秋から冬にかけて村人は皆、犬の餌に事欠いていた。ピーターによると二頭が死んだのは十月ということなので、ちょうど海象が獲れなくて皆が頭をかかえている時期とかさなる。餌を確保できずこまった彼は、私の七頭から二頭を間引くことにした。おそらく犬の歯で年齢を確認し、一番年老いたウヤミリックと、普段はぐでーっとして生きているのか死んでいるのかわからないほど覇気のないウヤガンをシメることに決めたのだろう。私が電話でどの犬が死んだのかたずねたとき、彼は「ウトッカ（年老いた）・バル」と連呼していたのが状況証拠に思えてくる。あれは、年老いたヤツを選んだのだ、という釈明だったのではないか？

だが思考は一巡し、また、本当にそんなことがあるだろうか？　と考えなおす。

ピーターは私とウヤミリックの関係をよく知っていた。私がまだこの犬と一緒に歩いて旅をしていたとき、彼は、げっそり痩せこけて村にもどってくる私とウヤミリックを、かならず笑顔で出迎えてくれたのだ。その彼が、私が何より大事にしていたこの犬をわざわざ選んで殺す？　そんなことがありえるのか？

かけがえのない存在が突如、原因不明のままこの世から姿を消したとき、人はかならずその死の責任を誰かに押しつけようとする。そうしないと、死の無慈悲さ、理不尽さに耐えることができないからである。それはわが子でも犬でもおなじだ。責任の所在を確定させることで、理不尽な死を納得できるものに変えることができる。だから私は、二頭の死の原因をピーターに押しつけようとした。

でも、それはたぶんまちがいだった、といまは思う。ピーターは私の犬を殺していない。ウヤミリックとウヤガンは病気で死んだのだ。

思い返すと、ピーターからはっきりと答えを聞く前から、私はこの二頭が死んだことを、なぜかわかっていた気がする。

山崎さんから、私の犬が二頭死んだらしい、と聞いたとき、私は真っ先にその二頭がウヤミリックとウヤガンではないことを願った。だが裏をかえせば、それは、死んだのがこの二頭であることを予感していたということである。もっといえば、この時点ですでに、この二頭が死んだことを、なぜか覚悟していた。彼になかなか電話できなかったのは、答えを聞く前から、その答えをわかっていたからだ。覚悟が固まることで、私ははじめて彼に電話することができ、そしてその答えを聞いた。そのときに思い浮かんだのは、まさか……ではなく、やはり……という思いだった。すでに知っていることを確認しただけだった。

どういうわけか、私は聞く前から二頭の死をわかっていた。そんな気がする。それは量子力学的な事実なのかもしれない。つまり山崎さんから話を聞き、死んだのはきっとウヤミリックとウヤガンの二頭だと私が思ったその瞬間に、私の予測が二頭の運命に介入し死が物理的に確定した——。それはありえないことのように思えるが、でもそうなのかもしれない。だとすると、この二頭の死と私は決して不可分ではないことになる。二頭の死が運命なら、私はそれを受け入れなければならない。

3

村に着いたとき、私は二頭の死を最終確認した。死体を見たわけではないが、ピーターから引きとった犬のなかに、この二頭の姿はいなかった。

以前から、もしウヤミリックが死ぬようなことがあれば、私はその毛皮でアノラックかズボンをつくろうと思っていた。そうしたら死後も一緒に旅ができる。そんな感傷的なことを考えていた。でも、それもできなくなった。太陽は昇らず、村は一日中、闇の沈黙にしずみ、雪は深く、遺体がどこにあるのかたしかめる気も起きなかった。

先導犬二頭はいなくなった。でも私には先導犬がもう一頭いる。長老ウンマだ。だが、これはかなりの程度で予想していたことだが、そのウンマももはや高齢で走れる状態ではなくなっていた。認知症を発症しているようで、あきらかに様子が変だ。目は焦点を結ばず、とろんと濁り、口から涎をたらして、毎日のように引綱が左の前脚にぐるぐる巻きつき身動きをとれなくなる。拘禁反応をみせる檻のなかの白熊のように、おなじ場所を行ったり来たりするのか、ほどいてもすぐに綱が脚に巻きついてしまう。餌をあたえると寝そべったまま顔を餌のうえに置き、舌を出して不自由そうに口を動かしている。そんな食べ方をする犬を見るのは、はじめてだった。

犬橇にもなんどか連れて行ったが、とても先導できるような状態ではなく、後ろのほうで足をもたつかせ、皆に遅れたままついてくるのがやっとである。走るのがよほどつらいのか、出発直後は村のほうに逆走して逃げだそうとし、かならずといっていいほど苛立つほかの犬に集団リンチをくらう。去年まで先頭で気高く群れを率いていただけに、その姿は憐れでならなかった。

大島さんが以前、高齢で走れなくなった犬を「可哀そうだからシメてあげた」と話していたことがある。そのときは、すごい世界だな、と妙な感心をしたものだが、しかしウンマを見ているとその感覚がよくわかった。走れなくなり、天分をまっとうできなくなった橇犬ほど不憫《ふびん》なものはない。その姿は憐れで、可哀そうだった。橇犬は、走れなくなったときが天寿なのである。これ以上、無理に生かすより、魂を天に送りかえしてやるのが飼い主としての責務であり、最後の仕事なのだと感じた。

しかし、なかなかその気になれず、私はずるずるとその仕事を年明けまで先のばしにした。自分の犬を成仏させなければならないときは、鉄砲でやるのではなく、ロープでつるして絞殺する。それが世話になった犬へのせめてもの義理であると私は考えている。でも、実際問題として二冬も一緒にすごした先導犬を殺すのは積極的にできることではない。

正月のあけたある日、私はウンマを犬橇にくわえ、村から八キロほど先の対岸にあるカギャの岬まで連れて行った。ウンマはあいかわらず走る気力がわかないようで、後ろから引きずられるようにして岬に到着した。そこで私はウンマの引綱をほどいてやった。もしウンマに生きる気力がのこっていれば、私たちに付いてくるだろうし、気力がなければその場にとどまり、眠るように凍死するだろう。

ウンマを姥捨山《うばすてやま》にのこして、私はその先のウミウビの浜まで犬を走らせた。案の定、ウンマは付いてこなかった。前脚を出して氷上に横たわり、走りだした私たちを見送ったまま動かない。すぐに黒い身体が極夜の漆黒に溶けて見えなくなった。

だが数日後、餌をやるため犬のところに行くと、ウンマは何食わぬ顔でいつもの場所にもどってきていた。

翌日、私はウンマの胴バンドをはずして首輪につけかえ、引綱をひいて歩きはじめた。ウンマと一緒につないでいたポーロが異変を察知し、しきりに甲高い声をあげ、悲しみの感情を表明する。だがウンマ本人はいたって静かで、そのまま村を通りぬけ、ゴミ捨て場の近くにある大きな櫓までおとなしくついてきた。

櫓にロープをかけて、片方を首にとおす。頸動脈がしっかりとしまるようにロープを顎から耳の裏にかけて巻きつけ、私はもう一方の末端を両手で持った。

ウンマは輝きをうしなった濁った眼で、これから何が起きるかわかっているかのように私をじっと見た。

複雑な感情が胸のうちで錯綜する。私には、この犬には感謝の念しかない。

はじめて村の定着氷で五頭の犬の前で誘導したとき、犬たちが私についてきたのは、ウンマがいたからだ。馬鹿みたいに大声で怒鳴ることしかできなかった私が、まがりなりにもいきなり犬橇に乗れたのも、ウンマが先頭を走ってくれたからだ。一年目にいきなり氷河を登れたのも、アウンナットに行けたのも、フンボルト氷河で海豹狩りができたのも、この犬が私を導いてくれたからだ。ウヤガンが先導犬としてひとり立ちできたのも、後ろからこの犬のサポートがあったからである。私は何もしていない。すべてこの犬がやってくれた。ウンマのおかげで、この二年間の犬橇活動はあったのである。

だから綱を引くとき、私の胸には本当に感謝の念しかわかなかった。

「ありがとな……。本当にありがとう」

手に力をいれると、ウンマの老いた身体はゆっくりと地面をはなれ、後ろ脚を最後に全身が宙にぶら下がった。衰え、すでに生命力ののこっていなかったウンマは暴れることもなく、声も出さず、どこかうれしそうに尻尾をふりながら意識をうしなった。そしてわずか数分で絶命した。

ウンマの目からは魂がぬけ、一瞬で陶器の玉のように虚ろになった。遺体はしばらくそこにあったが、何日か経つと雪に埋もれて見えなくなった。

初出　「すばる」二〇二一年九月号～
　　　　　　　　二〇二二年一一月号
単行本化に際し加筆修正した。

著者紹介

角幡唯介

かくはたゆうすけ

一九七六年北海道芦別市生まれ。早稲田大卒。探検家・作家。チベット奥地のツアンポー峡谷を単独で二度探検し、二〇一〇年『空白の五マイル チベット、世界最大のツアンポー峡谷に挑む』（集英社）で第八回開高健ノンフィクション賞、一一年同作品で第四二回大宅壮一ノンフィクション賞などを受賞。その後、探検の地を北極に移し、一一年、カナダ北極圏一六〇〇キロを踏破、一三年『アグルーカの行方 129人全員死亡、フランクリン隊が見た北極』（集英社）で第三五回講談社ノンフィクション賞。一六〜一七年、太陽が昇らない冬の北極圏を八〇日間にわたり探検し、一八年『極夜行』（文藝春秋）で第一回 Yahoo! ニュース 本屋大賞ノンフィクション本大賞、第四五回大佛次郎賞。ほか受賞歴多数。一九年から犬橇での旅を開始、毎年グリーンランド北部で二カ月近くの長期狩猟漂泊行を継続している。近著に『裸の大地 第一部 狩りと漂泊』（集英社）。

犬橇事始《いぬぞりことはじめ》

二〇二三年 七月一〇日 第一刷発行

裸《はだか》の大地《だいち》 第二部《だいにぶ》

著者 角幡唯介《かくはたゆうすけ》

発行者 樋口尚也

発行所 株式会社 集英社
〒一〇一-八〇五〇 東京都千代田区一ツ橋二-五-一〇
電話 編集部〇三-三二三〇-六一三七
読者係〇三-三二三〇-六〇八〇
販売部〇三-三二三〇-六三九三(書店専用)

印刷所 大日本印刷株式会社

製本所 加藤製本株式会社

定価はカバーに表示してあります。

 ISBN978-4-08-781731-7 C0095